Professor Dr. Dr. med. Karlheinz Schmidt

MEDIZINISCHE TESTS ZUR SELBSTDIAGNOSE

Ihr persönlicher Gesundheits-Check

Weltbild

Inhalt

Kenntnis der Riskien erleichtert die Vorbeugung.

Gesundheit ist in jedem Alter das höchste Gut. Mit unseren Tests können Sie auch Ihr Kind besser kennen lernen.

Stress gehört zu den stärksten Belastungsmomenten unseres Lebens. Mit diesen Tests können Sie Ihr Belastungsmoment feststellen.

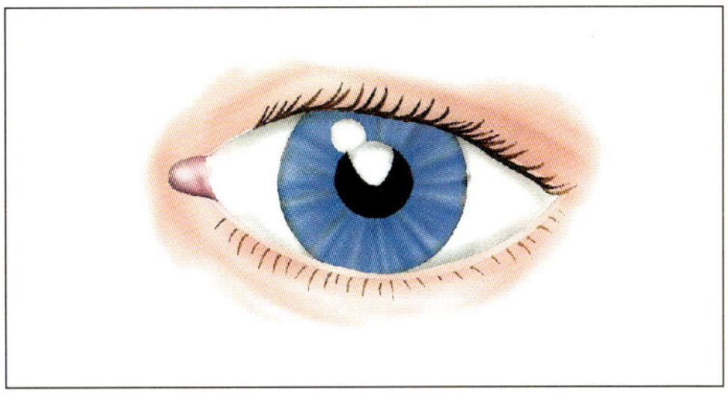

Hilfreiche Basisinformationen: Zu jedem Organsystem erfahren Sie Funktion und Risisken.

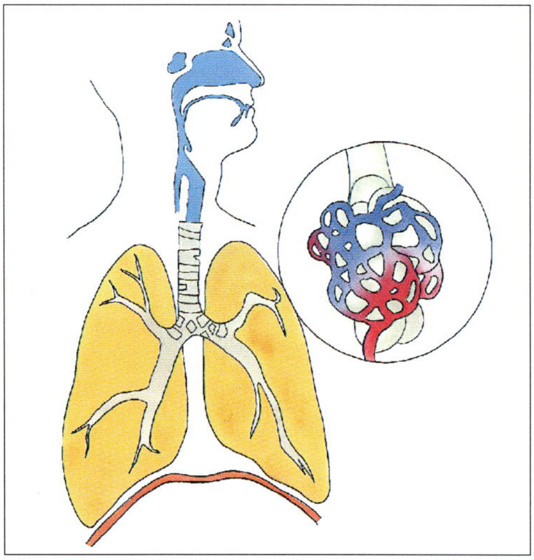

Eines der wichtigsten und anfälligsten Organsysteme ist der Atemapparat. Lernen Sie ihn kennen, und schützen Sie sich vor Erkrankungen.

Die Natur hält viele Mittel und Methoden bereit, um unsere Gesundheit zu stabilisieren, uns zu entspannen und neue Kraft zu sammeln.

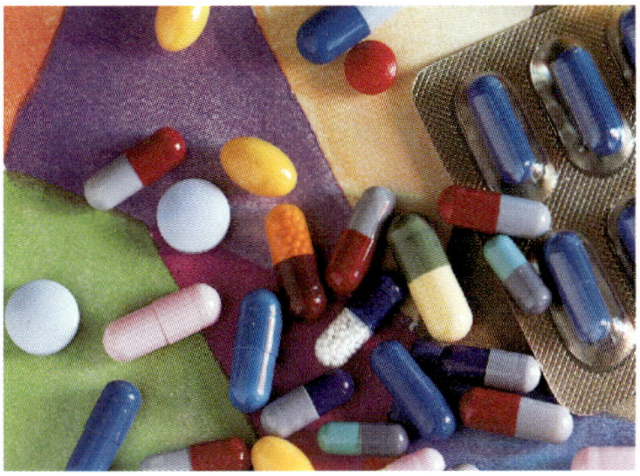

Auch Medikamente können süchtig machen.

Nicht nur körperliche Unversehrtheit ist wichtig. Auch der emotionale Aspekt braucht Pflege.

Unsere moderne Welt ist für viele Menschen zur Belastung geworden. Das muss nicht sein.

Aktiv sein für die eigene Gesundheit

»Wenn ich krank werde, dann gehe ich eben zum Arzt«, sagte vergangene Woche ein Bekannter zu mir. Gesundheitsvorsorge war für ihn kein Thema. Es ist auf den ersten Blick vielleicht nicht unbedingt einsichtig warum man für die Gesundheit etwas tun und einer Krankheit vorbeugen sollte, wenn man keine Beschwerden hat. Und wohl jeder von uns kennt Menschen, die ihr ganzes Leben lang geraucht haben wie ein Schlot, auf gesunde Ernährung und Sport keinerlei Wert legten und trotzdem sehr alt geworden sind.

Gesundheit und Lebensglück sind eng miteinander verbunden. Wer das eine pflegt, wird das andere besser erhalten.

Doch es gibt auch andere Fakten:

- Ein Großteil aller Krebs- und Herz-Kreislauf-Erkrankungen – übrigens die häufigsten Todesursachen in den westlichen Industrienationen – könnte durch eine ausgewogene Ernährung und eine gesündere Lebensweise verhindert werden.
- Übergewicht ist erwiesenermaßen ein Hauptauslöser von Altersdiabetes, Arteriosklerose und Bluthochdruck.
- Rauchen verkürzt die durchschnittliche Lebenserwartung um etliche Jahre.

Lernen Sie Ihren Körper kennen

Es gibt eine ganze Reihe solcher Risikofaktoren – unvermeidbare natürlich genauso wie vermeidbare. Dieses Buch soll Ihnen helfen, bereits im Vorfeld Schwachstellen Ihres Körpers zu entdecken und mögliche Gesundheitsrisiken zu erkennen. Dabei geht es nicht darum, schwere, bereits vorhandene Krankheiten zu diagnostizieren. Die zahlreichen Tests zu den einzelnen Körpersystemen werden Ihnen vielmehr einen umfassenden Eindruck Ihrer gesundheitlichen Verfassung vermitteln. Den Belastungen durch Lebensstil und Verhalten ist ein besonderer Schwerpunkt gewidmet.

Die vorliegenden Seiten tragen auch dazu bei, Informationsdefizite zu beseitigen; das ermöglicht Ihnen als Patient eine aktivere Rolle beim Arztbesuch. Arzt und Patient reden doch häufig aneinander vorbei. Ein Patient weiß in der Regel nicht, wie sich eine Krankheit entwickelt und welches seiner vermeintlichen Krankheitsanzeichen wichtig und unwichtig ist, und der Arzt hat kaum Zeit diese Zusammenhänge zu erläutern. Viele Patienten trauen sich deswegen erst gar nicht weitergehende Fragen zu stellen. Wer vorbereitet ist und um sein Gesundheitsrisiko weiß und wer die typischen Krankheitsverläufe kennt, der erleichtert dem Arzt vieles. Und er übernimmt Verantwortung.

Gesundheit und Krankheit heute

Die Weltgesundheitsorganisation (WHO) definiert den Begriff »Gesundheit« folgendermaßen:

»Gesundheit ist der Zustand des völligen körperlichen, geistigen, seelischen und sozialen Wohlbefindens.«

Diese Definition bezieht alle Bereiche menschlichen Lebens mit ein und so wird klar: Gesundheit ist keine rein körperliche Angelegenheit! Doch diese Auffassung von Gesundheit ist zwar erstrebenswert, aber sie ist zu weit gefasst, geradezu utopisch. Den hier beschriebenen Zustand hat bisher wahrscheinlich noch nie jemand erreichen können. Sinnvoller ist es also Gesundheit enger, und zwar zunächst als die »Abwesenheit von Krankheit« zu definieren.

Diagnose und Behandlung von Krankheiten

Ganzheitliche Heilverfahren, die den Menschen insgesamt berücksichtigen und neben seinen körperlichen Merkmalen auch seine Individualität in den Diagnose- und Heilungsprozess miteinbeziehen, sind heute so aktuell wie nie zuvor. Der Trend geht deutlich weg von der lange Zeit üblichen, rein naturwissenschaftlichen Medizin, die Krankheit als mangelhafte Funktionstüchtigkeit eines Organs oder Körpersystems betrachtet und so viel zu eingeengt nach Ursachen und Heilungsmöglichkeiten sucht. Das führt oft dazu, dass der Patient als Leidtragender der Krankheit in den Hintergrund rückt und mit seinen Fragen und Ängsten keinerlei Aufmerksamkeit findet.

Den Erkenntnissen der noch jungen psychosomatischen Medizin und der in der Bevölkerung stetig größer werdenden Akzeptanz von Psychotherapie ist es zu verdanken, dass die enge Verknüpfung von Psyche und Körper mehr und mehr ins Bewusstsein der Öffentlichkeit rückt. Der moderne Mensch akzeptiert es immer weniger, wenn seine ganz persönliche Krankheitserfahrung vom behandelnden Arzt nicht ernstgenommen wird und sein Gesamtbefinden nicht von Interesse ist. Patienten wollen ernst genommen werden, sie wollen wissen, warum sie wie behandelt werden und welche Alternativen es gibt, und sie wollen ihre Krankheit und den Heilungsprozess verstehen können.

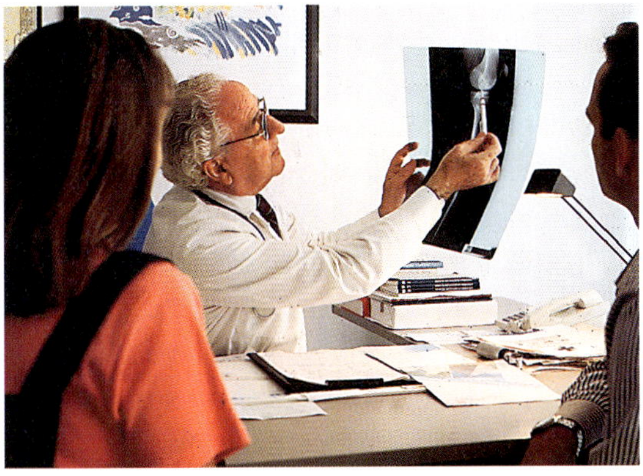

Eine eingehende Besprechung des Befundes ermöglicht dem Patienten, seine Krankheit besser zu verstehen und Vertrauen zum Arzt aufzubauen.

Die Grenzen der Medizin

Die Medizin hat trotz des riesigen Forschungsaufwandes gerade bei den weit verbreiteten chronischen Volkskrankheiten Krebs, Rheuma und Arteriosklerose ihre wissenschaftlich-technischen Grenzen erreicht. Mit immensem Aufwand werden hier höchstens noch kleine Erfolge erzielt.

Immer mehr Kliniken wenden sich ganzheitlichen Heilmethoden zu und geleiten den Patienten auf den Weg eines besseren Umgangs mit sich selbst.

Auch in anderer Hinsicht sind die Grenzen des Machbaren und Wünschbaren erkennbar. In erster Linie ist es dem medizinischen Fortschritt zu verdanken, dass die Menschen heute immer älter werden. Doch damit haben sich auch soziale Probleme entwickelt. Ältere Menschen werden zu wenig in die Gesellschaft integriert. Isolation und Einsamkeit begünstigen das Entstehen altersbedingter chronischer Krankheiten. Die medizinischen Kosten, die dafür aufgewendet werden müssen, steigen ins Unermessliche.

Ein weiterer Aspekt sind die ethischen Grenzen, an die die medizinische Wissenschaft stößt. Viele diagnostische und therapeutische Behandlungsverfahren, z. B. die Kernspintomographie, sind rein technische Vorgänge, bei denen riesige oder komplizierte Apparaturen im wahrsten Sinne des Wortes zwischen Arzt und Patient stehen. Überall dort, wo das in Bezug auf die Genesung so wichtige Verhältnis zwischen Arzt und Patient auf der Strecke bleibt, und immer, wenn niemand nach der inneren Befindlichkeit, die Teil jeder Krankheit ist, fragt, ist der Heilungsprozess gefährdet.

Den Menschen heilen

Krankheit hat oft viele Ursachen und Auswirkungen. Mit einem Harnzuckertest etwa wissen Sie zwar, ob Sie erhöhte Blutzuckerwerte und damit möglicherweise Diabetes haben. Doch die »technische« Diagnose allein sagt wenig aus über eine Krankheit. Es genügt nicht, die Krankheit isoliert zu betrachten. Wer heilen will, muss den ganzen Menschen miteinbeziehen, sein allgemeines körperliches Befinden wie auch die persönliche Lebensweise und die psychische Verfassung. Maßstab für eine erfolgreiche Medizin darf es auch nicht sein, allein den organischen Defekt zu beheben oder die allgemeine Sterberate zu senken. Die Ursachen vieler Krankheiten liegen tief und bedürfen nicht nur der Behandlung, sondern der Vorbeugung. Die erwähnten Volkskrankheiten wie Diabetes und Arteriosklerose sind zum großen Teil durch die Risiken der modernen Zivilisation verursacht. Diese Risiken und Gefährdungspotentiale gilt es aufzudecken und ihnen entgegenzuwirken.

Über Risiken

Statistische Aussagen und hochgerechnete Wahrscheinlichkeiten sind für den Einzelnen nur von geringem Aussagewert. Kaum jemand fühlt sich direkt betroffen, wenn er erfährt, dass die Lungenkrebserkrankungen in den letzten zehn Jahren um 30 Prozent zugenommen haben. Überdies sollten Statistiken, die eine ursächliche Wechselbeziehung zwischen zwei oder mehr Fakten herstellen – etwa zwischen Rauchen und Lungenkrebs –, mit Skepsis betrachtet werden. Die Wirklichkeit ist meist noch sehr viel komplexer.

Solange man noch jung ist, überschätzt man seine Möglichkeiten hin und wieder. Ein Gespräch mit dem Arzt hilft, sich selbst zu erkennen und zu verstehen.

Im Brennpunkt: Individuelle Gefährdung

Ein Neurodermitiker oder Asthmatiker wird keinerlei Erkenntnisgewinn aus der Tatsache ziehen können, dass es außer ihm noch Tausende andere mit genau diesem Krankheitsbild gibt. Entscheidend für den Einzelnen ist auch nicht, was auf die Mehrheit der »Schicksalsgenossen« zutrifft, sondern einzig und allein, was für ihn relevant ist.
Jeder Mensch hat neben der persönlichen Konstitution spezielle Belastbarkeitsgrenzen, die nur für ihn gelten und die von zahlreichen Variablen abhängig sind. Das gilt vor allem für Gesundheitsrisiken, die nicht auf jeden Menschen die gleichen Auswirkungen haben müssen. Erst das Zusammentreffen einer entsprechenden Konstellation mit von außen kommenden Risikofaktoren führt zum Entstehen von Krankheiten.

Unvermeidbare und vermeidbare Risiken

Einigen Risiken können wir uns selbst durch größte Vorsicht nicht entziehen. Ein solches unvermeidbares Risiko für unsere Gesundheit ist das Altern. Der natürliche Alterungsprozess lässt sich zwar verlangsamen, aber die Tendenz des Organismus, mit zunehmendem Alter an Leistungsfähigkeit zu verlieren, kann trotz allen medizinischen Fortschritts nicht gestoppt werden. Das Sterblichkeitsrisiko verdoppelt sich etwa alle acht Jahre. Während bei einem 15-Jährigen die statistische Wahrscheinlichkeit, im nächsten Jahr zu sterben, noch bei 0,05 Prozent liegt, ist dieses Risiko beim 90-Jährigen auf 50 Prozent angewachsen.

Paradebeispiel Rauchen

Ein gutes Beispiel für ein vermeidbares Risiko ist dagegen das Rauchen. Es ist wissenschaftlich bewiesen, dass (Lungen-) Krebserkrankungen und Herzleiden unter Rauchern besonders häufig sind. Ein anderes vermeidbares Risiko wäre beispielsweise eine einseitige und ungesunde Ernährung.

Ein Nullrisiko gibt es nicht

Jeder von uns kennt Menschen, die »risikoreich« leben und viele Wagnisse eingehen. Es liegt in der persönlichen Verantwortung eines jeden Einzelnen, abzuschätzen, ob er die durch ein bestimmtes Risiko ausgelöste wahrscheinliche Belastung wagen sollte. Nutzen und Risiko liegen oft nahe beieinander. So ist z.B. bei bestimmten Sportarten (Skifahren, Marathonlauf) abzuwägen, ob das Risiko nicht zuweilen ungleich größer ist als der Nutzen. Dennoch: Ein gänzlich risikoloses Leben ist nicht möglich.

Belastung und Belastbarkeit

Gesundheit ist auf Dauer nur gewährleistet, wenn ein Gleichgewicht herrscht zwischen der eigenen Belastbarkeit und den Belastungen, denen man ausgesetzt ist. Die Belastbarkeit ist ein Ausdruck der individuellen Stärken und Schwächen und den konstitutionellen (Knochenbau, gute Nerven etc.) und genetischen (eventuell Erbkrankheiten) Voraussetzungen. Die einwirkenden Belastungen kommen größtenteils aus der Umwelt.
Die Wechselwirkung zwischen diesen beiden Seiten läßt sich gut am Beispiel einer Brücke verdeutlichen. Jede Brücke hat eine genau berechnete Grenze der Belastbarkeit. Solange sich die Belastbarkeit mit den auf die Brücke einwirkenden Kräften verträgt, kann sie nicht einstürzen. Über eine entsprechend konstruierte Brücke kann dann sowohl ein Radfahrer als auch ein Lastwagen fahren. Erst wenn diese Belastbarkeitsgrenze überschritten wird, kann die Brücke einstürzen. Auch eine ungewöhnliche Belastung wie etwa ein Erdbeben kann die Brücke zum Einsturz bringen.

Belastbarkeit trainieren

Auch ein Mensch erträgt Belastungen unterschiedlichster Stärke, solange sie seine Belastbarkeit nicht überfordern. Aber anders als bei der Brücke sind seine Belastbarkeitsgrenzen nicht für alle Zeiten fixiert. Ein Mensch kann seine Belastbarkeit erhöhen. Er kann alle seine Körpersysteme trainieren und widerstandsfähiger machen. Ein Beispiel dafür ist das Muskeltraining im Fitnessstudio. Die Konfrontation des Organismus mit Reiz dagegen führt zu einem Training des Immun- und Hormonsystems.

Auch Unterforderung schadet

Und noch ein Aspekt, der dem mechanischen Prinzip der Brücke nicht entspricht: Anders als bei einer Brücke ist eine dauernde Unterforderung des menschlichen Organismus schädlich. Depressionen und chronische Krankheiten beobachtet man besonders häufig bei inaktiven – meist alten – Menschen, die kaum gefordert werden.
Durch regelmäßiges Training lässt sich die Belastbarkeit kontinuierlich steigern. Das ist gesundheitsfördernd und eine gute Vorbereitung für zukünftige Belastungen. Neben dieser aktiven ist jedoch auch eine passive Strategie im Umgang mit Risiken möglich. Man kann größere Belastungen (z.B. einen Marathonlauf) vermeiden, ihnen aus dem Weg

gehen. Das ist auch dann sinnvoll, wenn man die eigene Belastbarkeit nicht genau kennt und das Risiko nicht genau einschätzen kann.

Prävention

Aktives Training und das defensive Vermeiden von Belastungen sind zwei Möglichkeiten, um die Balance aufrechtzuerhalten und gesund zu bleiben. Eine wichtige Rolle – gerade in unserer heutigen reizüberfluteten Zeit – spielt zudem die Erholung. Dieser Ausgleich durch Entspannung ist eine der vorbeugenden Maßnahmen, die man Prävention nennt.

Freude und Spass kann man umso ungestörter ausleben, je besser man seine Grenzen kennt und ohne zu jammern akzeptiert.

Aspekte sinnvoller Prävention

Im Normalfall haben junge Menschen wenig Ahnung davon, was ihnen gut tut und was nicht – aber es ist auffallend, dass manche Menschen kaum erkranken, während andere ständig mehr oder weniger spektakulär vor sich hinkränkeln. Jeder, der mit einer labilen Gesundheit zu kämpfen hat, vermutet, dass die Gesunden einfach so gesund sind – praktisch ohne ihr eigenes Zutun.

Das ist in den seltensten Fällen richtig. Menschen, die nicht krank werden, haben einen Mechanismus, der ihnen sagt, was gut für sie ist – und sie hören darauf.

Prävention, also gesundheitsvorbeugende Maßnahmen, zielt darauf, diesen Mechanismus bei jedem in Gang zu setzen.

Insofern ist dieses Buch in erster Linie ein Beitrag zur Prävention, denn wir vermitteln Ihnen mit den folgenden Kapiteln wichtiges Wissen über sich selbst:

- Sie erfahren anhand der Tests Grundwahrheiten über sich und Ihren Körper: Hauttyp, Gesichtsfeld, Körperbau, Zustand des Bewegungsapparates etc.
- Wir helfen Ihnen herauszufinden, welche Schwachstellen Ihr Körper im organischen Bereich hat, damit Sie sich hier gezielt schonen oder mit auf Sie persönlich abgestimmten Maßnahmen eine Stärkung erreichen können.
- Mit einfachen Tests klären wir Krankheitsrisiken ab, die Sie auch zu Hause selbst diagnostizieren können.
- Ein Hauptteil des Buches beschäftigt sich mit einer Bestandsaufnahme Ihres persönlichen Lebensstils. Hier können Sie oft mit einfachen Mitteln eine bemerkenswerte Verbesserung Ihres Befindens erwirken.

Zunächst aber folgen die Tests, mit denen Sie Ihre Konstitution und die Belastbarkeit Ihres Organismus testen.

Über die Tests

Die Tests in diesem Buch sollen Ihnen eine persönliche Einschätzung Ihres körperlichen Zustandes und der sich daraus ergebenden Gesundheitsrisiken ermöglichen. Sie sollen in die Lage versetzt werden, selbst zu beurteilen, wie gesund oder krank Sie sind, welchen konkreten Gesundheitsrisiken Sie ausgesetzt sind und wie gefährdet Ihre Gesundheit jetzt und in Zukunft ist.
Zum großen Teil handelt es sich bei diesen Tests um grundlegende Tests, die Sie zuhause allein durchführen können. Nur in einigen Fällen ist die Hilfe einer zweiten Person nötig – z. B., um sich selbst ein Bild vom Verlauf Ihrer Wirbelsäule zu machen.

Seien Sie neugierig auf Ihre Testergebnisse. Sie werden eine Menge über sich selbst erfahren!

Inhaltlich kann man die Tests unterscheiden in

- Funktionstests, bei denen u. a. überprüft wird, ob Sie normal beweglich sind, Ihre Gelenke funktionieren, die Nieren ordnungsgemäß arbeiten, ob Sie hohen Blutdruck oder Durchblutungsstörungen haben, schwerhörig sind oder welche Auswirkungen eine Kyphose hat (Seite 21).

- Außerdem bieten wir Ihnen durch den Aufbau des Buches die Möglichkeit, sich nach und nach mit den den einzelnen Körperbereichen intensiv zu beschäftigen. Die Tests sind anschaulich und umfangreich, so dass Sie am Ende einen umfassenden Überblick über Ihre körperliche Verfassung haben.

- Unser Wegweiser auf Seite 15 ermöglicht Ihnen zudem, bestimmten Beschwerden oder Gesundheitsstörungen gezielt nachzuspüren. Hier finden Sie von A-Z alle Tests aufgelistet, die mögliche Erkrankungen ermitteln.

- Ein eigener Buchteil ist dem Bereich der Faktoren gewidmet, die von außen auf den Organismus einwirken. Dazu gehören schädigende Einflüsse wie Stress. Sie können mit den speziellen Tests herausfinden, ob und in welchem Umfang Sie diesen schädigenden Faktoren ausgeliefert sind.
  Andere Tests wie die Selbstuntersuchungen zur Ernährung, zu Schlafverhalten usw. ermöglichen Ihnen mit Distanz das eigene Verhalten zu überprüfen und so zu erfahren, ob Sie mit den hilfreichen Faktoren optimal umgehen.
  Mit erprobten ganzheitlichen Methoden schließt das Buch ab.

Tests vorab

Es gibt einige Informationen über Ihren Gesundheitszustand, die Sie kennen und festhalten sollten, bevor Sie sich an die Untersuchung der einzelnen Organsysteme machen. Dazu gehören das Alter, die Körpergröße, das Gewicht und die Erbanlagen.

Einflussfaktoren beachten

Halten Sie sich beim Testen immer vor Augen: Die Testergebnisse sind kein absoluter Wert. Sie sind immer in Beziehung zu Ihrem Lebensalter und Ihrer persönlichen Konstitution zu setzen. Es ist ein ganz wesentlicher Unterschied, ob Sie beispielsweise mit 30 oder mit 60 Jahren an Durchblutungsstörungen, Rheuma usw. leiden.

Das Altern – fester Bestandteil des Lebens

Im Alter verringert sich die Pumpleistung des Herzens, die Lunge verliert an Kraft und Volumen, Gehör und Sehleistung werden schwächer.

Die Nahrung wird langsamer aufgenommen, und es zeigen sich erste Abnutzungsspuren der Gelenke und Knochen. Das alles sind normale Alterserscheinungen; die allgemeine Leistungsfähigkeit lässt mit zunehmendem Alter nach, die Elastizität und Kraft einzelner Organe schwindet. Im Ausgleich dazu gewinnt das Leben an Tiefe.

Älter werden ist mit einer Reihe von Umstellungen im Körper verbunden. Wer weiß, was da geschieht, muss nicht gegen sich und seine Möglichkeiten kämpfen, sondern kann mit ihnen reifen und sich seiner Lebenserfahrung freuen.

Vorzeitiges Altern vermeiden

Eine ungesunde Lebensweise kann den natürlichen Alterungsprozess beschleunigen. Zu wenig Bewegung führt nicht selten zu einer Rückbildung der Muskulatur und zu frühzeitiger Erschlaffung des Körpers. Einseitige Ernährung bewirkt einen Vitaminmangel, der den Körper anfälliger für Krankheiten macht. Eine permanente Überdosis an UV-Licht überlastet und schwächt Haut und Immunsystem. All das kann zum vorzeitigen Altern führen.

Risikofaktor Körpergröße

Wenn Sie als Mann zwischen 165 cm und 185 cm groß sind, liegen Sie innerhalb der Norm. Frauen sind im Allgemeinen etwas kleiner; bei ihnen liegt die Norm bei 155 cm bis 175 cm. Zwergwuchs beginnt übrigens bei Frauen mit 135 cm, bei Männern mit 145cm Körpergröße.

Mögliche Ursachen für Körpergrößen unterhalb der Norm sind Knochenwachstumsstörungen, Verdauungsstörungen, schwere Organerkrankungen während der kindlichen Wachstumsphase oder ein hypophysär bedingtes Minderwachstum, wofür die Hypophyse (Hirnanhangdrüse) als hormonales Steuerungszentrum des Körpers verantwortlich ist.

Ein Hochwuchs, also Körpergrößen, die zum Teil deutlich über der Normgröße für Männer und Frauen liegen, kann durch eine Überproduktion der Wachstumshormone entstehen. Das Risiko, irgendwann einen Wirbelsäulen- oder Bandscheibenschaden zu erleiden, ist hier sehr groß.

Wie groß sind Sie? Bitte kreuzen Sie die Aussage an, die für Sie zutrifft.

❑ Normale Größe ❑ Unter der Norm ❑ Über der Norm

Das richtige Gewicht

Es ist üblich, das geeignete Körpergewicht über die Körpergröße zu bestimmen. Nach einer altbekannten Formel zieht man dabei von der Körpergröße in Zentimetern den Wert Hundert ab und bestimmt so das Normalgewicht in Kilogramm.

Ein eventuelles Übergewicht ermittelt man am besten mit dem Körpermasseindex (Body Mass Index, BMI). Dazu wird das Körpergewicht durch die ins Quadrat gesetzte Körpergröße (in Meter) geteilt.

Rechenbeispiel:

90 kg Gewicht geteilt durch 1,87 x 1,87 m Körpergröße = 90 kg : 3,49 = 25,78.

Bitte errechnen Sie Ihren BMI und kreuzen Sie die Aussage an, die für Sie zutrifft:

❑ Mein BMI liegt zwischen 20 und 24. Dies gilt als Normalgewicht.

❑ Mein BMI liegt zwischen 25 und 30. Das heißt, Sie tragen ein leichtes bis mittleres Übergewicht mit sich herum.

Untergewicht

Untergewicht ist gemäß obiger Definition ein Gewicht, das unter dem BMI von 20 liegt. Auch Untergewicht ist ein Grund, hellhörig zu werden, denn ein unbeabsichtigter (plötzlicher) Gewichtsverlust von mehr als fünf Kilogramm kann krankheitsbedingte Ursachen haben und ist auf jeden Fall ernstzunehmen. Besonders dann, wenn Sie nicht weniger essen als sonst auch.

Wie finde ich den geeigneten Test für mich?

Dieses Buch bietet Ihnen 90 Tests. Natürlich können und sollen Sie nicht alle auf einmal machen! Um Ihnen eine Auswahl zu ermöglichen, zeigen wir Ihnen verschiedene Wege, wie Sie unser Angebot an Tests optimal für sich nutzen.

Über die Organsysteme

Wie Sie schon aus dem Inhaltsverzeichnis wissen (Seite 2), haben wir die Tests nach den einzelnen Organsystemen unterteilt. In jedem Kapitel finden Sie eine Zusammenstellung der Tests, die Sie zuhause nach einfachen Anleitungen selbst machen können. Die Tests reichen von einfachen Funktionsüberprüfungen bis zu Selbstuntersuchungen, mit denen Sie verborgene Krankheiten oder eine Neigung zu bestimmten Gesundheitsrisiken erkennen können. Wer also bereits weiß, dass er in einem Bereich des Organismus eine Schwachstelle hat, macht am besten alle Tests zu diesem Organsystem. Sie finden folgende Organsysteme und Untersuchungsreihen in den Kapiteln:

Zu verschiedenen Bereichen des Lebens

Ein eigener Buchteil ist den Folgen für die Gesundheit gewidmet, die sich aus dem Leben in unserer modernen Umwelt ergeben.

Suche nach bestimmten Begriffen

Mit einer ganz anderen Fragestellung gehen Sie an die Tests heran, wenn Sie wissen wollen, ob Sie bestimmte Erkrankungen haben, an denen oder an deren Folgen Sie leiden. Krankheiten und medizinische Grundbegriffe finden Sie im Register ab Seite 188.

Der Bewegungsapparat

Nicht nur für die Gesundheit von Knochen, Muskeln und Gelenken ist eine gerade, spannungsvolle Haltung wichtig.

Unser äußeres Erscheinungsbild wird entscheidend geprägt durch die Körperhaltung und dadurch, wie beweglich wir sind. Wer steif ist oder eher eine gekrümmte Haltung hat, wirkt automatisch älter als jemand, dem leichte Bewegungen zu eigen sind. So sind Haltung und Beweglichkeit wichtige Faktoren der Körpersprache, die in Wechselbeziehung zu Allgemeinbefinden und Lebensgefühl stehen.
In der heutigen Zeit wird es uns nicht gerade leicht gemacht, unseren Körper durch angemessene und ausreichende Bewegung in Schuss zu halten und entsprechenden Verschleißerscheinungen vorzubeugen. Es ist viel Disziplin erforderlich, am Computerarbeitsplatz eine aufrechte Haltung zu bewahren. Auch fällt es niemandem leicht, die allabendliche Fernsehberieselung zu reduzieren und statt dessen den Körper auf Trab zu bringen.

Die Anforderungen des Alltags

Ob im Beruf oder in der Freizeit, dauerhaft einseitige Belastungen können dem natürlichen Zusammenspiel von Muskeln, Gelenken und Knochen schaden und in einem späteren Lebensalter zu spürbaren, oft nicht mehr korrigierbaren Folgeschäden führen. Zu wenig Bewegung hat u.a. eine Rückbildung der Wirbelsäulenmuskulatur zur Folge, der Körper erschlafft insgesamt und verliert sein früheres Leistungsvermögen.

Ein natürlicher Abbauprozess

Natürlich unterliegt der Körper im Verlauf des Lebens auch einem altersbedingten Abbauprozess: Die Knochen etwa verlieren ab dem 35. bzw. 40. Lebensjahr an Masse und Festigkeit. Damit kommen wir zu einem wichtigen Aspekt. Wie bei allen anderen Körpersystemen auch, muss beim muskulo-skeletalen System das Gleichgewicht zwischen den eigenen konstitutionellen Möglichkeiten (also der Belastbarkeit) und der Belastung stimmen. Wenn etwa ein 50-jähriger Mann, von Beruf Schriftsteller, ein Klavier tragen helfen wollte, wäre die Wahrscheinlichkeit einer Verletzung beträchtlich.

Sport mit Maßen
Übertreiben Sie es nicht mit dem Sport! Nur ein maßvolles und ein auf Ihre individuellen Bedürfnisse, Ihre persönliche Konstitution zugeschnittenes Trainingsprogramm ist wirklich gesund.

Schwachstellen erkennen

Der Bewegungsapparat eines jeden Menschen hat ganz bestimmte Belastbarkeitsgrenzen, die vor allem abhängig sind von seiner – auch erblich bedingten – Disposition und seinem Trainingszustand. Es ist deshalb sehr sinnvoll, sich über die eigene Konstitution klar zu werden, mögliche Gesundheitsrisiken zu erkennen und vorhandene Schwachstellen mit Hilfe eines Orthopäden frühzeitig zu besprechen.

Kleine Anatomie

Das macht man sich als Laie kaum bewusst: Eine ärztliche Untersuchung beginnt gewöhnlich schon mit dem ersten Eindruck, den der Patient beim Arzt hinterlässt: Wie ist die Haltung, der Gang, das gesamte Erscheinungsbild?
Wissen Sie um Ihre Körperhaltung und Beweglichkeit? Bevor Sie anhand einiger Tests den Allgemeinzustand Ihres Bewegungsapparates selbst einschätzen können, hier zunächst einige medizinische Grundbegriffe, die Ihnen das Verstehen der Zusammenhänge erleichtern.

Knochen

Das Knochenskelett gibt dem Körper zwar seine Gestalt, spielt aber selbst nur eine passive Rolle bei der Bewegung. Aktiviert wird es erst durch die Muskeln und Gelenke, Sehnen und Nerven.

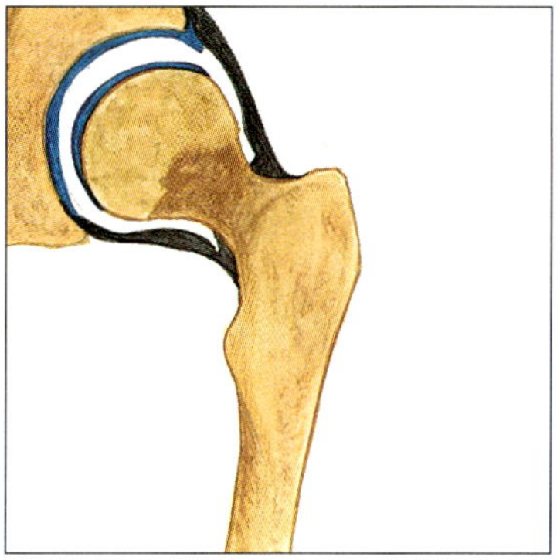

Gut zu erkennen ist hier der Oberschenkelhalsknochen, die natürliche Schwachstelle des Gelenks.

Gelenke

Ein Gelenk ist eine bewegliche Verbindung zwischen zwei Knochen. Es besteht aus den mit Knorpel überzogenen Knochenenden, die in eine Gewebekapsel eingebettet sind. Das Kniegelenk ist das komplizierteste Gelenk des menschlichen Körpers. Die Gelenke werden durch Bänder verstärkt.

Muskeln

Die Muskeln setzen mit ihren Endstücken, den Sehnen, direkt am Knochen und an den Gelenken an und ermöglichen so die Kraftübertragung auf das Skelett. Jeder Muskel ist ein durch Bindegewebe zusammengehaltenes Bündel von Muskelfasern. Die kräftigsten Muskeln des Körpers sind die Beinmuskeln.
Die Knochen dienen zum Schutz der inneren Organe, als Stütze und Befestigung der Muskeln und Sehnen.

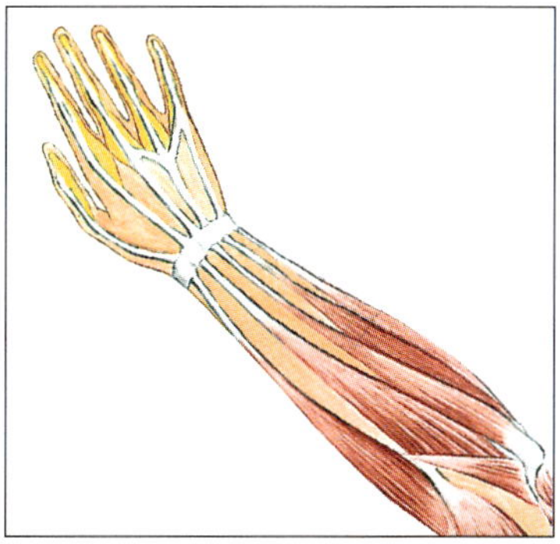

Bewegungsimpulse der Muskeln und Sehnen dirigieren die Knochen.

Die Wirbelsäule

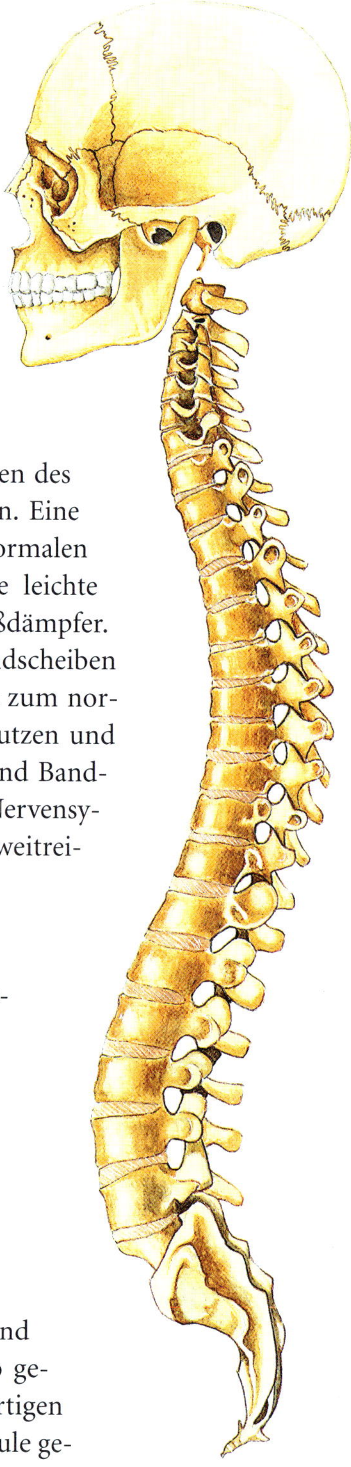

Letztlich sind die Muskeln der Gliedmaßen und des Rumpfes alle mit der Wirbelsäule gekoppelt. Die Wirbelsäule verbindet das Becken mit dem Brustkorb, sie stabilisiert und stützt den Rumpf, gibt den Schultern Halt und trägt den Kopf. Die übereinanderliegenden Wirbel bilden einen schützenden Kanal, in dem das Rückenmark und die abzweigenden Nerven vom Gehirn nach unten verlaufen können.

Um die Last des Körpers zu tragen, muss die Wirbelsäule eine enorme Festigkeit besitzen. Gleichzeitig aber muss sie sehr elastisch sein, um gezielte Bewegungen des Oberkörpers, des Kopfes und der Arme zu ermöglichen. Eine gute Wirbelsäulenbeweglichkeit ist auch für den normalen Bewegungsablauf unerlässlich. Die im Profil sichtbare leichte S-Schwingung wirkt bei Erschütterungen wie ein Stoßdämpfer. Auch die als Puffer zwischen den Wirbeln sitzenden Bandscheiben haben eine wichtige ausgleichende Funktion. Es gehört zum normalen Alterungsprozess, dass sie sich mit der Zeit abnutzen und schrumpfen, so dass der Zusammenhalt von Wirbeln und Bandscheiben lockerer wird. Wegen der direkten Nähe zum Nervensystem können Verschleißprozesse an der Wirbelsäule weitreichende Auswirkungen haben.

Häufige Gesundheitsrisiken

Von kleinen Überdehnungen eines Gelenkes bis zu schweren Kopf- und Wirbelsäulenverletzungen reichen die Erkrankungsmöglichkeiten unseres Bewegungsappartes. Da die Diagnose von Erkrankungen aber nicht das Thema dieses Buches ist, möchte ich Ihr Augenmerk stellvertretend auf drei Beschwerden lenken, die Sie mithilfe dieses Buches besser verstehen können.

Bandscheibenprobleme

Ein wichtiger Bestandteil einer gesunden Wirbelsäule sind die »Puffer« zwischen den knöchernen Wirbeln, die so genannten Bandscheiben. Sie bestehen aus einer gallertartigen Masse, die hilft, Stöße abzupuffern, und die die Wirbelsäule ge-

lenkig macht. Im Lauf des Lebens verhärten die Bandscheiben und werden abgerieben, was zu Schmerzen und Problemen mit der Beweglichkeit führt.
Diese Entwicklung kann man umgehen, wenn man weiß, was Bandscheiben »brauchen«, um gesund zu bleiben.

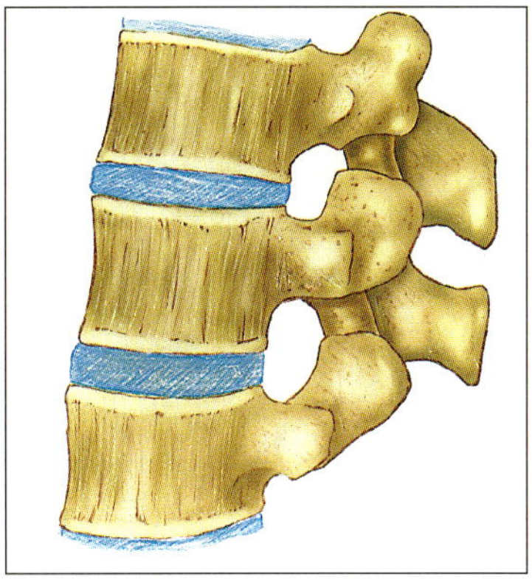

Im gesunden Zustand bilden die Bandscheiben kleine pralle Polster zwischen den Wirbeln.

1. Ausreichend Ruhe
Bandscheiben verlieren durch die Belastungen, denen der Rücken im Sitzen ausgesetzt ist, einen beträchtlichen Anteil der Flüssigkeit, die sie geschmeidig macht. Erst im Liegen läßt der Druck auf die Bandscheiben nach, die Bandscheiben »saugen« sich wieder voll Flüssigkeit und sind in der Früh nach dem Aufstehen prall wie kleine Kissen. Fehlt über die Jahre ein Ausgleich zum Sitzen im Liegen, greift das die Bandscheiben vehement an.

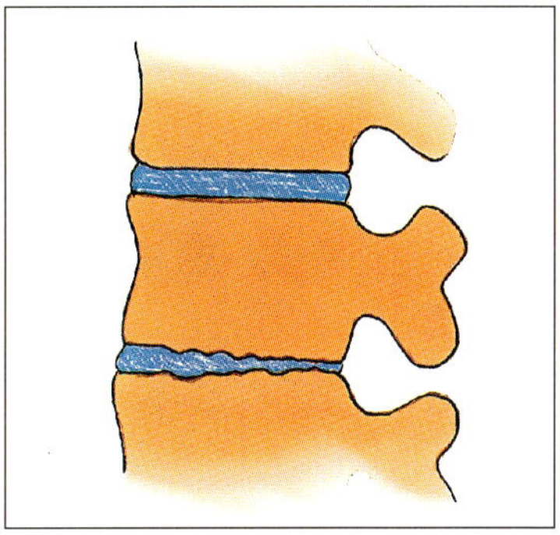

Durch die Abnutzung der Bandscheiben verkleinert sich der Abstand zwischen den Wirbeln, und die Wirbelsäule wird instabiler.

2. Muskeltraining
Wer keine Bauch- oder Rückenmuskeln besitzt, überlässt es der Wirbelsäule allein, den ganzen Körper zu tragen. Kein Wunder, wenn die Bandscheiben als die nicht-knöchernen Teile als erste Schaden nehmen.

3. Haltung
Wie Sie auch in den folgenden Tests immer wieder lesen werden, ist die Körperhaltung ein Faktor, der wesentlich über Krankheit oder Gesundheit Ihrer Bandscheiben bestimmt. Eine schiefe oder gar eine krumme Haltung (Hohlkreuz oder Rundrücken) veranlasst die Wirbelsäule im Lauf der Zeit zu einer Anpassung. Wirbel und Bandscheiben werden aus dem ursprünglich geraden Verlauf verlagert und damit ungleich belastet. Sind die Bandscheiben im Bereich der Lendenwirbelsäule geschädigt, spürt man das als Hexenschuss oder Ischiasschmerzen. Bei lange bestehender Bandscheibenvorschädigung kann ein plötzlicher Ruck oder die eine Überlastung zu viel zu einem Bandscheibenvorfall führen.
Tipp: Ein erstes Warnzeichen, sofort mit einer krankengymnastischen Behandlung zu beginnen, da die Bandscheibe bereits Schaden genommen hat, ist ein Hexenschuss. Wer bis zum Bandscheibenvorfall wartet, hat im Normalfall seine Chancen auf einen schmerzfreien Rücken verspielt.

Arthrose

Degenerative Veränderungen am Gelenkknorpel bezeichnet man als Arthrose. Häufig tritt sie am Hüftgelenk und an den Ellbogen auf. Meist handelt es sich dabei um einen Verschleiß des Knorpels durch Überlastung (Leistungssport) oder durch natürliche Alterungsprozesse. Man bemerkt eine Arthrose meist durch den Schmerz, da sich zu den degenerativen oft auch entzündliche Veränderungen gesellen.
Was kann man tun?
Am wichtigsten ist es, das Gelenk rechtzeitig zu entlasten, z.B. durch Gewichtsabnahme. Danach muss man Fehlstellungen zu korrigieren suchen. Keinesfalls darf man die Schmerzen betäuben und die Überlastung bestehen lassen!

Meniskusverletzung

Das Kniegelenk ist eines unserer kompliziertesten Gelenke, und es ist besonders verletzungsanfällig. Nicht nur, dass jede Bewegung, die wir mit dem Knie im Stehen ausführen, unter Einwirkung unseres gesamten Körpergewichtes geschieht – im Knie sitzen die Knochen von Ober- und Unterschenkel nicht passgerecht aufeinander. Damit das Kniegelenk trotzdem gut funktioniert, haben sich zwei besonders starke Haltekeile entwickelt, der äußere und der innere Meniskus.
Meniskusverletzungen sind meist Folgen von Sportunfällen oder von Stößen und Stürzen. Kommt es zum Anriss oder Riss werden vielfache Methoden aus der konservativen Therapie eingesetzt (Verband, Ruhigstellen, Gymnastik) – oft aber hilft nur noch eine Operation, die heute sogar ambulant durchgeführt werden kann.

Über die Tests zum Bewegungsapparat

Das Zusammenspiel von Skelett, Muskeln und Gelenken bestimmt die Haltung und damit das Erscheinungsbild unseres Körpers, das sich im Lauf des Lebens immer wieder ändert. Als Baby noch recht ungelenk, lernt der Mensch harmonische und effektive Bewegungsabläufe auszuführen, und es gilt, die Unversehrtheit des Bewegungsapparats so lange wie möglich zu erhalten.
Dabei sollen Ihnen die folgenden Testreihen helfen. Wir prüfen zunächst die grundsätzliche Gesundheit von Wirbelsäule und Hüfte. Anschließend betrachten wir die Beweglichkeit der einzelnen Körperpartien und untersuchen Hüfte und Knie auf Krankheiten, die Sie zu Hause feststellen können.
Wir haben dieses Kapitel deshalb an den Anfang des ersten Teils des Buches gestellt, weil es Sie nicht nur zu einer Bestandsaufnahme, sondern vor allem zu einer Verhaltensänderung anregen soll, wenn Sie erste Probleme spüren.
Eine Sonderseite am Ende des Kapitels soll es Ihnen ermöglichen, sich einen Eindruck vom Gesamtzustand Ihres Bewegungsgapparates zu machen.
Tragen Sie deshalb Ihre Testergebnisse auch auf Seite 32/33 ein.

Testreihe: Wirbelsäulen- und Hüftgesundheit

Wirbelsäulenform **Test 1**

Stellen Sie sich unbekleidet im Profil vor einen etwa mannshohen Spiegel. Sie können nun erkennen, ob die Wirbelsäule dem Rücken die übliche geschwungene Form gibt oder ob eventuelle Verkrümmungen bestehen. Vergleichen Sie Ihre Körperhaltung mit den nachfolgenden Abbildungen.

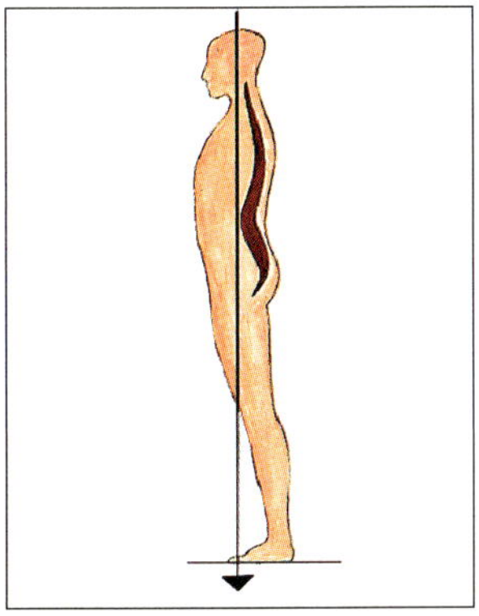

Normale Haltung

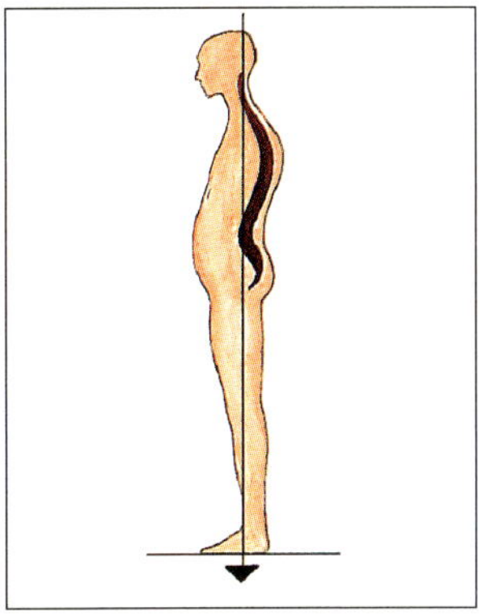

Rundrücken

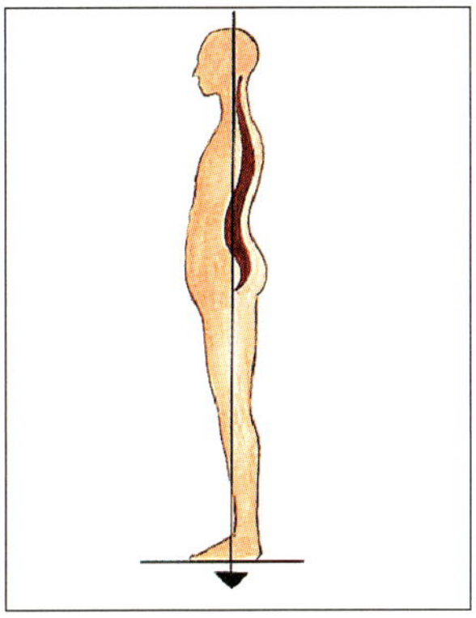

Hohlkreuz

- ❑ Ist Ihr Rücken im Brustwirbelbereich weit nach hinten gebogen? Dann haben Sie eine Kyphose (Rundrücken).

- ❑ Ist Ihr Rücken im Lendenwirbelbereich weit nach vorn gebogen? Dann haben Sie eine Lordose (Hohlkreuz).

Achtung Gesundheitsrisiko

Das Hohlkreuz ist meist eine harmlose Haltungsstörung, die in der Kindheit und im Jugendalter auftritt. Probleme gibt es erst, wenn das Hohlkreuz über Jahre bestehen bleibt. Bauchmuskeln, die durch mangelndes Training, Übergewicht oder eine Schwangerschaft erschlaffen, können das Hohlkreuz zusätzlich verstärken. Auch Schuhe mit hohen Absätzen können die Ursache sein. Probieren Sie es einmal aus: Stellen Sie sich auf die Zehenspitzen, gehen sie ein paar Schritte. Um das Gleichgewicht zu halten, machen sie automatisch ein Hohlkreuz.

TIPP: Die Rückenmuskulatur wird durch die Bauchmuskeln gestützt. Bei einem Hohlkreuz sollten Sie also zuerst etwas für Ihre Bauchmuskeln tun.

Test 2 *Wirbelsäulenverbiegung*

Für diesen Test sind Sie auf die Hilfe einer zweiten Person angewiesen. Stehen Sie möglichst aufrecht und entspannt, halten Sie den Kopf gerade, und schauen Sie geradeaus. Lassen Sie nun Ihren Helfer Ihre Rückenpartie betrachten.

- ❑ Nimmt Ihre Wirbelsäule vom Nacken zum Becken einen senkrechten Verlauf?
- ❑ Stehen die Schultern und das Becken gerade und parallel zueinander?
- ❑ Oder sind seitliche Verbiegungen im Verlauf der Wirbelsäule erkennbar?
- ❑ Stehen die linke und die rechte Schulter in gleicher Höhe?
- ❑ Hat das Becken eine Schiefstellung – auf welcher Seite?

Achtung Gesundheitsrisiko

Bei einer Skoliose (einer seitlichen Verbiegung der Wirbelsäule) sind auch die Schultern nicht in gleicher Höhe. Eventuell tritt sogar eine Hüftseite stärker hervor als die andere. Ursache für eine Skoliose ist oft, dass ein Bein kürzer ist als das andere. Das können Sie prüfen, indem Sie ihr kürzeres Bein auf ein entsprechend dickes Buch oder ein kleines Brettchen stellen und so einen Ausgleich ermöglichen.

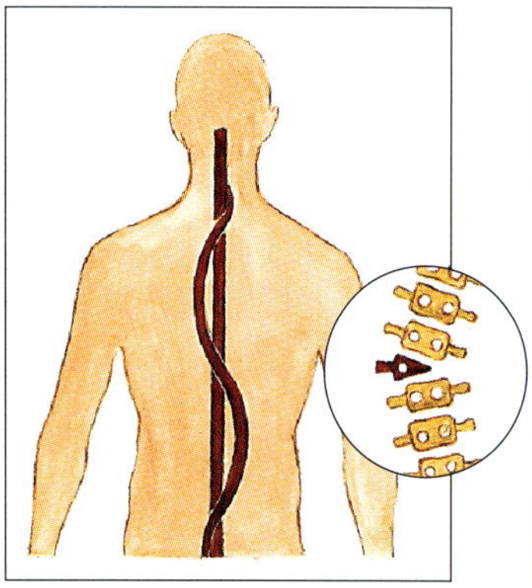

Wirbelstand bei Verbiegung.

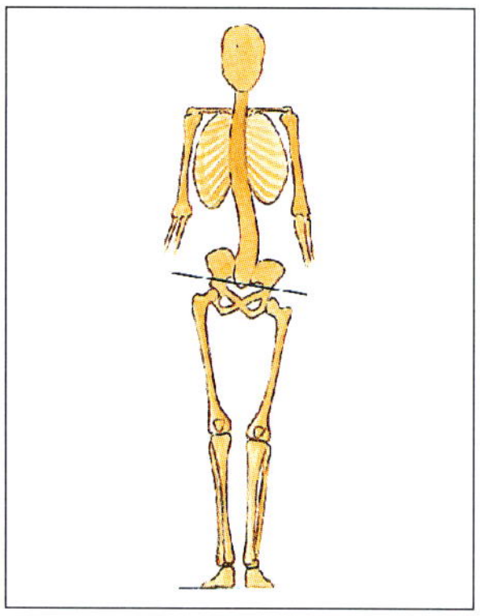

Ungenügender Ausgleich des Schiefstandes.

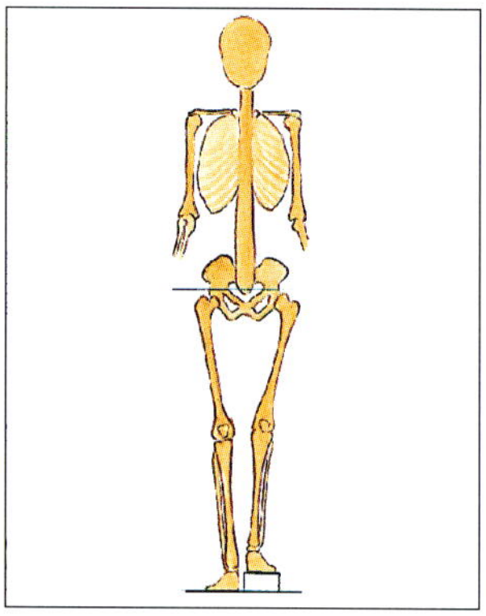

Ausgleich durch ein Brettchen.

Eine derartige Schiefhaltung muss (noch) nicht unbedingt Schmerzen oder Beschwerden hervorrufen. Es ist ähnlich wie bei Rundrücken und Hohlkreuz: Besteht eine Haltungsstörung über lange Jahre hinweg, ist das Risiko frühzeitigen Verschleißes enorm hoch.

Test 3 *Hüfte*

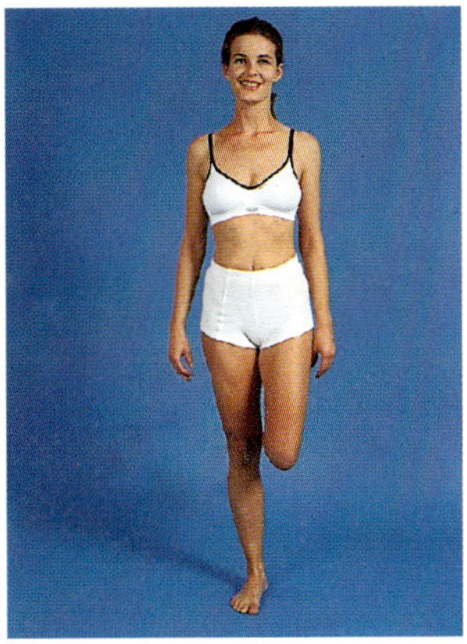

Fixieren Sie zum besseren Stand auf einem Bein einfach einen Punkt an der Wand in Augenhöhe.

Mit dem so genannten Trendelenburg-Test können Sie prüfen, ob Ihre Hüfte gesund ist.
Versuchen Sie, wie in der Abbildung rechts nur auf einem Bein zu stehen, erst auf dem rechten, dann auf dem linken. Da Sie sich bei diesem instabilen Stand wahrscheinlich nicht auf Ihr Spiegelbild konzentrieren können, bitten Sie eine zweite Person um Mithilfe. Normalerweise ist beim Stand auf dem linken Bein die Muskulatur der linken Hüfte stark genug, um die rechte Hüftseite mitsamt dem Bein anzuheben. Wie reagiert Ihr Körper:

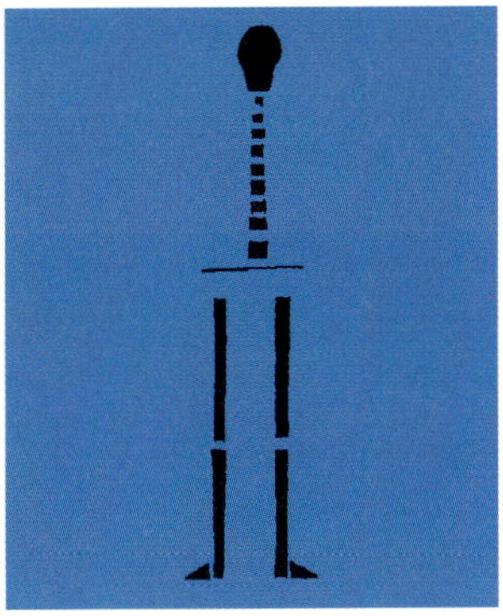

Keine erkennbare Schädigung (Grundhaltung).

Die gesunde Muskulatur hebt die andere Seite an.

Ist die Hüfte erkrankt, »kippt« sie ab.

❑ Meine Beckenmuskulatur ist stark genug, um die Hüfte zu stabilisieren. Dasselbe gilt auch für den Stand auf dem rechten Bein, wenn die rechte Hüftseite im Gegenzug angehoben wird.

Achtung Gesundheitsrisiko

Bei einer Hüfterkrankung kippt das Becken ab, der Oberkörper wird zur Seite des Standbeins geneigt, um das Gleichgewicht herzustellen.

Testreihe Beweglichkeit

Test 4 *Halswirbelsäule*

Mit dem folgenden Funktionstest können Sie die Beweglichkeit Ihrer Halswirbelsäule überprüfen.

Neigen sie den Kopf langsam auf die Brust, dann in den Nacken. Schauen sie erst nach links und dann nach rechts, wobei Sie den Kopf mitdrehen. Danach neigen Sie Ihren Kopf nach links, dann nach rechts.

❑ Ist die Beweglichkeit Ihrer Halswirbelsäule in beide Richtungen gleich gut, oder fällt Ihnen das seitliche Beugen zu einer Seite hin leichter als zur anderen?

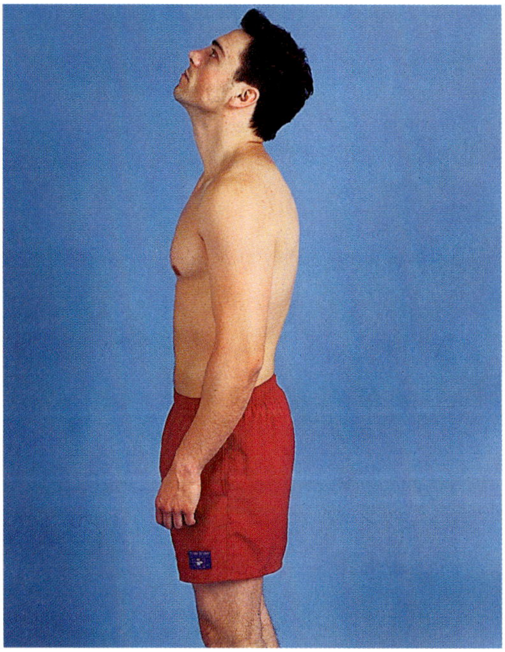

Vorsicht bei dieser Übung. Den Hals nicht ruckartig oder gewaltsam in den Nacken »reißen«! Lassen Sie den Kopf langsam sinken.

Achtung Gesundheitsrisiko

Stellen Sie sich aufrecht vor eine Wand. Ihr Rücken und Ihre Fersen sollten die Wand berühren. Versuchen Sie nun auch Ihren Kopf an die Wand zu lehnen. Wenn Ihnen das nicht gelingt, ist das ein deutliches Zeichen für eine Versteifung Ihrer Halswirbelsäule.

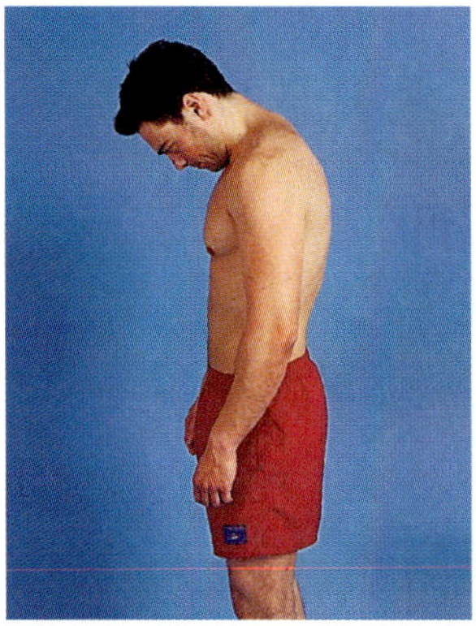

Auch bei der Bewegung nach vorne den Kopf nicht einfach fallen lassen.

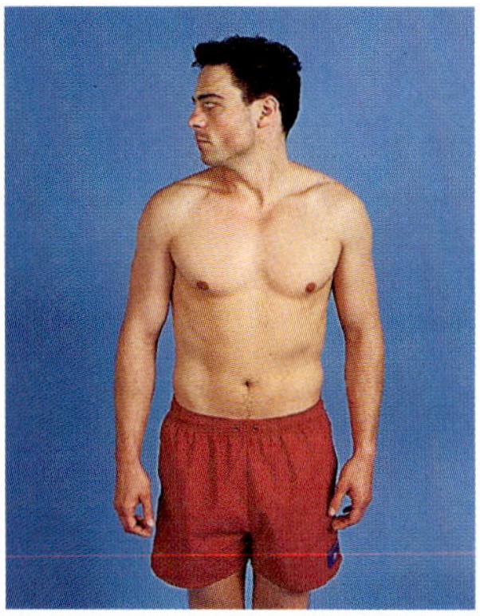

Nehmen Sie den Kopf in einer geführten Bewegung zur Seite ohne ihn zu überreißen.

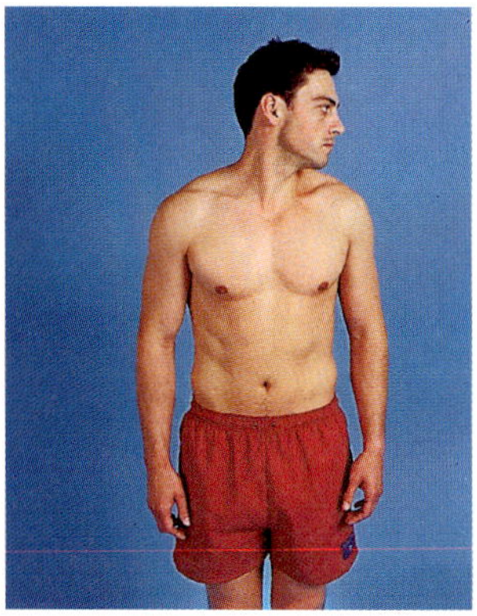

Nach links und nach rechts nur so weit zur Seite drehen, wie es ohne Kraft möglich ist.

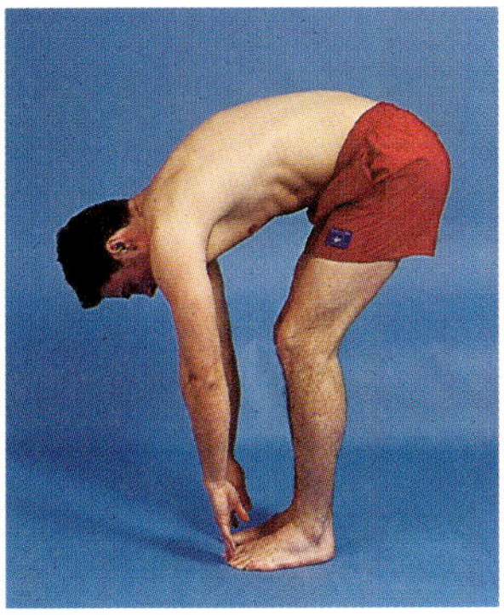

Vorsichtig nach vorne beugen.

Brust- und Lendenwirbelsäule **Test 5**

Testen Sie nun, wie weit Sie sich nach vorn beugen können. Versuchen Sie, mit den Fingerspitzen Ihre Fußspitzen zu berühren, ohne die Knie allzu stark abzuwinkeln.

- ❑ Gelingt Ihnen das? Dann ist Ihre Lendenwirbelsäule beweglich genug.

Prüfen Sie auch die seitliche Beweglichkeit Ihres Körpers und der Lendenwirbelsäule:

- ❑ Ist die seitliche Beugung zu beiden Seiten hin gleich gut möglich?

Testerläuterung

Im Idealfall hat der Rücken bei der Beugung nach vorn eine runde und harmonische Form. Bei einer Haltungsstörung (siehe Test 1 bis 3) werden sich Abweichungen zeigen. Bei einer Skoliose etwa kann eine seitliche Verkrümmung sichtbar sein.

Schultergelenke **Test 6**

Stehen Sie aufrecht und versuchen Sie, das linke Schulterblatt mit der rechten Hand, so wie auf den untenstehenden Fotografien gezeigt, zu berühren. Dann wechseln Sie zur anderen Seite: Greifen Sie mit der rechten Hand zu Ihrem linken Schulterblatt.

- ❑ Wenn Ihnen beides gelingt, können Sie eine Erkrankung des Schultergelenks (und der umgebenden Sehnen) weitgehend ausschließen.

1. Schritt

2. Schritt

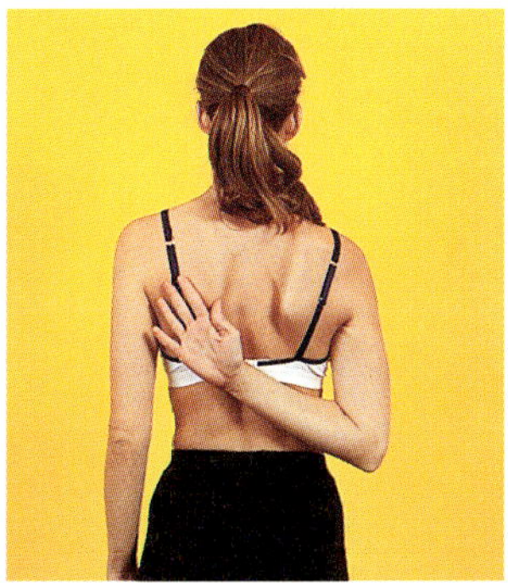

3. Schritt

Test 7 *Ellbogengelenke*

Wie steht es um die Beweglichkeit Ihrer Ellbogengelenke? Entkleiden Sie für diesen Test zunächst Ihren Oberkörper.
Stehen Sie aufrecht und heben Sie die Arme bis auf Schulterhöhe. Dabei zeigen die geöffneten Handflächen nach oben. Dann ballen Sie die Hände und winkeln die Oberarme so weit wie möglich nach oben an. Strecken Sie dann die Arme wieder nach vorn, öffnen Sie die Hände und spreizen Sie die Finger nach unten, während Sie die Ellbogengelenke ganz durchdrücken.

❑ Beobachten Sie jeweils, ob die linke und rechte Seite symmetrisch aussehen. Ist das der Fall, können Sie eine Erkrankung Ihres Ellbogengelenks weitgehend ausschließen.

1. Schritt

2. Schritt

3. Schritt

Folgende Bewegung können Sie auch im Sitzen ausführen: Drehen Sie bei ausgestreckten Armen die Hände mit den Handflächen nach unten, dann nach oben, der Daumen bleibt abgespreizt.

❑ Gelingen Ihnen auch diese Bewegungen mühelos?

Achtung Gesundheitsrisiko

Eine bei den Bewegungen deutlich sichtbare Asymmetrie und Verformung der Gelenke deutet auf eine Arthrose hin (siehe Seite 20).

Wenn Sie bereits an einer Arthrose leiden: Sollten Sie Übergewicht haben, ist eine Diät unumgänglich. Gut ist das regelmäßige Schwimmen in warmem Wasser. Außerdem gibt es spezielle Arthrosegymnastik. Erkundigen Sie sich danach bei Ihrem Arzt oder Physiotherapeuten.

Handgelenke Test 8

Legen Sie Ihre Hände wie zum Beten aneinander, und heben Sie beide Ellbogen leicht an.

❑ Sind beide Seiten gleich beweglich?

Legen Sie Ihre Handrücken aneinander, die Finger hängen nach unten.

❑ Ist auch hier eine Symmetrie erkennbar?

Legen Sie die Handflächen aneinander.

Nun die Handrücken aneinander legen.

Halten Sie zum Schluss Ihre Hände mit den geöffneten Handflächen nach oben, und bewegen Sie nur die Hände aus dem Handgelenk zu Ihrer Körpermitte hin. Versuchen Sie dabei, die Schultern locker zu lassen und nicht zu verspannen.

❑ Haben beide Hände den gleichen Beweglichkeitsradius?

Achtung Gesundheitsrisiko

Wenn die Bewegungen auf einer Seite eingeschränkter sind als auf der anderen, prüfen Sie, ob Sie eine Schwellung am Gelenk oder in dessen Umgebung entdecken können. Es könnte ein zusätzlicher Hinweis auf eine Gelenkerkrankung oder eine Sehnenscheidenentzündung sein. Auf eine Sehnenscheidenentzündung weisen allerdings in erster Linie Schmerzen im Bereich der Handgelenke und der Unterarme hin.

Wenn die Unterarme schmerzen

Sehnenscheidenentzündungen können als Folge einer Überbelastung im Sport entstehen oder durch gleichförmige Bewegungen im Beruf. Auch das Klicken mit der Maus bei einer langen Computertätigkeit kann auf längere Sicht zu Beschwerden mit den Sehnen führen. Wenn Sie Probleme haben, helfen auch leichte Lockerungsübungen. Und ein kleiner Trick: Gewöhnen Sie sich an, die Computermaus mit beiden Händen zu bedienen. Das geht nach einer Umgewöhnungsphase prima und belastet die Sehnen nicht so stark.

Test 9 *Handbeweglichkeit*

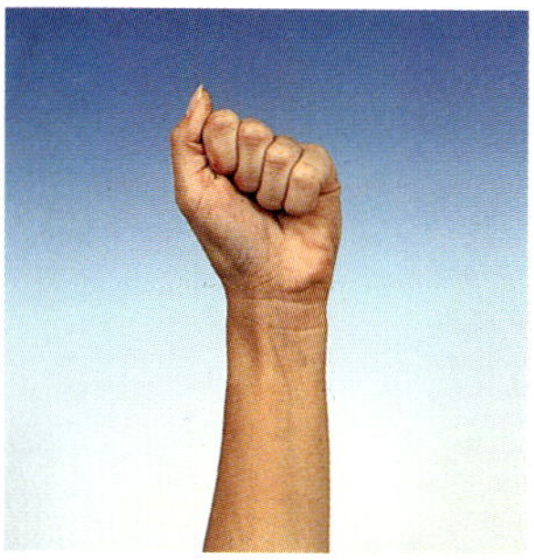

Flexion

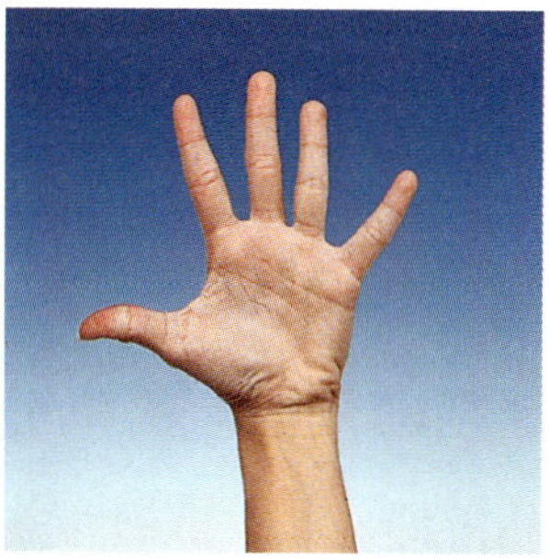

Extension

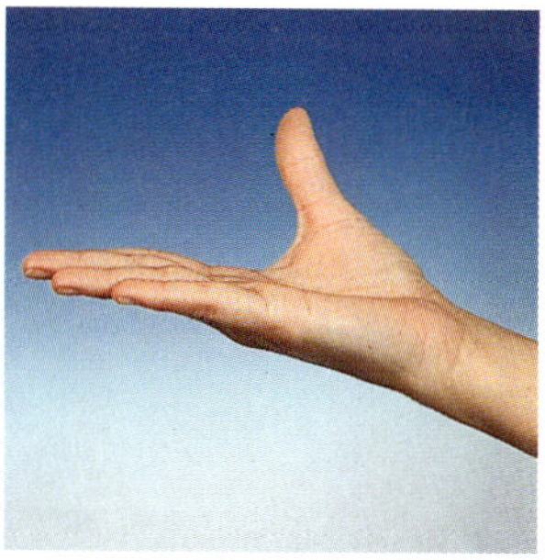

Abduktion

1. Halten Sie die Hand in Kopfhöhe, und schließen Sie die Finger soweit es geht zur Faust. Diese Bewegung nennt man Flexion.

2. Nun öffnen Sie die Hand wieder und spreizen die Finger in alle Richtungen. Das nennt man Extension.

3. Legen Sie Ihre Hand mit der geöffneten Handfläche auf einen Tisch. Spreizen Sie den Daumen. Zeigen Sie mit dem abgespreizten Daumen zur Decke. Die Mediziner nennen das Abduktion. Sie können diese Bewegung auch frei in der Luft ausführen.

❑ Gelingen Ihnen diese Bewegungen mühelos?

Test 10 *Hüfte*

Bei diesem Test sind Sie wieder auf die Hilfe einer zweiten Person angewiesen, die Ihre Beweglichkeit beobachtet und mit den folgenden Abbildungen vergleicht.

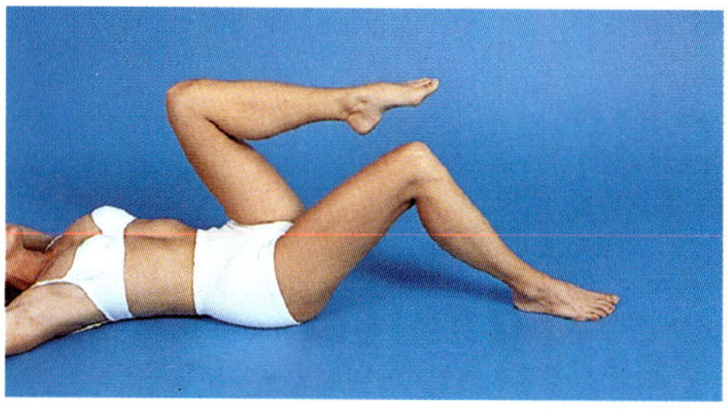

Winkeln Sie die Beine immer ein wenig an. Das entlastet den Rücken.

1. Legen Sie sich auf den Rücken, winkeln sie erst eines, dann das andere und zum Schluss beide Beine an.

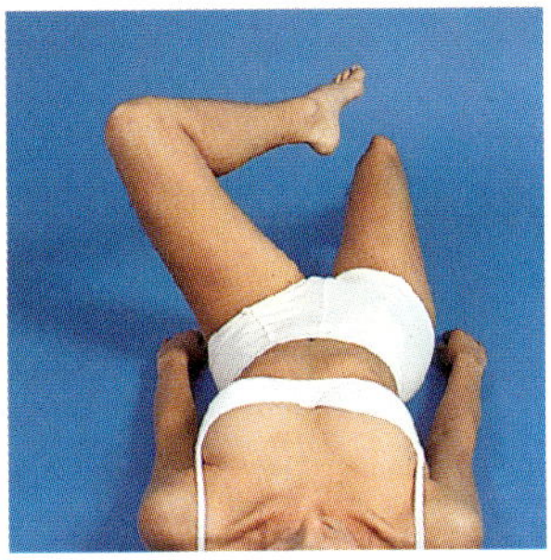

Das Bein leicht anwinkeln und nur mit Muskelkraft drehen. Erst nach außen …

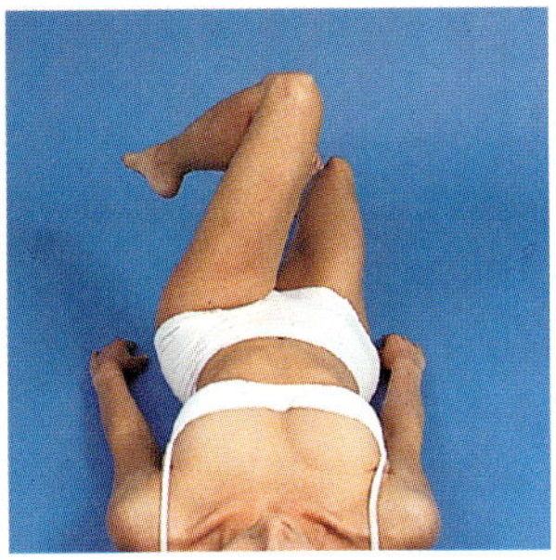

dann nach innen. Auch hier gilt wieder: Nicht mit Schwung arbeiten.

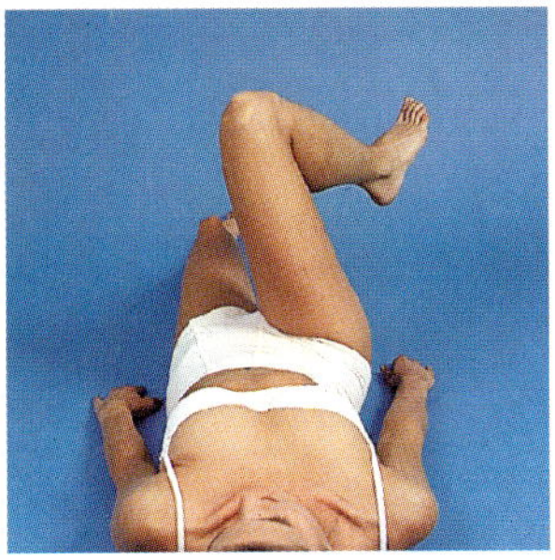

Wiederholen Sie die Bewegungen anschließend mit dem anderen Bein.

2. Sie liegen wieder in Ruheposition auf dem Rücken.
   Heben Sie ein Bein leicht an, und testen Sie, wie weit Sie es mit Ihrer Muskelkraft drehen können, erst nach links, dann nach rechts. Dasselbe machen Sie mit dem anderen Bein.

3. Sie liegen auf dem Rücken.
   Bewegen Sie nun das rechte Bein zur rechten Seite, dann zum anderen Bein hin. Dasselbe wiederholen Sie mit dem linken Bein.

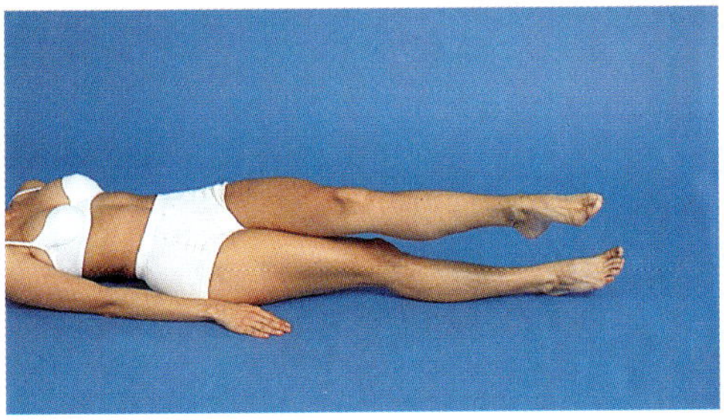

Das Bein anheben und erst nach außen, dann, wie im Bild, zum anderen Bein drehen.

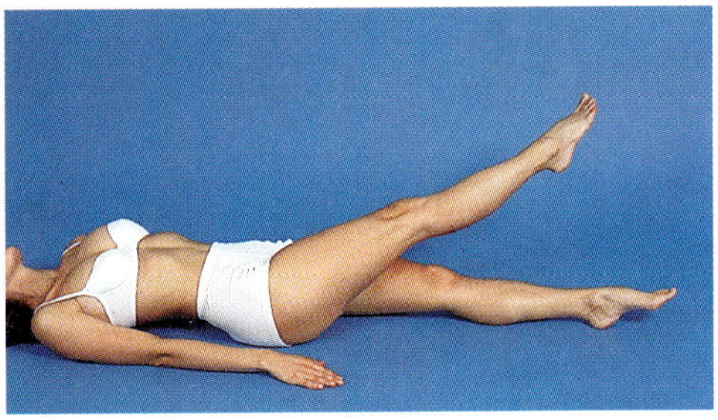

Das Atmen bitte nicht vergessen, sonst verspannen Sie sich.

4. Legen Sie sich auf den Bauch und ruhen Sie sich eine Minute aus.
   Heben Sie ein Bein ausgestreckt leicht an. Der Streckungswinkel ist sehr gering. Das ist normal. Versuchen Sie das gleiche mit dem anderen Bein. Nun heben Sie jeweils nur den Unterschenkel an und bewegen ihn sowohl zur rechten als auch zur linken Seite.

❑ Können Sie alle diese Bewegungen gut ausführen?

Testreihe Beschwerden

Test 11 *Hüftgelenkarthrose*

Zwei Drittel aller Menschen über 55 Jahren leiden an einer degenerativen Gelenkerkrankung, einer so genannten Arthrose, aber auch bei jüngeren Erwachsenen tritt diese Krankheit immer häufiger auf. Meist sind davon die Hüft- oder Kniegelenke betroffen. Mit diesem Test, können Sie eine Arthrose des Hüftgelenks erkennen.

1. Legen Sie sich auf den Bauch, und beugen Sie Ihr linkes Bein zum Bauch hin, danach das rechte.

❑ Sind beide Beine gleich beweglich?

2. Liegen Sie entspannt. Drehen Sie Ihre Beine und Füße in sich ein wenig nach innen. Das nennt man Innenrotation. Es geht leichter, wenn Ihr Partner die Füße am Fußgelenk festhält.

❑ Sind beide Beine ähnlich beweglich wie auf der Abbildung?
Oder ist ein Bein unbeweglicher?

3. Nun spreizen Sie die Beine. Ihr Partner sollte die Fußgelenke leicht festhalten.

❑ Stimmt die Symmetrie?

Achtung Gesundheitsrisiko

Wenn die Beweglichkeit eines Beines stark eingeschränkt ist und Sie vielleicht eine Schwellung an der Hüfte entdecken, leiden Sie wahrscheinlich an einem arthrotischen Gelenk. Mögliche Begleiterscheinungen einer Arthrose (siehe Seite 20) sind zeitweilige Schmerzen sowie eine Schwellung und Rötung des betroffenen Gelenks. Verwechselt wird die Arthrose vom Laien häufig mit der Arthritis, einer Gelenkentzündung, die nicht selten gleich mehrere Gelenke befällt.

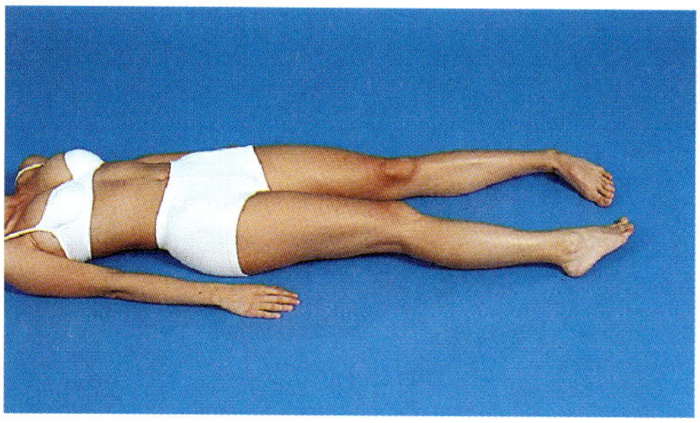

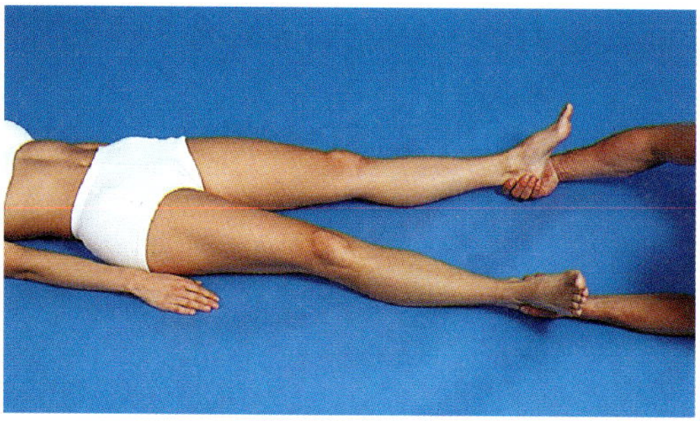

Lassen Sie die Beine locker auf der Unterlage liegen. Das hilft dem Partner.

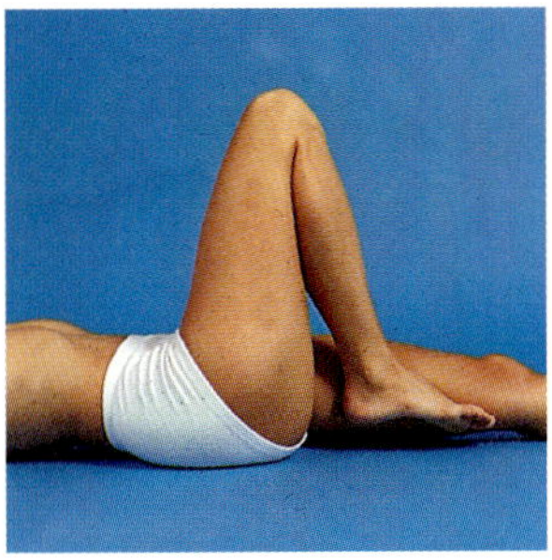

Bei einer Verletzung geht das nicht!

Meniskusverletzung **Test 12**

Sind Ihre Knie normal belastbar und bewegungsfähig, oder haben Sie Probleme mit den Knien und leiden eventuell an einer Meniskusverletzung (siehe Seite 20)?

Legen Sie sich auf den Rücken, heben Sie ein Bein an und winkeln Sie das Knie ab.

❑ Berührt Ihr Unterschenkel den Oberschenkel?

Nun legen Sie das Bein wieder ab und wiederholen die Bewegung mit dem anderen Bein.

Legen Sie sich flach und entspannt auf den Rücken, und strecken Sie beide Beine aus.

❑ Ihr Partner oder Ihre Partnerin kann Ihnen sagen, ob die Knie gleich gestreckt liegen.

Achtung Gesundheitsrisiko

Lässt sich ein Knie weniger stark durchdrücken, kann das ein Hinweis auf eine Meniskusverletzung sein.

Bauch- und Rückenmuskulatur **Test 13**

❑ Schwache Bauchmuskeln verstärken das Hohlkreuz und lassen das Becken nach vorn abkippen.

Achtung Gesundheitsrisiko

Schlaffe Bauchmuskeln können Sie durch gezieltes Training stärken. Das gleiche gilt auch für eine schwache oder wenig ausgebildete Rückenmuskulatur. Die Rückenmuskeln sorgen für die Aufrichtung der Wirbelsäule, ähnlich wie etwa bei einem Maibaum, der von Seilen seitwärts verspannt wird.

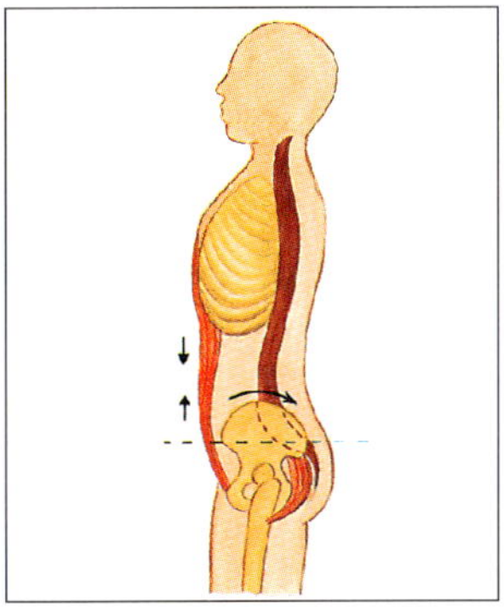

Beim aufrechten Stand stehen Becken, Hüftgelenk und Knochen im optimalen Spannungsverhältnis zueinander.

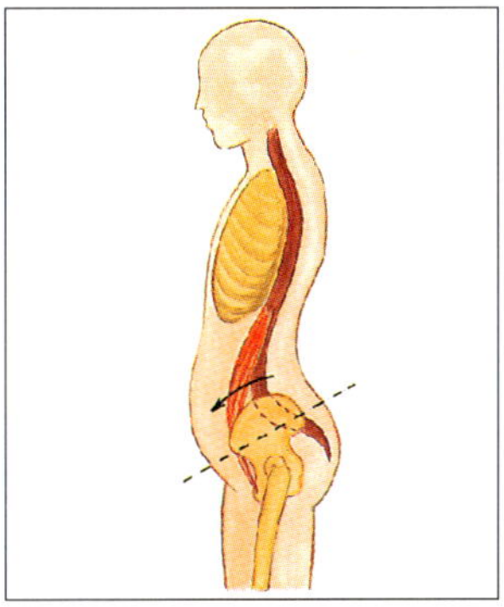

Beim Hohlkreuz stimmt der Winkel der Knochen und Gelenke in der Hüfte nicht – auch das Kreuz nimmt Schaden.

Zusammenfassung der Testergebnisse im Bereich »Bewegungsapparat«

Ein Mensch, der sich schlecht oder nur unter Schmerzen bewegen kann, hat einen großen Teil seiner Lebensqualität verloren. Der gesamte Bewegungsapparat kann aber bei »guter Pflege« lange fit und leistungsfähig sein. Deshalb kommt es bei der Beurteilung des Bewegungsapparates auch auf den Gesamtzustand an. Da wir Sie persönlich nicht kennen, ist es unmöglich eine Diagnose Ihres Zustandes zu geben.

Die folgende Zusammenfassung soll Ihnen helfen, auf einen Blick zu sehen, ob und was Sie unternehmen müssen, wenn die Ergebnisse einen Befund erbracht haben, der Ihnen neu ist.

Bitte kreuzen Sie hier Ihre Testergebnisse an.

– Bei Beschwerden sollten Sie zum Arzt gehen.

– Wenn Sie bei unseren Übungen Schwierigkeiten hatten, weil die Bauchmuskeln nicht mitgemacht haben oder weil Sie ungelenkig geworden sind, sollten Sie zur Krankengymnastin gehen oder sich einen Sport suchen, der Ihnen Spaß macht.

– Wer Verspannungen hat, findet auf Seite 184 Anregungen für Entspannungsübungen.

Test 1 Wirbelsäulenform

❑ Keine Verkrümmung sichtbar. ❑ Ja, ich habe eine Lordose (Hohlkreuz).
❑ Ich habe eine Kyphose (Rundrücken).
❑ Ich habe sowohl eine Lordose als auch eine Kyphose.

Test 2 Wirbelsäulenverbiegung

❑ Keine seitliche Verbiegung sichtbar. ❑ Meine Wirbelsäule ist seitlich verbogen.

Test 3 Hüfte

❑ Meine Hüfte ist gesund. ❑ Ich habe eine Hüfterkrankung.

Test 4 Halswirbelsäule

❑ Meine Halswirbelsäule ist gut beweglich.
❑ Meine Halswirbelsäule ist nur eingeschränkt beweglich.
❑ Meine Halswirbelsäule ist auf einer Seite eingeschränkt beweglich.
❑ Meine Halswirbelsäule ist zu beiden Seiten gleich schlecht beweglich.
❑ Es gibt Anzeichen für eine Versteifung der Wirbelsäule.

Test 5 Brust- und Lendenwirbelsäule

❑ Meine Lendenwirbelsäule ist beweglich genug.
❑ Die Lendenwirbelsäule ist nur eingeschränkt beweglich. Es gelingt mir, bei der Beugung nach vorn die Fußspitzen zu berühren.
❑ Die seitliche Körperbeweglichkeit ist zu beiden Seiten hin gleich gut möglich.
❑ Die seitliche Körperbeugung ist zu einer Seite hin eingeschränkt.
❑ Die seitliche Beugung ist meiner Ansicht nach zu beiden Seiten hin eingeschränkt.

Test 6 Schultergelenke

- ❑ Meine Schultergelenke sind gesund.
- ❑ Der Test verläuft negativ. Meine Schulter könnte erkrankt sein.

Test 7 Ellbogengelenke

- ❑ Die Ellbogengelenke sind zu beiden Seiten hin gleich gut beweglich und zeigen keine Asymmetrie. Meine Ellbogengelenke sind also gesund.
- ❑ Meine beiden Ellbogengelenke sind deutlich ungleich beweglich. Ich habe den Verdacht auf eine Arthrose.

Test 8 Handgelenke

- ❑ Die Beweglichkeit meiner beiden Handgelenke ist gleich gut ausgeprägt.
- ❑ Die Beweglichkeit eines Handgelenks ist eingeschränkt.
- ❑ Die Beweglichkeit eines Handgelenks ist nicht nur eingeschränkt, ich erkenne auch eine Schwellung an diesem Handgelenk.

Test 9 Handbeweglichkeit

- ❑ Meine Hände sind voll funktionsfähig.
- ❑ Die Flexion ist nicht möglich.
- ❑ Die Extension ist nicht möglich.
- ❑ Die Abduktion ist nicht möglich.

Test 10 Hüfte

- ❑ Meine Hüfte ist normal beweglich.
- ❑ Meine Hüfte ist eingeschränkt beweglich.

Test 11 Hüftgelenkarthrose

- ❑ Meine Hüftbeweglichkeit ist in Ordnung. Beide Beine sind gleich gut bewegbar. Es zeigt sich keinerlei Asymmetrie.
- ❑ Die Beweglichkeit eines Beines ist eingeschränkt.
- ❑ Die Beweglichkeit eines Beines ist nicht nur eingeschränkt. Es zeigt sich auch eine Schwellung an der Hüfte. Ich habe einen Arthroseverdacht.

Test 12 Meniskusverletzung

- ❑ Die Knie sind gut bewegungsfähig.
- ❑ Die Knie sind nicht beide gleich gut beweg- und streckbar.

Test 13 Muskelverspannungen

- ❑ Ich habe keinerlei Muskelverhärtungen und -spannungen.
- ❑ Ich habe Muskelverspannungen im Schulter-Nacken-Bereich und/oder im Lendenbereich.
- ❑ Zusätzlich zu den Verspannungen habe ich Schmerzen.

Das Abwehr- oder Immunsystem bildet sich in der Kindheit aus. Deshalb ist es gut, Kinder gut zu ernähren und darauf zu achten, dass sie genügend Bewegung an der frischen Luft haben. Auch später müssen wir uns konstant um die Leistungsfähigkeit des Immunsystems bemühen. Anhand unseres Tests erkennen Sie, wo Ihre Abwehr Schwächen hat und wie Sie sie ausgleichen können.

Das Immunsystem

Dieser Januar war sehr außergewöhnlich. 20 °C und Sonnenschein – das hatte es seit Beginn der Wetteraufzeichnungen nicht gegeben. Wer schon das Ende der kalten Jahreszeit gekommen sah, wurde allerdings bald enttäuscht, denn der Winter kehrte mit aller Macht zurück.

Dass unter diesen Witterungsverhältnissen so manches Immunsystem zusammenbrach, konnte man an der rapide steigenden Zahl der Grippeopfer ablesen. Wer in solchen Zeiten krank wird, hat ein schon vorgeschwächtes Immunsystem und muss sich so schnell wie möglich um eine Stabilisierung seiner körpereigenen Abwehrkräfte kümmern. Da das Immunsystem lern-, erinnerungs- und reaktionsfähig ist, kann man es gezielt stärken.

Abwehr negativer Einflüsse

Die Immunabwehr unseres Körpers ist ein fein abgestimmtes Gesamtsystem, das flächendeckend über den ganzen Körper verteilt ist. Seine Hauptaufgabe besteht in der Abwehr und Eliminierung von feindlichen Mikrorganismen. Tagtäglich kommen wir in Kontakt mit winzigen, für das bloße Auge nicht wahrnehmbaren Partikeln, Billionen von Bakterien, Viren, Pilzen und Parasiten abertausender verschiedener Arten. Einige sind harmlos, manche sogar nützlich, ein anderer Teil ist krankheitserregend (pathogen). Eine Grippe etwa bedeutet also nichts anderes, als dass ein Schädling, in diesem Fall ein Grippevirus, in den menschlichen Organismus eingedrungen ist. Symptome wie Fieber zeigen uns, dass das Abwehrsystem begonnen hat, gegen die eingedrungenen Erreger anzukämpfen.

Die wichtigste Rolle beim Aufbau des Immunsystems spielt die Thymusdrüse. Sie sitzt unterhalb der Schilddrüse und steuert von dort die Ansiedlung von Stammzellen im Knochenmark. Diese Stammzellen produzieren die roten und weißen Blutkörperchen (Leukozyten). Leukozyten sind für die Immunabwehr von großer Bedeutung, denn als Abwehrzellen bekämpfen sie eingedrungene Fremdzellen wie Viren und Bakterien. Dazu müssen sie zwischen eigenen und fremden Zellen unterscheiden können. Funktioniert diese Unterscheidung nicht und attackieren die Abwehrzellen eigene, gesunde Zellen, die sie mit schädlichen Eindringlingen verwechseln, spricht man von Autoimmunkrankheiten. Eine intakte Immunabwehr dagegen identifiziert Schädlinge sofort und bekämpft sie gezielt. Aus den Fugen gerät das Immunsystem etwa dann, wenn die körpereigenen Zellen entarten und selbst zu Schädlingen werden. Das ist beispielsweise bei Krebskarzinomen der Fall, wenn körpereigene Krebszellen unkontrolliert wuchern.

Unterschiedliche Abwehrkräfte

Vielleicht fragen Sie sich jetzt: Warum bricht in meinem Freundes- und Bekanntenkreis die Grippe aus, nur bei mir nicht? Das Immunsystem eines jeden Menschen hat seine spezifischen Leistungsgrenzen, die von einer Vielzahl von Faktoren abhängig sind. So kann z. B. schon ein plötzlicher und ungewöhnlicher Wetterumschwung den Gesamtorganismus mancher Menschen belasten und die Immunabwehr schwächen.
Eine intakte Immunabwehr sollte in der Lage sein, die meisten pathogenen Mikroorganismen schon vor Eintritt in den Organismus abzufangen. An den Körperöffnungen, an den Darm-, Magen- und Mundschleimhäuten ist die Abwehrkraft deshalb besonders hoch.

Die Immunabwehr fit halten

Wie alle anderen Körpersysteme unterliegt auch das Immunsystem einem natürlichen Alterungsprozess. So lässt die Leistungsfähigkeit der Immunabwehr etwa ab dem 30. Lebensjahr deutlich nach. Gleichzeitig steigen Infektanfälligkeit und die Wahrscheinlichkeit chronischer Erkrankungen. Dieser Prozess kann durch gesundheitsschädigenden Lebenswandel beschleunigt oder durch entsprechende Maßnahmen wie sportliche Betätigung oder gesunde Ernährung verlangsamt werden. Die Sportphysiologie etwa hat nachgewiesen, dass ein moderates Training die Immunabwehr anregt.

Bedenkliche Signale
Große Infektanfälligkeit – also mehr als fünf fiebrige Erkältungen im Jahr – ist Zeichen einer Abwehrschwäche und ein hohes Gesundheitsrisiko, gegen das Sie selbst etwas unternehmen müssen.

Ihre persönliche Konstitution ist abhängig von unzähligen Variablen – Ihrem Lebensalter, Ihrer genetischen Veranlagung, der Umwelt, in der Sie leben, Ihren Ernährungsgewohnheiten und nicht zuletzt von Ihrem Lebensstil. Viele chronische Krankheiten wie Asthma und Allergien, aber auch Dauerstress vermögen die Immunabwehr darüber hinaus merklich zu stören. Man hat herausgefunden, dass 95 Prozent aller chronisch kranken Menschen unter einer Immunabwehrschwäche leiden. Sie sehen schon an dieser Vielzahl von Faktoren, dass das Immunsystem wie kein anderes Organ in den Gesamtorganismus eingebunden ist und universale Funktionen erfüllt. Besonders eng aber ist die Vernetzung mit dem Hormon- und Nervensystem. Entsprechend vielseitig und komplex sind auch die Symptome einer der zahlreichen Immunkrankheiten oder einer Abwehrschwäche.

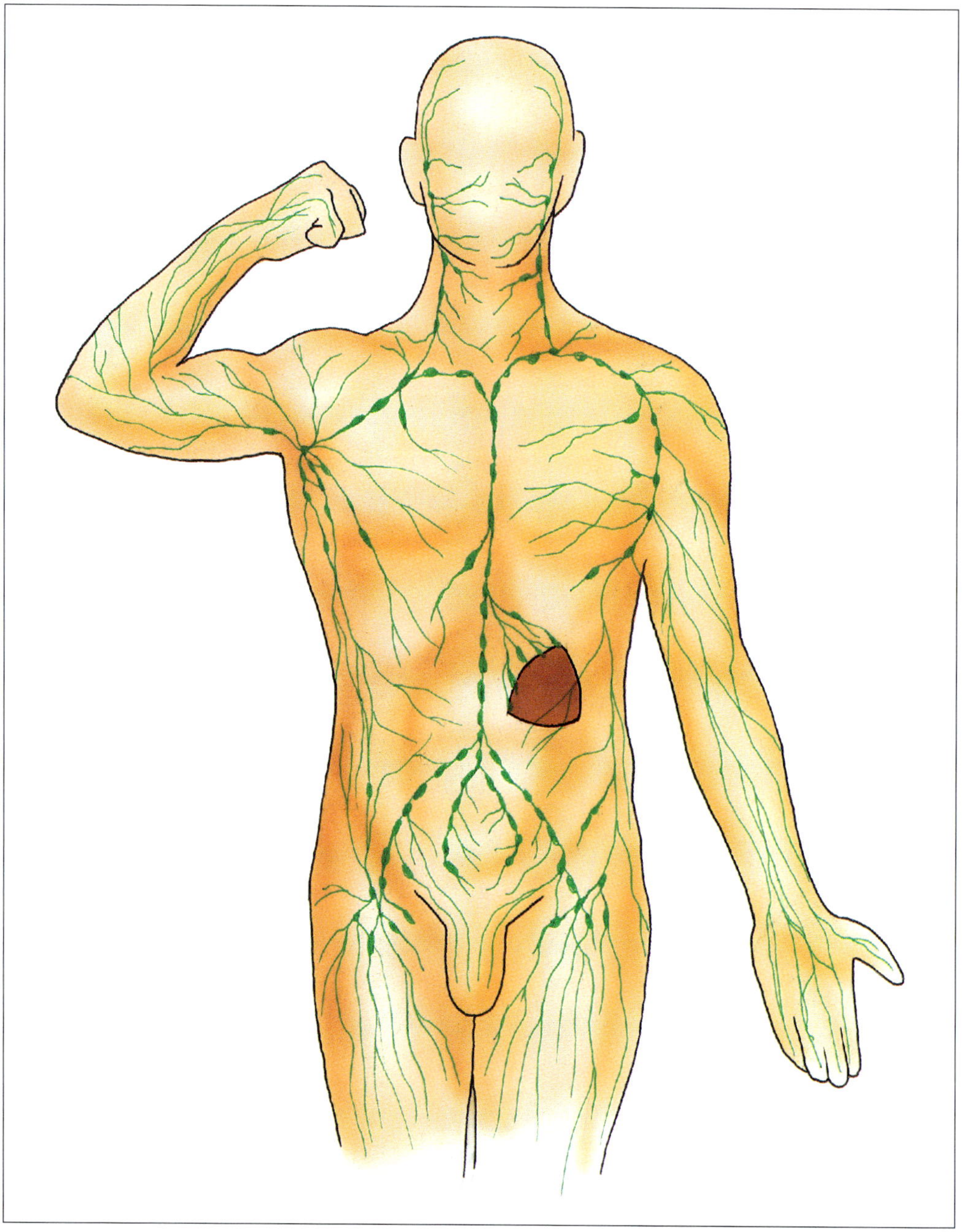

Neben Hormon- und Nervensystem gehört auch das Lymphsystem zum vielschichten Abwehrapparat unseres Körpers. Das lymphatische System besteht aus der Milz, den Lymphkoten und den Lymphgefäßen. Es bildet unter anderem die weißen Blutkörperchen, die im Falle einer Erkrankung die eingedrungenen Krankheitserreger angreifen. Die Lymphknoten wirken als Filter des Abwehrsystems, denn sie wehren Entzündungsvorgänge ab.

Fragebogen zum Immunsystem

Wir alle wissen, dass ein gesundes Immunsystem ein wichtiger Faktor für unsere Gesundheit ist. Mit den folgenden Fragen können Sie überprüfen, ob Sie über ein intaktes Abwehrsystem verfügen oder ob Sie bereits an einer Abwehrschwäche leiden. Seien Sie ehrlich zu sich selbst. Eine ernst gemeinte Selbsteinschätzung steht am Anfang jeder möglichen Veränderung. Für eine Stärkung des Immunsystems ist es schließlich nie zu spät.

Wie intakt ist Ihr Immunsystem? **Test 14**

Bitte kreuzen Sie das Kästchen an, wenn Sie eine Frage mit »Ja« beantworten.

- ☐ Haben Sie eine Allergie (Heuschnupfen, Pollenallergie etc.) oder andere chronische Krankheiten, z. B. Asthma, Rheuma, Bluthochdruck, Diabetes?
- ☐ Treten öfter als dreimal im Jahr Erkältungen auf, und dauern sie länger als 14 Tage?
- ☐ Hatten Sie in der kalten Jahreszeit einen Husten, der gar nicht mehr aufhören wollte?
- ☐ Hatten Sie in den letzten Jahren Entzündungen der Mundschleimhaut oder Hautausschläge?
- ☐ Kommen Pilzinfektionen an der Haut (z. B. Fußpilz, Bartflechte) oder an den Schleimhäuten häufiger vor?
- ☐ Treten Lippen- oder Herpesbläschen auch an anderen Körperstellen auf?
- ☐ Wurde bei Ihnen schon einmal eine Gürtelrose (Herpes Zoster) beobachtet?
- ☐ Haben Sie Verdauungsstörungen?
- ☐ Nehmen Sie täglich Medikamente?
- ☐ Leiden Sie an Durchblutungsstörungen oder anderen Herz-Kreislauf-Schäden?
- ☐ Sind Krankheiten wie Krebs, Diabetes, Allergien u.ä. in Ihrer Familie (Eltern, Geschwister) sehr verbreitet?

- ❑ Hat Ihr(e) Partner(in) eine chronische Krankheit?
- ❑ Ist Ihre letzte ärztliche Untersuchung länger als drei Jahre her?
- ❑ Haben Sie schon seit längerer Zeit Sorgen? Fühlen Sie sich von Ihren Sorgen niedergedrückt?
- ❑ Fällt es Ihnen schwer, sich auszuruhen und zu entspannen?
- ❑ Haben Sie viel Stress?
- ❑ Leben Sie allein? Sind Sie schon seit längerem Single?
- ❑ Fehlen Ihnen berufliche und private Perspektiven?
  Hat sich Ihre finanzielle Situation in den letzten zehn Monaten deutlich verschlechtert? Sind Sie arbeitslos?
- ❑ Sind Sie leicht müde und erschöpft? Leiden Sie unter Konzentrationsstörungen oder Gedächtnisschwäche?
- ❑ Haben Sie – was Ihr Befinden angeht – in den letzten Wochen, Monaten oder sogar Jahren eine deutliche Verschlechterung feststellen müssen?
- ❑ Rauchen Sie? Mehr als 20 Zigaretten am Tag?
- ❑ Trinken Sie viel Alkohol? Täglich?
- ❑ Sind Sie stark übergewichtig?
- ❑ Ernähren Sie sich zu fett und zu unausgewogen?
- ❑ Treiben Sie seltener als einmal die Woche Sport?
- ❑ Kommen Sie bei schwerer Arbeit leicht außer Atem?
- ❑ Arbeiten Sie viel in geheizten oder klimatisierten Räumen?
- ❑ Halten Sie sich wenig an der frischen Luft auf? Gehen Sie seltener als zwei- bis dreimal in der Woche spazieren, wandern, Fahrrad fahren?

Auswertung

Sollten Sie insgesamt mehr als fünf dieser Fragen mit Ja beantwortet haben, dann ist Ihr Immunsystem geschwächt, und Sie sollten sich überlegen, wie Sie Ihre ungesunde Lebensweise ändern können. Wenn Sie zusätzlich älter als 50 Jahre alt sind, ist Ihr Risiko deutlich erhöht.

Wertvolle Lebensmittel auf dem Markt zu kaufen, ist gut für den Organismus und macht Spaß.

Schwächen im körperlichen Bereich

Wenn Sie an einer chronischen Krankheit oder an häufigen Erkältungen oder Infektionen leiden, dann ist Ihr Immunsystem besonders beansprucht, eventuell sogar überfordert und wahrscheinlich bereits deutlich geschwächt.

Probleme im psycho-sozialen Umfeld

Aber auch wenn Sie ständig unter Stress stehen, sozial isoliert sind oder private und berufliche Sorgen haben, wird Ihr Immunsystem beeinträchtigt. Übermäßige nervliche Beanspruchung regt u. a. die Nebennieren an, vermehrt Hormone wie Adrenalin (Seite 90) und Kortisol (Seite 90) auszuschütten. Besonders das Herz-Kreislauf-System wird dadurch in permanente Alarmbereitschaft versetzt. Das Kortisol schwächt aber auch die Abwehrkraft. Außerdem verschlechtert sich die Blutversorgung der am Immunsystem beteiligten Organe zunehmend, weil die Blutzufuhr auf die Arm- und Beinmuskeln konzentriert wird.

Persönlicher Lebensstil

Auch das Rauchen stört die gleichmäßige Durchblutung des gesamten Körpers. Doch nicht nur das: Bei exzessivem Rauchen reicht auch die Sauerstoff- und Nährstoffversorgung nicht mehr aus, um die normale Leistung des Immunsystems zu garantieren. Unmäßiger Alkoholkonsum schädigt u. a. den Vitaminhaushalt und die Schleimhäute, also die Stellen, an denen die Abwehrkraft des Immunsystems naturgemäß besonders groß sein muss.

Eine Umstellung auf eine gesündere Lebensweise (dazu zählt auch eine ausgewogene, vitaminreiche Ernährung und ausreichend Bewegung) bewirkt in jedem Fall eine Stärkung des Immunsystems. Dabei helfen Ihnen:

- Ausgewogene, vitaminreiche Ernährung (Seite 158)
- Ausreichend Bewegung (Seite 176)
- Bewusster Stressabbau (Seite 136)

Die Haut

Wer seine Haut kennt und gut für sie sorgt, für den wird Sonnenbaden zum ungetrübten Vergnügen.

Ob die Haut wirklich der »Spiegel der Seele« ist, wie es so oft heißt, sei dahingestellt. Sicher ist aber, dass die Haut einem gut ausgebildeten Arzt viel über Krankheiten und ungesunde Lebensführung verraten kann.

Umso wichtiger ist es, die vielfältigen Funktionen der Haut zu kennen, damit wir unser größtes Körperorgan vor Erkrankungen schützen können. Zuerst einmal wirkt die Haut als ein Schutzschild gegen äußere Einflüsse. Sie bewahrt den Körper vor schädlichen Keimen und vor mechanischen, chemischen und physikalischen Belastungen.

Schwelle zwischen innen und außen

Die gesunde Haut besteht in ihrer obersten Schicht aus einer abweisenden Hornhaut und einem keimfeindlichen Säuremantel. Das macht sie relativ unempfindlich gegen schädliche Mikroorganismen und normalerweise auch gegen Chemikalien. Stark alkalische Seifen aber können dem Säureschutzmantel der Haut zusetzen und die Schutzfunktion beeinträchtigen. Eine gesunde Haut verkraftet das, denn sie kann ihren Schutzmantel schnell wieder aufbauen. Eine vorgeschädigte Haut kann das nicht.

Doch auch die gesunde Haut hat nur eine begrenzte Abwehrkapazität. Wird der Säureschutzmantel dauerhaft und stark beansprucht, beispielsweise durch ätzende Putz- und Reinigungsmittel, kann die Abwehrkraft nachlassen.

Die gesunde Hornschicht hält Sonnenstrahlen auf. Sie bildet vermehrt Pigmente, und die Haut erscheint gebräunt. Sogar eine kurzzeitige Überdosis an Sonne, die zu Sonnenbrand führt, wird von einer gesunden Haut mühelos überstanden. Häufiger Sonnenbrand allerdings beschleunigt den Alterungsprozess der Haut und kann schlimmstenfalls sogar zu Hautkrebs führen.

Verschiedene Empfindlichkeiten

Die Haut eines jeden Menschen ist individuell belastbar. So reagiert jeder Mensch unterschiedlich empfindlich auf Sonnenstrahlen. Auch die Fähigkeit, Stöße, Schläge und andere mechanische Einwirkungen zu verkraften, ist verschieden. Der eine steckt einen Sturz vom Rad ohne große Abschürfungen »weg«; der andere hat große blaue Flecken, wenn er nur gegen den Schreibtisch stößt. Tatsächlich gibt es physiologische Unterschiede. Ein Landwirt etwa, der tagtäglich der Witterung ausgesetzt ist, hat eine gegerbte, dickere und belastbarere obere Hautschicht als ein Büroangestellter.

Ein Organ mit vielen Aufgaben

Neben der Schutzfunktion hat die Haut die wichtige Aufgabe, für einen ausbalancierten Stoffaustausch zu sorgen. So wird z. B. durch die Schweißbildung eine erhöhte Körpertemperatur abgesenkt.

Ein solches Gleichgewicht, das die Voraussetzung unserer Gesundheit ist, kann jedoch aus den Fugen geraten. Eine besonders starke Hautverletzung kann Flüssigkeitsverluste zur Folge haben, die nicht wieder reguliert werden können. Auch eine übermäßige Fettablagerung in der unteren Hautschicht kann das Gleichgewicht stören. Eine zu geringe Sonneneinstrahlung verhindert die Bildung des für die Haut wichtigen Vitamins D, und geringe Flüssigkeitszufuhr lässt die Haut austrocknen.

Nicht zuletzt ist die Haut ein hochsensibles Sinnesorgan, das auf äußere Reize (Schmerz, Wärme, Kälte, Berührung) reagiert. Die Haut drückt auch emotionale Befindlichkeiten aus. So erröten manche Menschen, wenn ihnen etwas peinlich ist oder wenn sie sich über etwas aufregen – einige von ihnen bekommen bei Stress regelrechte Hautausschläge.

Kleine Anatomie

Die Haut besteht aus einer Oberhaut (Epidermis), einer Lederhaut (Dermis) und einer Unterhaut (Subkutis).

Die mit einem Säureschutzmantel überzogene Oberhaut wird durch die tieferliegende Leder- und Unterhaut ernährt, die Nerven und Blutgefäße enthalten. Dort wurzeln auch die Talg- und Schweißdrüsen, die für die Entstehung des Säureschutzmantels verantwortlich sind.

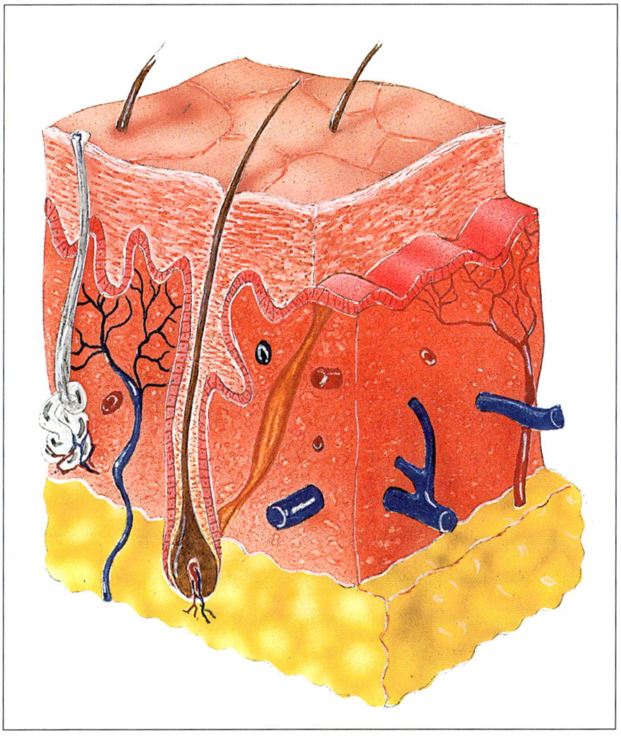

Selbst diese kleine Ansicht der Haut vermittelt einen guten Eindruck von ihrer Komplexität: Aufbau in Schichten, Adern und Nerven, Talgdrüsen, Haarbalg und Haare ...

Testreihe Typbestimmung

Das Wissen um den Hauttyp und den Sonnentyp ermöglicht Ihnen einen gezielten Schutz Ihrer Haut vor äußeren Einflüssen, die die Hautalterung beschleunigen.

Test 15 *Welcher Sonnentyp sind Sie?*

Der Hauttyp, dem Sie angehören, zeigt die Empfindlichkeit Ihrer Haut an. Er ist auch ein Hinweis darauf, wie Sie persönlich mit dem Sonnenbaden umgehen sollten.

❑ Haben Sie auffallend helle Haut, viele Sommersprossen und rötliche Haare? Dann sind Sie Typ 1, der vor allem in Nordeuropa sehr häufig ist.

❑ Haben Sie helle Haut, blonde bzw. braune Haare und selten Sommersprossen? Dann gehören Sie zum Typ 2.

❑ Sind Sie eher der »mitteleuropäische Typ« mit heller bis hellbrauner Haut ohne Sommersprossen und dunkelblonden bis braunen Haaren? Dann gehören Sie zu Typ 3.

❑ Entsprechen Sie dem »südeuropäischen Typ« mit hellbrauner Haut ohne Sommersprossen, dunkelbraunen bis schwarzen Haaren und dunklen Augen? Das ist Typ 4.

Über das Sonnenbaden

- Hellhäutige Menschen (Typ 1 und 2) bräunen kaum und bekommen sehr schnell einen Sonnenbrand. Hier hilft nur eins: Besser im Schatten bleiben, sich ungeschützt nur kurz (Typ 1 bis zu 10 Minuten; Typ 2 bis zu 20 Minuten) der Sonne direkt aussetzen und Sonnenschutzmittel mit dem höchsten Sonnenschutzfaktor verwenden (15 bis 20).
- Typ 3 gewöhnt sich relativ schnell an die UV-Strahlung. Hier reicht bewusste Zurückhaltung in den ersten drei Tagen (viel im Schatten sein, gut eincremen), um keinen Sonnenbrand zu bekommen und die Haut an die Sonne zu gewöhnen. Bitte setzen auch Sie sich am Tag nie länger als eine Stunde ungeschützt der Sonne aus.

So helle Haut haben viele Nordländer. Für sie gilt im Süden besondere Vorsicht.

- Typ 4 bräunt schnell, in der Regel unproblematisch und bekommt praktisch nie einen Sonnenbrand.

Alle sollten sich bewusst für ein Sonnenschutzmittel entscheiden, das sie gut vertragen, sonst kann es auch durch das Mittel zu leichten Ausschlägen kommen.

Bestimmen Sie Ihren Hauttyp **Test 16**

Wer seinen Hauttyp kennt, kann ihn mit den passenden Produkten optimal pflegen.

- ❑ Normale, gesunde Haut ist weder zu fett noch zu trocken. Sie ist gut durchblutet und kleinporig, fühlt sich samtig und straff an und hat eine rosige Farbe.

- ❑ Fettige Haut erscheint glänzend und ölig, sie ist dick und grobporig, von Mitessern besetzt. Die Talgdrüsen sondern vermehrt Fett ab. Die Färbung ist eher blass.

- ❑ Trockene Haut wirkt glanzlos, rauh und neigt zur Schuppenbildung. Obwohl Mitesser selten sind, ist sie viel empfindlicher als fettige und normale Haut und wird häufig als Problemhaut bezeichnet. Sie neigt zu Entzündungen und Einrissen und zu Faltenbildung.

Tipps zur Hautpflege

Die normale Haut ist mit einem Säureschutzmantel überzogen, der nur einer konstanten Pflege mit Produkten bedarf, die die Haut nicht irritieren oder austrocknen.

Fettige Haut, die stark zu Unreinheiten neigt, tritt bei fast allen Menschen in der Pubertät auf. Das wichtigste ist, sie täglich gründlich zu reinigen und ihr Feuchtigkeit zuzuführen.

Trockener Haut fehlt Fett und/oder Feuchtigkeit. Deshalb muss ihr beides von außen zugeführt werden. Verwenden Sie aber nur leicht fetthaltige Cremes, sonst glänzt die Haut.

Es gehört übrigens zum normalen Alterungsprozess der Haut, dass sie – gewöhnlich ab dem dritten Lebensjahrzehnt – trockener, dünner, fettärmer und faltiger wird. Auch dauernde Heizungsluft oder die Verwendung von entfettenden Badezusätzen können zu trockener Haut führen.

Mischtypen

Wenn Sie sich keinem dieser Hauttypen zuordnen können, gehört Ihre Haut vielleicht einer Zwischenform an. Besonders verbreitet ist die Mischhaut, die an den Wangenpartien der normalen Haut entspricht. Nur in der sogenannten »T-Zone« (Stirne, Nase, Kinn) sieht sie wie die fette, unreine Haut aus. Es ist auch möglich, dass Sie an verschiedenen Körperstellen einen unterschiedlichen Hautzustand haben. Arme und Beine sind gewöhnlich etwas widerstandsfähiger. Bedenken Sie, dass äußere oder innere Einflüsse wie hormonale Faktoren (Zyklus der Frau), Allgemeinerkrankungen, Allergien, Magen-Darm-Störungen und nervliche Belastungen die Haut zeitweise verändern können.

Testreihe Hautveränderungen

Da sich eine Reihe von Krankheiten durch Veränderungen an der Haut zeigen, ist es interessant, die eigene Haut einmal einer ganz genauen Inspektion zu unterziehen. Hautveränderungen können in so vielfältiger Form auftreten, dass wir Ihnen der Übersichtlichkeit halber die Erklärung für die einzelnen Fleckchen und Rötungen jeweils nach der Beschreibung zusammengefasst haben. Bitte tragen Sie Hautveränderungen, die wir als Gesundheitsrisiko ausgewiesen haben, im dafür vorgesehenen Platz auf Seite 47 ein.

Test 17 *Hautverfärbungen*

Entkleiden Sie sich vollständig, und betrachten Sie möglichst Ihre gesamte Hautoberfläche mit Hilfe eines Spiegels, oder bitten Sie Ihre Partnerin/Ihren Partner um Mithilfe. Sind irgendwelche Hautverfärbungen erkennbar?

❑ Flächenhafte Rötungen z.B.? Eine derartige Rötung – in der Fachsprache Erythem genannt – tritt relativ häufig auf und kann sowohl äußere Ursachen wie Sonnenbrand oder Kälte, aber auch innere Ursachen wie Unsicherheit oder Erregung haben. Erytheme entstehen manchmal auch bei Arzneimittelunverträglichkeit oder Infektionskrankheiten. Ebenso können sich Hautkrankheiten auf diese Weise ankündigen oder verabschieden. Erytheme treten plötzlich auf und verschwinden meist genauso schnell wieder. Die Hautrötung entsteht durch eine Erweiterung der Blutgefäße. Sie ist nicht zu verwechseln mit einer genetisch bedingten Weitstellung der Gefäße, wie sie sich zuweilen in der Wangengegend zeigt. Hautrötungen, insbesondere wenn sie dauerhafter Natur sind, können z.B. auch auf einen Blutstau oder innere Blutungen hinweisen. Eine genaue Diagnose kann nur ein Arzt vornehmen.

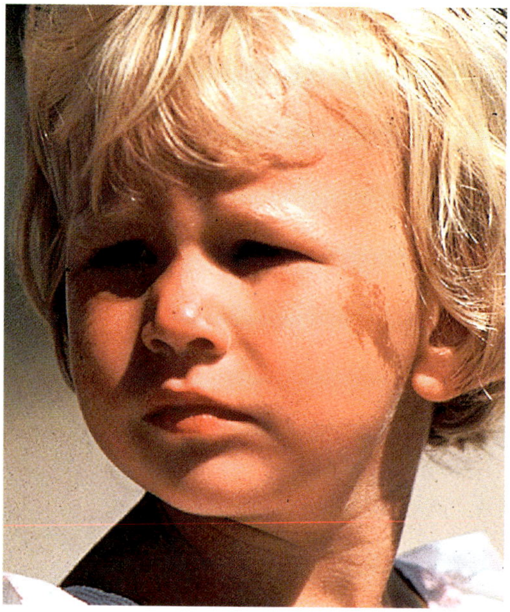

Ein Muttermal ist nicht per se gefährlich. Achten Sie aber unbedingt auf Veränderungen!

❑ Ist die Haut weißlich verfärbt? Eine mögliche Ursache könnte eine mangelnde Durchblutung des betreffenden Hautareals sein. Denkbar wären auch ein Mangel an rotem Blutfarbstoff, eine erblich bedingte Störung der Pigmentproduktion, Stoffwechsel- oder Hautkrankheiten.

- Ist die Haut bräunlich verfärbt? Ein solcher Farbton wird hervorgerufen durch eine Ansammlung dunkler Farbkörperchen, sogenannter Melanine. Dieser Effekt entsteht automatisch durch Sonnenbestrahlung – vorausgesetzt, Sie haben einen entsprechenden Hauttyp. Auch die bräunlich dunklen Sommersprossen können sich nach einem Sonnenbad vermehren. Andere mögliche Ursachen sind: genetische Disposition, Hautkrankheiten, hormonelle Störungen, Medikamenten- und Salbenunverträglichkeit.

Weitere Verfärbungen, auf die Sie achten sollten, sind

- Gelbliche Verfärbungen – die Ursachen können sein: Medikamente, Fetteinlagerungen, Erkrankungen der Leber und Galle etc. Eine örtlich begrenzte Gelbfärbung ist zuweilen ein Zeichen für einen erhöhten Cholesterinspiegel und eine damit einhergehende Fetteinlagerung.
  Häufig ist eine gelbliche Hautfärbung nicht örtlich begrenzt, sondern ausgedehnt. In einem solchen Fall – insbesondere, wenn auch die Augen gelblich erscheinen – handelt es sich um eine Gelbsucht als Resultat einer Leber- oder Gallenerkrankung. Gesundheitsrisiko!

- Grüne Verfärbungen – Ursachen sind Medikamente, Erkrankungen der Leber und der Gallenblase. Gesundheitsrisiko!

- Schmutziggraue Verfärbungen – Ursache sind Anomalien und Entzündungen der Hornhaut.

- Blaue Verfärbungen können u. a. durch tief in der Haut eingelagerte Farbstoffe, Fremdkörper und Geschwulste entstehen. Auch der klassische blaue Fleck wäre hier zu nennen. Er entsteht bei einem Bluterguss und wechselt mit der Zeit seinen Farbton, bevor er ganz verschwindet.

Hautveränderungen

Die meisten Hautveränderungen bedeuten keine schwerwiegenden Erkrankungen, doch sollten Sie auf jeden Fall Ihrem Arzt davon berichten, wenn die Hautstelle zu schmerzen beginnt oder wenn sie sich in Größe, Form oder Farbe deutlich und schnell verändert und nach drei bis fünf Tagen nicht von selbst wieder verschwindet.

Test 18 *Muttermale*

Bestimmt haben auch Sie Muttermale. Diese oft mehrere Millimeter großen, braunschwarzen Hautflecken sind harmlos. Unbedingt aber muss man sie von bösartigen Hautveränderungen unterscheiden, den sogenannten Melanomen. Diese ähneln den Muttermalen im Aussehen, doch es gibt einige Kennzeichen, die sie verraten. Sie beginnen als kleine, schwarze Stellen und können sich mit der Zeit in Größe, Form und Farbe verändern. Wenn Sie eine solche Veränderung bemerken oder Symptome wie Schmerz bzw. Juckreiz empfinden, sollten Sie unbedingt einen Hautarzt aufsuchen. Achten Sie auch auf Veränderungen von Muttermalen und Sommersprossen, denn die können genau wie Melanome Hinweise auf Hautkrebs sein. Setzen Sie sich – gerade wenn Sie zu Sommersprossen neigen – nie zu starker Sonnenbestrahlung aus! Es kann sein, dass zu häufiges Sonnenbaden die Haut schwächt und in schlimmen Fällen sogar zu Hautkrebs führt.

- ❑ Achtung: Konnten Sie einen Fleck erkennen, der sich mit der Zeit verändert hat? Dann sollten Sie unbedingt den Arzt aufsuchen!

Test 19 *Andere Hautauffälligkeiten*

Hier können Sie weitere Hautauffälligkeiten notieren, die Sie bei Ihrer Inspektion bemerken:

- ❑ Hühneraugen sind harmlose Hautverdickungen auf den Zehen.
- ❑ Hornhautschwielen sind harmlose Verdickungen an Händen und Füßen.
- ❑ Bläschen sind Flüssigkeitsansammlungen, die sich nach Verletzungen, aufgrund von Herpes oder auch von anderen Hautinfektionen bilden können.
- ❑ Schwellungen entstehen oft durch Blutergüsse unter der Hautoberfläche, die auf einen Stoß oder Schlag zurückzuführen sind.
- ❑ Schorf bildet sich u.a. nach Verletzungen und Beschädigungen der Haut.

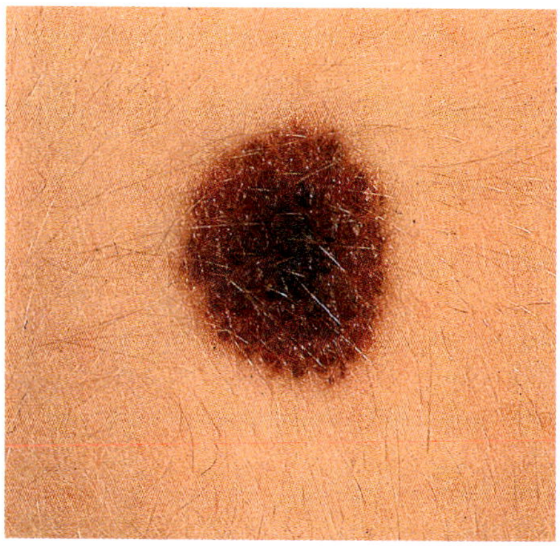

Hier verändert sich ein kleines Muttermal. Bei solchen Anzeichen: sofort zum Arzt!

Achtung Gesundheitsrisiko

Furunkel und Karbunkel sind rote, schmerzhafte Schwellungen vor allem am Genick, in der Achselhöhle und am Gesäß. Ursache ist meist ein Haarwurzelabszess. Ständiges Auftreten von Furunkeln und Karbunkeln kann ein Hinweis auf eine Zuckerkrankheit sein. Diese Erkrankungen gehören in die Obhut eines Arztes!

Achtung Gesundheitsrisiko

Warzen werden oft durch eine leichte Viruserkrankung verursacht oder bilden sich an Druckstellen. Lassen Sie vom Arzt klären, ob sie behandelt werden müssen.

Achtung Gesundheitsrisiko

Knoten sind oft harmlos, Sie sollten sie jedoch sicherheitshalber dem Arzt zeigen. Bei Veränderung in Größe, Form oder Farbe sollten Sie sofort den Arzt aufsuchen, denn es besteht Hautkrebsgefahr!

Furunkel und Karbunkel sind mit Vorsicht zu behandeln! Diese haselnuss- bis pflaumengroßen Knoten liegen tief in der Haut. Beide müssen immer vom Arzt behandelt werden. Furunkel treten vor allem im Gesicht und im Nacken auf, sind aber überall dort möglich, wo Haare wachsen, da sie sich immer aus der Entzündung eines Haarbalgs entwickeln. Auch Abszesse sind entzündliche Prozesse in der Haut. Wenn sie tiefer liegen oder an problematischen Stellen, müssen diese Eiteransammlungen vom Arzt geöffnet werden. Vorsicht bei größeren Abszessen und allen eitrigen Prozessen im Gesicht. Hier kann eine spontane Entleerung die Entzündung bis ins Gehirn tragen.

Bitte tragen Sie hier die Hautveränderungen ein, die ein Gesundheitsrisiko beinhalten, und gehen Sie mit dem Befund so bald wie möglich zum Arzt, um gegebenenfalls die Therapie zu besprechen!

....

....

....

....

....

Testreihe kleine Vorsorgeuntersuchung

Unsere folgenden beiden Untersuchungen können leider keinerlei Garantie bieten, dass man Krebs in einem frühen Stadium selbst erkennen kann – aber sie bieten Anhaltspunkte, um die gefährdeten Körperpartien immer wieder sorgsam zu betrachten. So erhöht sich die Möglichkeit, das Auftreten dieser lebensbedrohlichen Erkrankung früh zu erkennen.

Test 20 *Hodenuntersuchung*

Ein Krebs, der sehr selten ist (ein bis zwei Prozent aller Krebsgeschwülste), aber zu den bösartigsten gehört, ist der Hodenkrebs. Er kann Männer zwischen dem 20. und 40. Lebensjahr befallen. Unbehandelt kann er schnell – innerhalb von ein bis zwei Jahren – zum Tod führen, deshalb ist die Früherkennung sehr wichtig: Jeder Mann ab dem 18. Lebensjahr sollte seine Hoden einmal im Monat selbst untersuchen.
Halten Sie den linken Hoden mit der rechten Hand fest, und tasten Sie ihn mit der linken Hand sachte ab. Entsprechend verfahren Sie mit dem rechten Hoden. Gesunde Hoden sind normalerweise sehr weich und druckempfindlich.

Spüren Sie Verhärtungen, Knoten, aber keinerlei Schmerz beim Zusammendrücken?

❑ Ja ❑ Nein

Bei Ja: All das sind ernst zu nehmende Signale, die einen Arztbesuch nahelegen. Auch auffällige Vergrößerungen oder Verkleinerungen der Hoden sind zu beachten.
Nicht immer sind solche auffälligen Veränderungen ein Signal für Hodenkrebs. Meist sind die Ursachen anderer Art: Verletzungen, eine Hodenentzündung (Orchitis), gutartige Hodengeschwülste. Doch ein Arztbesuch ist in jedem Fall anzuraten.

Test 21 *Brustuntersuchung*

Brustkrebs ist die Krebsart, die bei über 45-jährigen Frauen am häufigsten auftritt. Doch längst nicht alle fühlbaren Knoten der weiblichen Brust sind auf bösartige Gewebewucherungen zurückzuführen; Knoten sind in 75 Prozent aller Fälle gutartig! Vor der Periode ist es sogar normal, wenn sich die Brust knotig anfühlt.
Und doch ist es empfehlenswert, ab dem 30. Lebensjahr die Brust einmal im Monat – nach der Periodenblutung – selbst zu untersuchen und ungewöhnliche oder tastbare Gewebeveränderungen dem Arzt zu melden. Frauen, die unsicher sind, ob sie ihren eigenen Tastergebnissen trauen können, sollten Ihren Frauenarzt zu Rate ziehen.

1. Stellen Sie sich mit entblößtem Oberkörper vor einen Spiegel, und lassen Sie die Arme locker herunterhängen. Betrachten und betasten Sie Ihre Brust.
   Fallen Ihnen irgendwelche Veränderungen auf? Größenunterschiede der Brüste und Brustwarzen? Vorwölbungen oder Vertiefungen der Haut? Rötungen?
   ❑ Ja ❑ Nein

2. Heben Sie Ihre Arme über den Kopf, und kontrollieren Sie Ihre Brüste nochmals aus verschiedenen Blickwinkeln.
   Während Sie die Arme heben, sollten Sie darauf achten, ob beide Brüste gleich gut beweglich sind und ob sich die Brustwarzen auf gleicher Höhe befinden.
   ❑ Ja ❑ Nein

   Prüfen Sie auch, ob die Lymphknoten in den Achselhöhlen vergrößert sind.
   ❑ Ja ❑ Nein

3. Legen Sie sich nun auf den Rücken. Untersuchen Sie zuerst mit der rechten Hand die linke Brust. Den linken Arm schieben Sie nach hinten unter den Kopf.
   Fühlen Sie Knoten, gibt es druckempfindliche Stellen?
   ❑ Ja ❑ Nein

4. Lässt sich das Gewebe gut verschieben? Ist es schön weich, oder spüren Sie irgendwelche Verhärtungen?
   ❑ Ja ❑ Nein

5. Drücken Sie auch die Brustwarze vorsichtig beiseite, damit Sie das Gewebe darunter beurteilen können. Gibt es irgendwelche Auffälligkeiten?
   ❑ Ja ❑ Nein

6. Nehmen Sie jede Brust einzeln zwischen die Finger Ihrer linken und rechten Hand und verschieben Sie das Gewebe leicht von innen nach außen. Sondert die Brustwarze Flüssigkeit ab?
   ❑ Ja ❑ Nein

Achtung Gesundheitsrisiko

Sind Ihnen ungewöhnliche Veränderungen der Brust wie Knoten oder Verhärtungen aufgefallen, sollten Sie auf jeden Fall Ihrem Arzt davon berichten. Gegebenenfalls wird er eine Mammographie (spezielle Röntgenuntersuchung der weiblichen Brust) oder eine Ultraschalluntersuchung vornehmen, um letzte Zweifel auszuräumen. Warten Sie keinesfalls mit dem Arztbesuch. Je eher eine Therapie eingeleitet werden kann, desto besser.

Testreihe Hinweise auf Erkrankungen

Auch Nägel und Haare geben dem Arzt Auskunft über das Gesamtbefinden eines Patienten und sind Hinweise auf verborgene Erkrankungen oder Beschwerden. Mithilfe der folgenden Bestandsaufnahme können auch Sie zu Hause ein gewisses Grundwissen über die gesundheitlichen Signale gewinnen, die sich hinter Besonderheiten an Nägeln und Haaren verbergen. Bitte kreuzen Sie die Aussagen an, die auf Sie zutreffen, und gehen Sie mit der Auswertung zum Arzt, wenn Sie Hinweise auf Erkrankungen festgestellt haben.

Test 22 *Finger- und Fußnägel*

Durchschnittlich wachsen Fingernägel etwa drei Millimeter im Monat, wobei die einzelnen Finger- und Zehennägel unterschiedlich schnell wachsen.

Wachsen Ihre Nägel auffällig langsam oder schnell?
❑ Ja ❑ Nein

Signale, die man kennen sollte
Faktoren, die das Fingernagelwachstum beschleunigen, sind Nägelkauen, Belastungen der Finger durch Klavierspiel o. ä. sowie hormonelle Einflüsse (z. B. Schwangerschaft).
Ein verlangsamtes Nagelwachstum ist fast immer ein Zeichen für eine Durchblutungsstörung. Die Nägel wirken dann auch brüchig und hart, die Oberfläche ist in Längsrichtung streifig oder schindelförmig gerillt. Manchmal sind die Nägel auch dünn und weich. Es kann außerdem zu farblichen Veränderungen kommen.
Allerdings können solche Veränderungen auch ganz normale Alterserscheinungen sein.

Wie schon bei der Haut können Sie im Folgenden für sich selbst notieren, welche Veränderungen Sie heute feststellen.

❑ Weiße Punkte oder Streifen. Sie finden sich relativ häufig und können ein Zeichen für Ernährungs- und Stoffwechselstörungen sein.

❑ Weißlich-gelbe Verfärbungen, insbesondere der Großzehennägel. Sie sind meist auf Pilzinfektionen zurückzuführen, manchmal auch auf zu enges Schuhwerk.

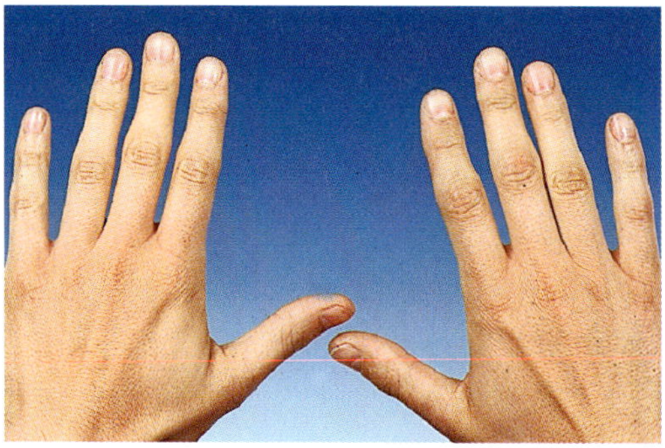

Viele kleine Zeichen an den Nägeln lassen einen Rückschluss auf Probleme im Organismus zu.

- Blau verfärbte Nägel. Ursache kann Sauerstoffmangel des Blutes sein.
- Bluterguss. Blutergüsse unter dem Nagelbett werden erst rot, dann blau, dann dunkelbraun bis schwarz.
- Eine auffällige Brüchigkeit der Nägel kann neben mangelnder Durchblutung auch äußere Ursachen haben, z. B. den häufigen Umgang mit Waschmitteln.
- Achtung: Deformierungen der Nägel wie Querfurchen entstehen bei schweren Durchblutungs- und Ernährungsstörungen und als Auswirkung giftiger Substanzen.
- Achtung: Längsfurchen weisen auf Durchblutungsstörungen hin.
- Achtung: Grübchen- und Dellenbildung ist ein sicheres Zeichen für Schuppenflechte (Psoriasis).
- Achtung: Wenn die Nägel aber wie Suppenlöffel zentral eingedellt sind, kann das auf Eisenmangel hindeuten.

Über Uhrglasnägel
Uhrglasnägel oder Trommelschlegelfinger nennt man die keulenförmigen Fingerendglieder: Die Fingerspitzen werden zunehmend runder, die Nägel erscheinen länger und sind vorn kurvig verbogen. Schließlich verformen sich die Fingerspitzen keulen- oder kolbenartig. Dasselbe Symptom zeigen manchmal auch die Zehennägel.
Solcherart verformte Finger (und Zehen) können angeboren sein. Dann besteht kein Grund zur Besorgnis. Bemerken Sie als Erwachsener hingegen, wie Ihre Finger (und Zehen) mit der Zeit keulenförmige Ausmaße annehmen, dann sollten Sie einen Arzt zu Rate ziehen. Herzkreislauf- oder Lungenerkrankungen könnten die Ursache sein.

Was der »Mond« anzeigt

Der »Mond« am hinteren Ende des Nagels ist normalerweise deutlich heller als der Restnagel. Wenn er braun verfärbt ist, liegt wahrscheinlich eine Nierenerkrankung vor. Eine rote Färbung deutet auf ein Herzleiden hin. Wer einen Verdacht auf Blutarmut hat, kann einen kleinen Test machen, der aber nicht ganz wissenschaftlich ist: Wenn Sie mit den Nägeln der Daumen auf die Nägel über den Monden der Mittelfinger pressen und wieder loslassen, schießt das Blut normalerweise sofort wieder in die Nägel zurück. Bei einer Blutarmut soll der Nagel eine Weile weiß bleiben.

Test 23 *Haarausfall*

Leiden Sie unter krankhaftem Haarausfall? So können Sie es überprüfen:

1. Streifen Sie mit gespreizten Fingern durch das Kopfhaar. Lassen sich mehr als zehn lose Haare abstreifen, ist das ein deutlicher Hinweis auf erhöhten Haarverlust.

❑ Ja ❑ Nein

Dass die Haare ab einem bestimmten Alter weniger werden, ist eine ganz normale Sache und ein Zeichen, dass ab jetzt die Persönlichkeit mehr zählt.

Der sogenannte Pulltest ist ein wenig schmerzhaft, aber er ist eine gute Ergänzung, um das Ergebnis des vorhergegangenen Tests zu überprüfen. Nehmen Sie ein Büschel von etwa 60 Haaren zwischen Daumen und Zeigefinger und ziehen kräftig daran. Lösen sich mehr als acht Haare, leiden Sie unter erhöhtem Haarausfall. Dieser Test setzt voraus, dass Sie Ihre Haare etwa fünf Tage nicht gewaschen haben.

❑ Ja ❑ Nein

Möchten Sie ganz genaue Information über den täglichen Haarverlust erhalten, führen Sie einen Haarsammeltest durch. Dazu sammeln Sie über einen Zeitraum von etwa zehn Tagen alle ausgefallenen Haare, die Sie auf der Kleidung, dem Kopfkissen, im Waschbecken, in der Bürste etc. finden. Ein Haarverlust von bis zu 100 Haaren täglich ist als normal zu beurteilen, am Tag der Haarwäsche ist sogar ein Verlust von bis zu 250 Haaren normal. Bei täglicher Haarwäsche sollte der Haarverlust allerdings nie über 100 liegen.

❑ Ja ❑ Nein

Über Haarausfall

Erhöhter Haarausfall kann altersbedingte, genetische Ursachen haben: Männern fallen im dritten und vierten Lebensjahrzehnt, Frauen etwa ab dem dritten (häufiger ab dem fünften) Lebensjahrzehnt mehr Haare aus als in jüngeren Jahren. Auch Krankheiten können sich hinter Haarausfall verbergen, z. B. Stoffwechselstörungen oder Erkrankungen der Kopfhaut. Auch Blutarmut, Durchblutungsstörungen, Eisenmangel, hormonelle Störungen und Medikamentenunverträglichkeit haben häufig einen vermehrten Haarausfall zur Folge. Sollten Sie plötzlich mehr Haare verlieren als sonst und den Verdacht haben, dass eine Krankheit der Veränderung zugrunde liegt, gehen Sie bitte zum Arzt.

Testreihe rund um den Mund

Lippen, Mundhöhle und Zunge sind Indikatoren, die viel über Gesundheit und Krankheit aussagen. Zähne sind sozusagen »ein Kapitel für sich«, weshalb wir ihnen eine Reihe von Untersuchungen gewidmet haben, die Ihnen bei der langfristigen Vorbeugung helfen. Sicher kennen Sie noch den Test, bei dem der Arzt mit einem Spatel die Zunge herunterdrückt, um sich ein Bild von einer Erkrankung zu machen. Diesen und andere Tests finden Sie in der kommenden Testreihe. Die Haut bzw. die Schleimhaut von Mund und Lippen geben wie auch die Nägel manche Hinweise auf versteckte Beschwerden. Bei Kindern können feuchte Mundwinkel (etwa bedingt durch Daumenlutschen) zu Einrissen der Mundwinkel führen, was aber keinerlei Anlass zur Besorgnis ist. Auch bei alten Menschen kann es durch verstärkten Speichelfluss zu solchen (wieder abheilenden) Verletzungen kommen. Ebenso die Lippen selbst können einreißen. Trockene Lippen und Risse sind im Winter oft eine Folge der Heizungsluft.

Mundhöhlenuntersuchung bei Erkrankungen **Test 24**

Für die Untersuchung der Mundhöhle benötigen Sie einen Spiegel und eine kleine Taschenlampe. Die Mundhöhle, die streng genommen schon zum Verdauungsapparat gehört und wie der gesamte Verdauungstrakt mit einer Schleimhaut ausgekleidet ist, ist zahlreichen Einflüssen ausgesetzt. So ist es nicht verwunderlich, dass z. B. die Zunge jeden Tag ein wenig anders aussehen kann. Die Zunge und natürlich auch die gesamte Mundhöhle ist Reizen wie Tabak, Alkohol, gewürzten oder heißen Speisen, rauhen Zahnrändern, Zahnfüllungen oder einem schlecht sitzenden Zahnersatz ausgesetzt.

Jede einfache Erkältung, jeder Schnupfen kann die Mundschleimhaut in Mitleidenschaft ziehen. In der Mundschleimhaut kämpft die Immunabwehr unentwegt gegen die Heerscharen eingedrungener Bakterien und Viren. Das Immunsystem (und damit die Mundschleimhaut) reagiert auch sehr empfindlich auf einen schlechten körperlichen Allgemeinzustand und auf psychischen Stress.

Alarmierende Zungenveränderungen
Eine plötzliche Vergrößerung der Zunge ist immer ein Anzeichen für eine ernste Erkrankung und sollte vom Arzt untersucht werden. Einen Arzt konsultieren sollten Sie auch, wenn Sie an Zunge oder Mundschleimhaut knotige und verhärtete Geschwüre entdecken. Derartige Geschwüre sind krebsverdächtig.

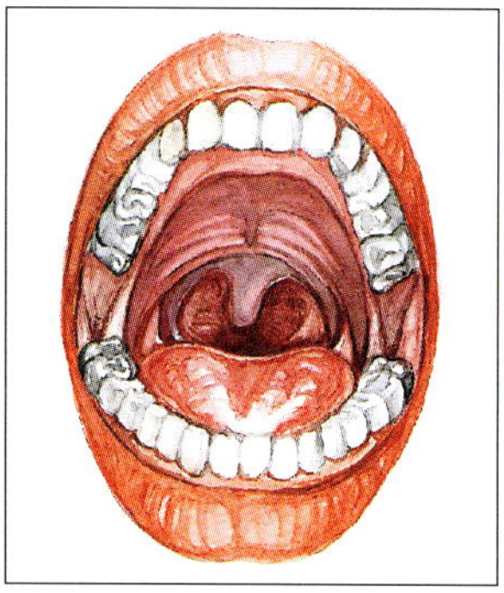

Masern kann man manchmal mit einer Grippe verwechseln. Ein Blick in den Mund kann Klarheit bringen.

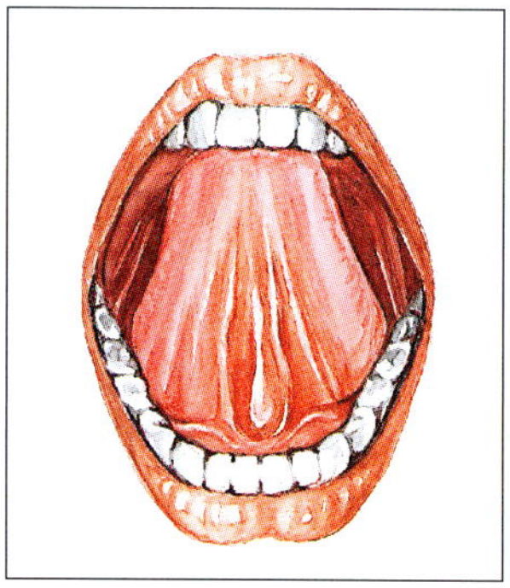

Auch eine Infektion der Nasennebenhöhlen kann man gut an dem Sekret erkennen, das in den Mundraum läuft.

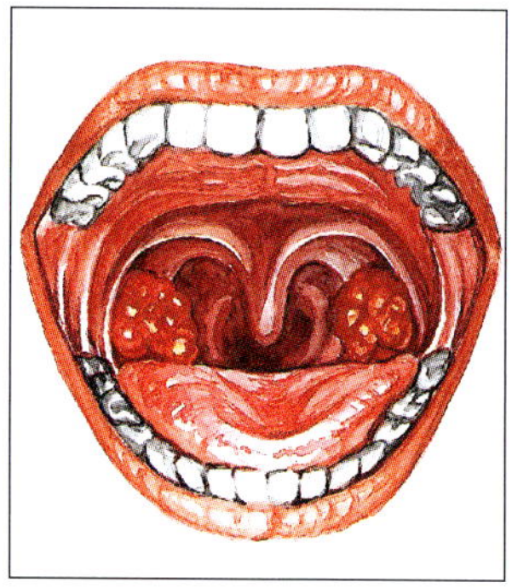

Typische Ansicht einer eitrigen Mandelentzündung, die man an den gelben Pünktchen auf den Mandeln erkennt.

Die folgenden Anzeichen helfen bei der Diagnose von Masern, Aphten, Pilzbefall und Infektionen im Nasen- und Rachenraum.
Nehmen Sie nun Spiegel und Taschenlampe, und betrachten Sie Ihre Mundhöhle.

- ❑ Masern – eine etwa drei Millimeter große Rötung der Wangenschleimhaut in Höhe der unteren Backenzähne mit winzigen bläulich weißen Flecken (sogenannten Koplik-Flecken) ist ein eindeutiges Zeichen für diesen meist bei Kindern auftretenden Infekt. Zusätzliche Symptome sind Husten, plötzlich ansteigendes Fieber und ein aufgedunsenes Gesicht. Nach zwei bis drei Tagen rötet sich die gesamte Mundschleimhaut.

- ❑ Aphten oder Mundhöhlenentzündung – rundliche, weiße oder gelbe Geschwüre (Aphten) an der Mundschleimhaut, manchmal auch an der Zunge werden durch eine Virusinfektion ausgelöst und können mitunter schmerzhaft sein. Solche weißgelblichen Geschwüre können sich auch im Zuge einer Mundhöhlenentzündung (Mundfäule oder Stomatitis genannt) bilden. Begleitsymptome der Mundfäule sind ein Brennen und Stechen in der Mundhöhle sowie ein fauliger Mundgeruch.

- ❑ Pilzinfektion – cremige, weiße Flecken der Mundschleimhaut, manchmal auch am Gaumen, und Schmerzen im ganzen Mund sind Symptome einer Pilzinfektion der Mundschleimhaut (Soor), meist hervorgerufen durch Antibiotika oder ein Kortisonspray (z. B. bei Asthma). Soor verschwindet normalerweise nach acht bis zehn Tagen.

- ❑ Infektion im Nasen-Rachenraum – auf das Vorhandensein einer derartigen Erkrankung lässt neben den typischen Symptomen wie Husten, Kratzen und Brennen im Hals und Niesreiz ein schleimiges Sekret schließen, das die Rachenwand hinunterläuft. Normalerweise ist die Rachenwand rosa gefärbt, glatt und feucht.

Schleimhautveränderungen der Zunge **Test 25**

Heben Sie die Zunge an, und betrachten Sie die Zungenunterfläche und den Mundboden. Die winzigen Pünktchen unter der Zunge sind übrigens die Speicheldrüsen. Unsere kleine »Zungenkunde« kann Ihnen auch helfen, beginnende Infektionskrankheiten zu entdecken.

- ❑ Die sogenannte Landkartenzunge fällt durch kleine, belagfreie Stellen auf der Zungenoberfläche auf. Die Furchenzunge ist an einer angeborenen Furche in der Zungenmitte erkennbar. Beides sind harmlose Abweichungen von der Norm.

- ❑ Grauer Zungenbelag tritt manchmal auf, wenn man längere Zeit nichts gegessen hat. Eine trocken und belegt aussehende Zunge ist ein deutlicher Hinweis auf Flüssigkeitsmangel des Körpers und kann bei Fieber auftreten.

- ❑ Eine glatte, wie rot lackiert aussehende, stark gerötete Zunge ist charakteristisch für Eisenmangel, Vitamin-B-12-Mangel oder Leberzirrhose. Andere mögliche Ursachen sind scharfkantige Zähne, eine falsch sitzende Prothese, Infektionen jeglicher Art, Rauchen, Alkohol, scharfe Gewürze, psychische Probleme. Eine Zunge mit leuchtend roten Punkten (Himbeer- oder Erdbeerzunge) ist typisch bei Scharlach.

- ❑ Weißbläuliche, rauhe Flecken an den Zungenrändern und eventuell auch auf der Mundschleimhaut entstehen durch dauernde Reizung, etwa durch Pfeifenrauch, defekte Zähne und Zahnfüllungen.

- ❑ Ein verdicktes Zungenbändchen ist häufig bei Sklerodermie (einer Bindegewebserkrankung) und bei Kindern mit Keuchhusten zu entdecken.

Mandeln **Test 26**

Abschließend könnten Sie noch Ihre Mandeln (Tonsillen) inspizieren. Dazu benötigen Sie einen Zungenspatel, zur Not tut es auch ein Metalllöffel, den Sie am Löffelende festhalten. Öffnen Sie den Mund und drücken Sie die locker im Mundboden liegende Zunge mit dem Löffelstiel tiefer in den Mundboden und ein wenig zur Seite, je nachdem, welche Mandel Sie gerade inspizieren. Die Tonsillen sind zwei eiförmige, etwa mandelgroße Gebilde, die seitlich im Hals direkt unten am Gaumenbogen liegen.

Achtung Gesundheitsrisiko

Sind die Mandeln vergrößert und gerötet oder eitrig, liegt eine Entzündung vor.

Testreihe Zähne

Vieles gibt es über Zähne zu sagen! Sie sind nicht nur die wichtige erste Station unserer Verdauung – und unsere Kaugewohnheiten entscheiden bereits darüber, ob wir den Magen stark belasten oder entlasten ... Die Zähne sind auch eine Schlüsselstelle des Organismus, denn Erkrankungen der Zähne wirken sich an anderen Organen aus. Gesunde Zähne zu haben und zu erhalten sollte schon deshalb ein Anliegen für jeden sein. Abgesehen davon, dass strahlend weiße Zähne jedem ein gewinnendes Lächeln verleihen.

Test 27 *Zähne*

Jeder Mensch hat ein individuelles Gebiss; das Idealgebiss gibt es nicht. Kleinere Zahnfehlstellungen und -drehungen sind relativ häufig und kein Grund zur Sorge. Ein Zahnarztbesuch ist geboten, wenn dadurch z. B. das Sprechen und Kauen beeinträchtigt wird. Oder wenn eine eklatante Fehlstellung des gesamten Gebisses vorliegt. Das ist z. B. bei einem umgekehrten Überbiss (Progenie) der Fall, wenn die unteren Frontzähne vor die oberen beißen. Richtig wäre es, wenn die Schneiden der oberen Frontzähne über die unteren beißen. Ein anderer Fall ist der offene Biss (Distalbiss), bei dem die Zähne des Oberkiefers zu weit nach vorn stehen. Bei derartig starken Fehlstellungen befindet sich auch der Kiefer nicht in der richtigen Position.
Betrachten Sie einmal Ihre Zähne – am besten wäre es, wenn Sie sich einen kleinen Spiegel besorgen könnten, mit dem Sie wie der Zahnarzt die Zähne auch von unten ansehen können. Bitte kreuzen Sie die Aussagen an, die auf Sie zutreffen.

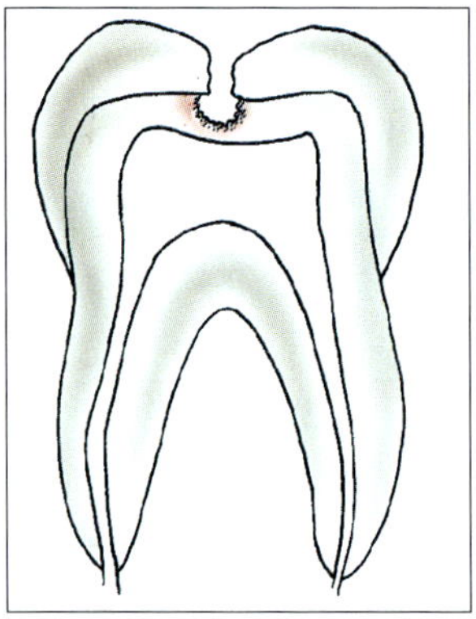

Mangelnde Hygiene erlaubt es den Bakterien des Zahnbelages, den Zahnschmelz anzugreifen. Erste braune Fleckchen sind zu sehen.

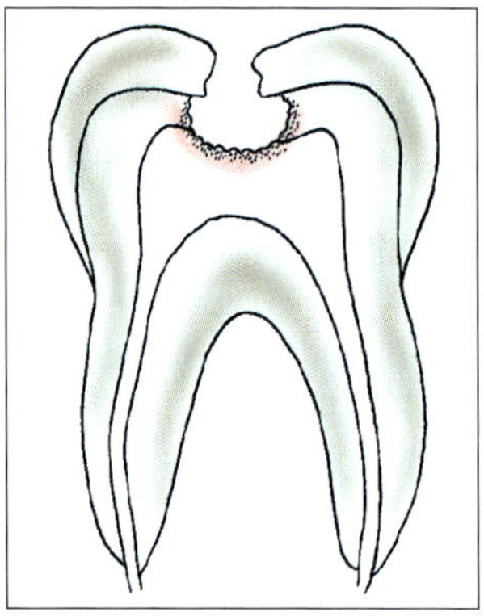

Im nächsten Stadium haben die Bakterien bereits den Zahnschmelz zerstört und sind ins Innere des Zahns gelangt.

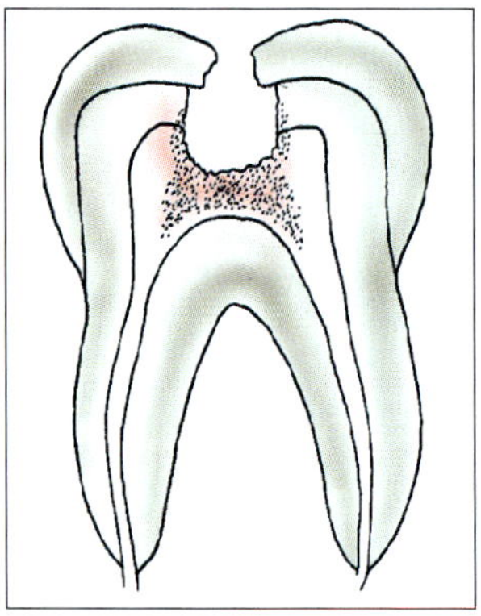

Wird die Infektion nicht behandelt, greifen die Bakterien den gesamten Zahn an und dringen bis in die Wurzel vor.

Wo gibt es Lücken und unregelmäßige Zahnstellungen?

- ❑ Im Oberkiefer vorne oder hinten
- ❑ Im Unterkiefer vorne oder hinten
- ❑ Haben Sie Plomben (Zahnfüllungen), Zahnersatz?

Fehlen Zähne oder sind Teile abgebrochen?

❑ Ja ❑ Nein

Zahnbelag **Test 28**

Zahnbelag, auch Plaque genannt, ist grau- bis weißgelblich oder sogar braun (bei Rauchern) und von weicher Konsistenz. Er klebt direkt auf der Zahnoberfläche, dem Zahnschmelz, und setzt sich aus vielerlei Mikrolebewesen (Bakterien, Pilzen) und Speichel sowie Speiseresten zusammen.
Zahnbelag entsteht vor allem durch mangelnde Mundhygiene (falsches oder zu seltenes Zähneputzen). Auch die Ernährung spielt eine große Rolle, denn Süßigkeiten und andere zuckerhaltige Lebensmittel unterstützen die Plaquebildung.
Plaque ist die Ursache vieler Zahnerkrankungen und verantwortlich für Karies und Parodontose, an denen mehr als 95 Prozent der Menschen unserer Zivilisation leiden.

- ❑ Fahren Sie mit der Zunge über die Zahnoberfläche – fühlt es sich rauh an?
- ❑ Sind die Zähne braun gefärbt?

In beiden Fällen haben Sie sicher eine Plaqueschicht auf den Zähnen und müssen sobald wie möglich zum Zahnarzt oder zur Mundhygienikerin. Sie sind kariesgefährdet.

Zahnlücken

Zahnlücken können langfristig zu einer Veränderung der Zahnstellungen und in der Folge zu einer Lockerung der Kontaktstellen zu den benachbarten Zähnen führen. Speisereste haben es leichter, sich in den Zwischenräumen abzulagern (erhöhtes Entzündungsrisiko). Sprechen Sie bei Zahnlücken mit Ihrem Zahnarzt.

Test 29 *Karies*

Karies (Zahnfäule) entsteht, wenn die Plaque-Bakterien den Zahnschmelz angreifen und Löcher »hineinfressen«. Wird dieser Prozess nicht gestoppt, greift die Karies auch das unter dem Zahnschmelz liegende härtere Zahnbein an und schließlich sogar das noch tiefer liegende Zahnmark. Es droht eine Zerstörung der Zahnwurzel und damit das Ende des Zahns. Oder es entsteht eine »dicke Wange« – als Folge einer Wurzeleiterung (Zahngranulom).
Im Prinzip gilt: Je tiefer die Karies in einen Zahn eindringt, desto größer werden die Schäden – und die Schmerzen. Typisch ist ein im Pulsrhythmus pochender Schmerz und eine extreme Druck- und Klopfempfindlichkeit des kranken Zahnes.

❑ Können Sie braune Fleckchen auf den Zähnen erkennen? Dann schnell zum Arzt.

Nie wieder Karies
Putzen Sie Ihre Zähne regelmäßig, vor allem auch nach den Mahlzeiten! Dann ist das Risiko einer Karieserkrankung relativ gering. Aber auch im Frühstadium ist Karies noch zu behandeln: Achten Sie auf Plaquebeläge oder kleine, weisse Flecken (so genannte Kreideflecken) auf den Zähnen, und greifen Sie zur Zahnbürste!

Test 30 *Parodontose*

Parodontose – ein Sammelbegriff für alle Zahnbetterkrankungen – beginnt meist mit einer einfachen Zahnfleischentzündung (Gingivitis) und tritt besonders häufig zwischen dem 35. und 40. Lebensjahr auf.

Entzündetes Zahnfleisch ist leicht zu erkennen: es ist extrem berührungsempfindlich, ändert seine Farbe (vom Blassrosa ins bläulich Rote), es schwillt an und blutet leicht beim Zähneputzen. Wenn Sie eines oder mehrere dieser Symptome entdecken, müssen Sie zum Arzt!

Haben Sie entzündetes Zahnfleisch?

❑ Ja ❑ Nein

Über Parodontose
Auslöser ist – wie bei der Karies auch – der Zahnbelag. Andere, seltenere Ursachen sind Diabetes, Lebererkrankung oder Allergien. Eine nicht behandelte oder anhaltende Zahn-

fleischentzündung weitet sich nach Jahren auf die gesamte Umgebung des Zahnes aus. Es entsteht eine Parodontose, in deren Verlauf sogar die Zahnwurzel und der Knochen angegriffen werden können. Der Zahnhalteapparat wird zerstört, es kommt zum Knochenschwund. Der Zahn lockert sich und fällt irgendwann aus.

Begleitet wird die Parodontose oft von diesem typischen Symptom: Zwischen Zahn und Zahnfleisch entwickeln sich Spalten mit sogenannten Zahnfleischtaschen, die auf Druck eitriges Sekret absondern.

Entdecken Sie also in Ihrem Gebiss diese Zahnfleischtaschen und spüren Sie eine deutliche Lockerung eines Zahnes oder gleich mehrerer Zähne, ist eine Parodontose- Erkrankung wahrscheinlich. Bedenken Sie aber auch, dass eine minimale Beweglichkeit der Zähne normal ist. Hat sich das Zahnfleisch zurückgezogen und den Zahnhals bloßgelegt – (der Zahn erscheint länger als vorher) – leiden Sie unter fortgeschrittener Parodontose.

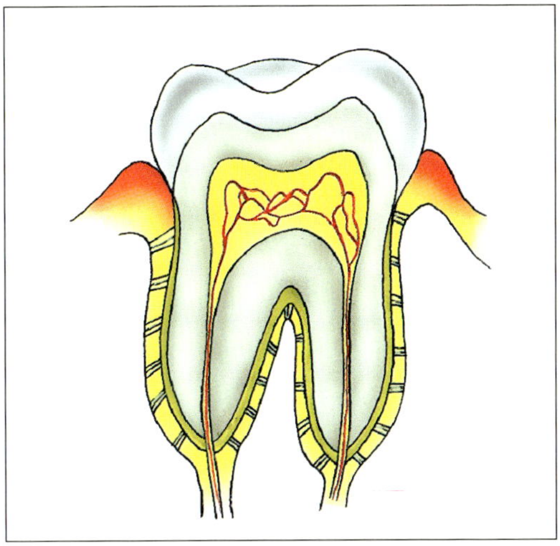

Ein gesunder Zahn ist ein Kleinod – und Zahnschmelz ist der härteste Teil unseres gesamten Körpers. Außerdem sind Zähne keine gefühllosen Werkzeuge. Ein gesunder Zahn besitzt eine enorme Regenerationskraft. Nur lange, andauernde Vernachlässigung der Mundhygiene führt zu Schäden am Zahnschmelz. Dann erst ist der Weg frei für Karies, Parodontose, bis es schließlich zum Verlust des Zahnes kommt.

Zahnstein

Zahnstein nennt man verhärteten Zahnbelag, der sich bimssteinartig rauh anfühlt und regelmäßig vom Zahnarzt entfernt werden sollte, da er genau wie normaler Belag zu einer Parodontose führen kann. Sie sollten bei Ihrer Inspektion besonders auf die Rückseite der unteren Frontzähne achten, da sich Zahnstein bevorzugt dort ablagert.

Wechselwirkungen

Bakterien, die über löchrige Zähne und Zahnfleischentzündungen eindringen, stellen auch eine Gefahr für den Gesamtorganismus dar. Sie können in die Blutbahn gelangen und Krankheiten auslösen, die man normalerweise nicht mit den Zähnen in Zusammenhang bringt, etwa Nierenerkrankungen, Herz- und Kopfschmerzen, Rheuma und Nervenentzündungen. Umgekehrt können Gebisserkrankungen als Folge von Allgemeinerkrankungen auftreten.

Als hoch sensibles Informationsnetz durchzieht das Nervensystem unseren Organismus. Wo das Nervensystem durch Überforderung oder Krankheit geschädigt ist, zeigen sich Beeinträchtigungen in Körperfunktionen oder geistigem Leistungsvermögen. Wir testen verschiedene vitale Funktionen und machen einen kleinen »Intelligenztest«.

Das Nervensystem

Wenn ein Fußballspieler nach einem verlorenen Spiel im Fernsehen verkündet, nach den sieglosen Spielen der letzten Wochen lägen »die Nerven blank«, wird ihm das niemand übel nehmen. Ja, er kann sich sogar einer gewissen Sympathie sicher sein. Denn »Nerven zeigen« oder ganz einfach »nervös sein« gilt in einem gewissen Maß als normal und menschlich. Jeder weiß schließlich um die Empfindlichkeit des Nervensystems. Es hat Belastbarkeitsgrenzen, die in der modernen, leistungsorientierten Gesellschaft nicht selten überschritten werden. Nerven durchziehen unseren ganzen Körper, von der Kopfhaut bis zu den Finger- und Fußspitzen. Es gibt Nerven, die sind so winzig, dass man sie mit dem bloßen Auge gar nicht erkennen könnte, andere wiederum sind fingerdick.
Unabhängig von ihrer Größe tragen unsere Nerven dazu bei, dass wir die Umwelt wahrnehmen und auf sie reagieren können.

Belastbare oder leicht erregbare Nerven?

Der eine hat eher »schwache«, der andere eher »starke Nerven«. Es soll sogar Leute geben, die »Nerven wie Drahtseile« haben. Da spielen Veranlagung, persönliche Erfahrungen und die Erziehung eine ganz große Rolle. Ein übererregbares Nervensystem zeugt nicht selten von einer großen Sensibilität. Von vielen Künstlern wissen wir, dass sie ein besonders empfindliches Nervensystem hatten. Das äußert sich nicht nur in einer höheren Nervosität, sondern auch darin, dass Künstler mehr Eindrücke aus ihrer Umgebung wahrnehmen, die Körpersprache anderer Menschen ganz klar »lesen« können und oftmals Dinge erfassen, die z.B. ein Gesprächspartner ganz bewusst verbergen möchte.
Für jeden von uns ist es wichtig, die Grenzen des eigenen Nervensystems zu kennen, damit man es nicht überstrapaziert und in seiner Funktionsweise gefährdet.

Kleine Anatomie

Da sich das Nervenzentrum überwiegend unserem bewussten Handeln entzieht, ist uns die Funktionsweise dieses Steuerungssystems bis heute erst in Bruchstücken bekannt. Zu den gesicherten Informationen, die wir mittlerweile über das Nervensystem haben, gehört der Aufbau. Unser weitverzweigtes und vielschichtiges Nervensystem hat ein Zentrum, vom dem alle Nerven ausgehen, das Gehirn. Hier beginnen die kilometerlangen Nervenbahnen, die unseren Körper durchziehen. Direkt an das Gehirn schließt sich das Rückenmark an. Es ist quasi die »Fortsetzung« des Gehirns nach unten in den Körper. So wie das Gehirn durch eine extrem harte Knochenschale geschützt ist, so liegt das Rückenmark in der knöchernen, aber beweglichen Wirbelsäule und ist gegen normale Einwirkungen von außen bestens bewahrt.

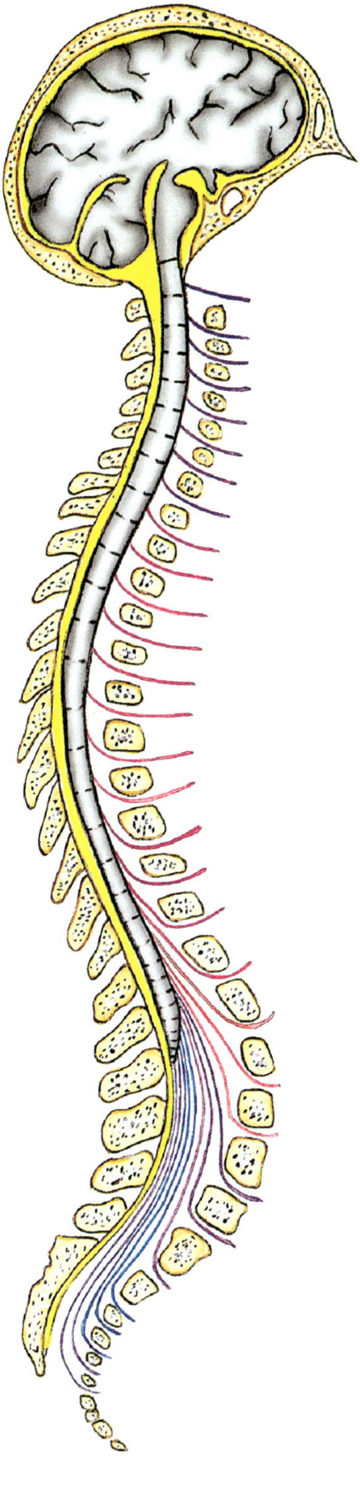

Untrennbare Einheit

Mit dem Gehirn bildet das Rückenmark eine Einheit, das sogenannte Zentralnervensystem. Dazu kommen die peripheren Nervenbahnen, die bis in die äußersten Winkel unseres Körpers reichen. Auf ihnen werden die von Gehirn und Rückenmark ausgehenden Befehle und Anweisungen an die Muskeln und Organe weitergeleitet. Und andererseits wird durch sie das Gehirn laufend über Wahrnehmungen, die Haut und Organe von außen bekommen, informiert.

Was man sich nicht oft genug klarmacht, ist, dass das Gehirn zusammen mit dem Rückenmark eine Einheit bildet – das Zentralnervensystem. Diese Kommandozentrale des menschlichen Körpers ist zwar durch den Schädel und die knöchernen Wirbel gut geschützt, aber man sollte dennoch durch gute Haltung und Bewegungsübungen dafür sorgen, dass die Wirbelsäule keinen Schaden nimmt.

Das vegetative Nervensystem

In dieses Zentralnervensystem integriert, aber völlig eigenständig, ist das vegetative (oder autonome) Nervensystem. Im Gegensatz zum Zentralnervensystem steuert es die einzelnen Körperfunktionen, die nicht vom Willen gelenkt werden, beispielsweise den Herzrhythmus, die Atmung, die Verdauung, die Drüsentätigkeit.

Daneben haben die Nerven noch zahlreiche andere Aufgaben zu erfüllen. So sind sie für die Oberflächensensibilität zuständig, d.h. für die Weitergabe von Berührungs-, Tast-, Temperatur- und Schmerzempfindungen. Direkt unter der Hautoberfläche sitzen überall kleine Nervenempfänger (Rezeptoren), die auf Außenreize sehr empfindlich reagieren. In einer tieferen Hautschicht befinden sich weitere solcher Rezeptoren, die verantwortlich für die sogenannte Tiefensensibilität sind. Darunter fällt das Spüren von Bewegungen und Vibrationen.

Erkrankungen des Nervensystems

Erkrankungen des Nervensystems äußern sich auf vielerlei Weise. Es kann zu kleineren, lokal begrenzten Ausfällen oder Störungen von Berührungs-, Temperatur- oder anderen Empfindungen, sogenannten Sensibilitätsausfällen, kommen. Davon können auch größere Körperpartien betroffen sein, je nachdem, welche Nerven wie geschädigt sind. Der Neurologe kann allein vom Ort und der Art des Sensibilitätsausfalls auf die betroffenen Nerven schließen. Entsprechendes gilt für Nervenschmerzen (Neuralgien).

Es versteht sich von selbst, dass eine ausgedehnte Erkrankung von Gehirn oder Rückenmark weitreichende Folgen und Symptome zeitigt.

Organische und funktionelle Störungen

Man unterscheidet grundsätzlich zwei Arten von Nervenstörungen:

- organische und
- funktionelle.

Bei organischen Störungen sind einzelne Nerven, das Gehirn oder das Rückenmark direkt erkrankt oder verletzt, beispielsweise durch einen Unfall. Von einer funktionellen Störung spricht man, wenn keine organischen oder sichtbaren Veränderungen vorliegen. In einem solchen Fall ist nicht selten das gesamte Nervensystem betroffen. Es ist als Ganzes geschwächt oder übererregbar.

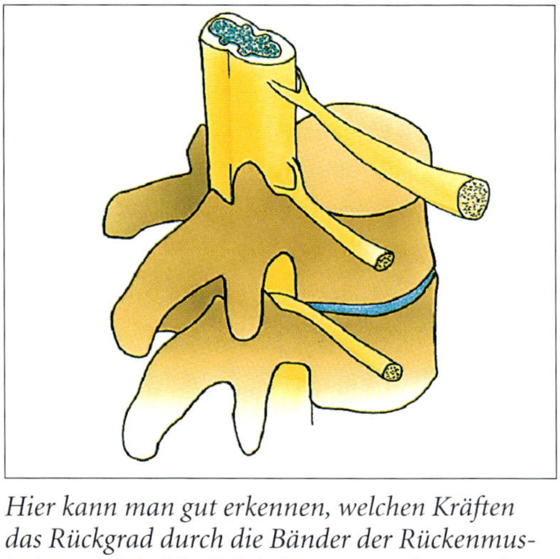

Hier kann man gut erkennen, welchen Kräften das Rückgrad durch die Bänder der Rückenmuskulatur Wirbel für Wirbel ausgesetzt ist – und warum es so schmerzt, wenn man sich einen »Nerv (blau) einklemmt«.

Die Ursachen einer funktionellen Störung, die sich in nervösen Herzbeschwerden, Konzentrationsschwäche, Schlafstörungen etc. äußern, sind vielschichtig und resultieren aus unserer Umwelt und Lebensweise. Körperliche oder psychische Belastungen sind ein wichtiger Faktor.
Langanhaltende Störungen oder Erkrankungen der Nerven sind ein hohes Gesundheitsrisiko, denn das Nervensystem ist mit allen anderen Körpersystemen aufs Engste verknüpft. Das führt mitunter auch dazu, dass einzelne Organe und Organsysteme unregelmäßig funktionieren (»nervöser Magen« u. a.) und der Organismus über lange Zeit aus dem Lot gerät. Schwere körperliche Krankheiten können die Folge sein.

Tests zum Nervensystem

Nachfolgend die Tests, mit denen Sie die Funktionstüchtigkeit Ihres Nervensystems überprüfen können. Dabei sind der Seh-, Geruchs-, Hör- und Geschmackssinn weitgehend ausgespart. Diese sogenannten Gesichtssinne fallen in den »Verantwortungsbereich« der Hirnnerven, und die entsprechenden Tests finden Sie in dem gesonderten Kapitel Sinnesorgane ab Seite 79

Im Folgenden haben wir für Sie ein komplexes Testprogramm zusammengestellt, das die elementaren Funktionen des Nervensystems überprüft.

- Wir beginnen mit einer Testreihe zu einzelnen Nervenfunktionen. Mithilfe dieses Tests wird die Funktionstüchtigkeit von speziellen Gehirnabschnitten abgefragt.
  Diese Tests finden Sie auf Seite 64.

- Eine eigene Testreihe befasst sich mit Ihrer Sensibilität. Getestet werden mit einfachen, kreativen Methoden z.B. Berührungsempfinden und Tiefensinn.
  Diese Tests finden Sie auf Seite 67.

- Ebenfalls in den Bereich des Nervensystems gehören Übungen und Tests, anhand derer man feststellen kann, wie gut die Leistungsfähigkeit des Gehirns ist.
  In dieser Testreihe können Sie Ihre Konzentrationsfähigkeit testen, sowie Gedächtnis und Aufmerksamkeit beurteilen.
  Ein Spezialtest ermöglicht Ihnen außerdem leichte Gehirnfunktionsstörungen selbst zu erkennen.
  Diese Tests finden Sie auf Seite 71.

- ***Gehen Sie bitte Testreihe für Testreihe durch, und halten Sie die Ergebnisse fest.***

Testreihe Nervenfunktionen

Die folgenden Übungen scheinen einfach und unspektakulär zu sein, aber sie sind in ihrer Aussage zuverlässig und erlauben einen Überblick über lebenswichtige Funktionen Ihres Gehirns. Wenn Sie eine ungenügende Funktion feststellen, gehen Sie zum Arzt!

Test 31 *Gesichtsfeld*

Mit diesem Test überprüfen Sie nicht nur Ihre Sehschärfe, sondern vor allem die Größe Ihres Gesichtsfeldes. Das Gesichtsfeld, der bei fixiertem Blick sichtbare Ausschnitt der Umwelt, ist nach oben, nach unten, nach rechts und nach links begrenzt. Die Gesichtsfelder beider Augen überlappen sich. Wenn Sie ein Auge schließen, erkennen Sie, wie das Gesichtsfeld des einzelnen Auges zum Nasenbereich hin beschnitten ist und sich zur körperabgewandten Seite vergrößert.

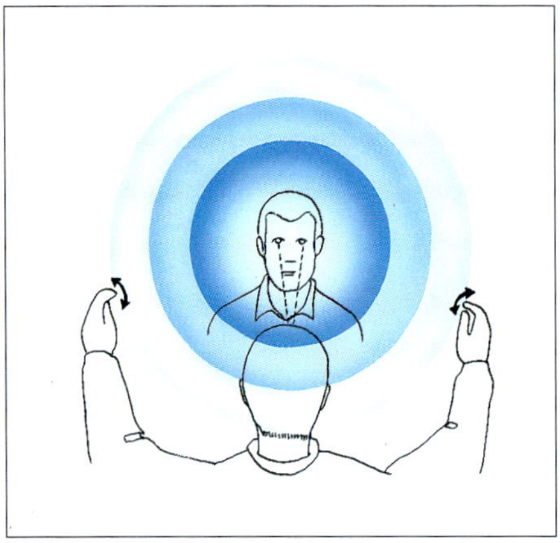

Testen Sie Ihr Gesichtsfeld.

Für die Durchführung des Tests ist wieder die Mitarbeit einer zweiten Person unerlässlich. Setzen Sie sich Ihrem Partner in einem Meter Abstand genau gegenüber. Blicken Sie auf die Nase Ihres Partners, und verharren Sie so etwa eine Minute. Nun sollte Ihr Partner die Arme leicht nach vorn anheben – etwa so, als wolle er dirigieren – und die beiden Zeigefinger bei fixierter Handhaltung simultan kreisend bewegen. Dabei kann er übrigens auch im eigenen Gesichtsfeld feststellen, ob die Fingerbewegungen überhaupt für Sie sichtbar sind.

Nehmen Sie die Fingerbewegungen wahr? Dann ist Ihr Gesichtsfeld normal ausgebildet, und Sie können zum nächsten Test übergehen.

❑ Ja ❑ Nein

Achtung Gesundheitsrisiko

Wenn Sie die Bewegungen nicht wahrnehmen, haben Sie eine Gesichtsfeldstörung.
Eine solche Sehverschlechterung kann die Folge von Augenkrankheiten, anderen schwereren Krankheiten oder Medikamenten sein. Genau lokalisierbare Gesichtsfeldausfälle können auch mit einer Schädigung des Sehnervs zu tun haben. In jedem dieser Fälle müssen Sie zum Augenarzt.

Geschmackssinn **Test 32**

So testen Sie Ihren Geschmackssinn: Schließen Sie die Augen, halten Sie die Nase zu, und lassen Sie sich von einer zweiten Person ein mit einem Geschmacksstoff getränktes Wattestäbchen auf die herausgestreckte Zunge halten. Als normalerweise leicht zu erkennende Lösungen bieten sich eine Zucker-, eine Kochsalz- und eine Zitronensäurelösung an. Dieser Test dient nur zu Ihrer eigenen Information – und er macht Spaß.

Erkennen Sie den Geschmack der Lösung als süß, sauer, bitter oder salzig?

❑ Ja ❑ Nein

Finger-Nase-Versuch **Test 33**

Mit diesem Test überprüfen Sie Koordination und Feinmotorik der Muskeln. Schließen Sie die Augen, und führen Sie den Zeigefinger langsam zur Nasenspitze.

Gelingt es Ihnen, den Finger gradlinig und in gleichmäßiger Geschwindigkeit zum Ziel zu führen?

❑ Ja ❑ Nein

Achtung Gesundheitsrisiko

Wenn Sie den Finger nur in einer Zickzacklinie und in ruckartigen Bewegungen führen können, oder wenn Sie sogar die Nasenspitze verfehlen, dann leiden Sie an einer Ataxie,

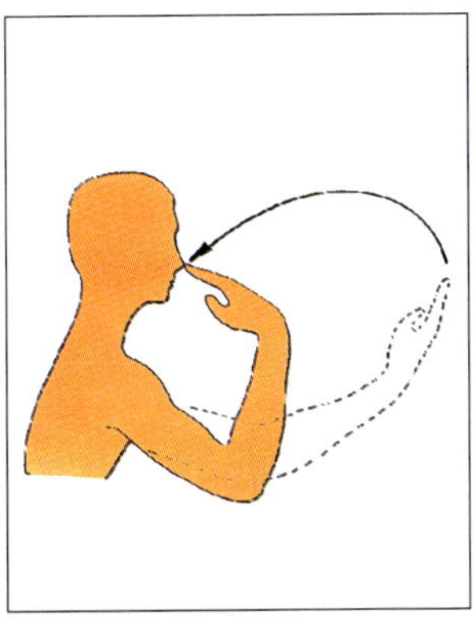

Normale Bewegung

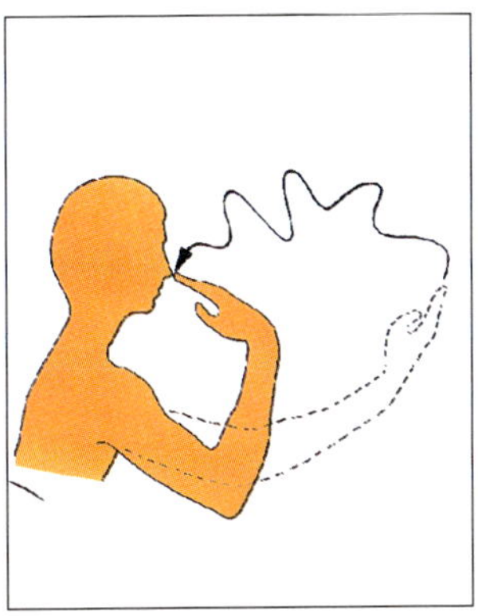

Ataxie

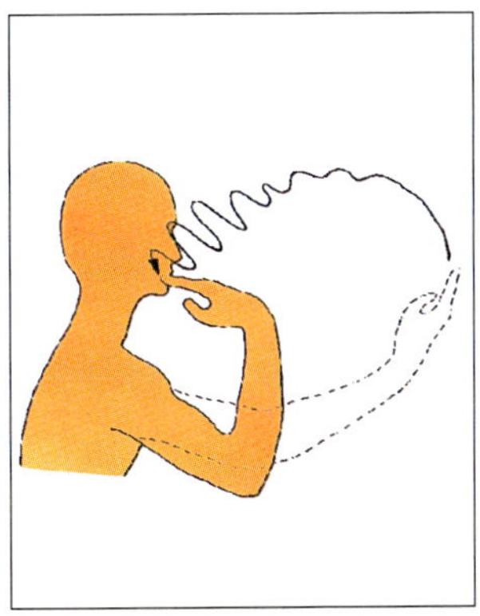

Intentionstremor

einer gestörten Koordination der Muskelbewegungen. Eine spezielle Form wäre der Intentionstremor. Hierbei nehmen die ausfahrenden Bewegungen in Zielnähe zu. Beide Koordinationsstörungen zeugen von einer Beeinträchtigung des Lagesinnes und der Tiefensensibilität, eventuell steckt sogar ein organischer Schaden des Kleinhirns dahinter – als Folge eines Unfalls oder einer Erkrankung. Unbedingt sofort zum Arzt!

Test 34 *Rebound-Test*

Wenn eine Bewegung bei einem angespannten Muskel, dem der Widerstand entzogen wird, nur ungenügend abgebremst werden kann, spricht man von einem Rebound-Phänomen. Man kann sich als gesunder Mensch nur schwer vorstellen, dass der Arm sich derartig »selbstständig« machen kann, aber tatsächlich ist dieser Rebound-Versuch ein interessantes Phänomen. Ein verwandter Effekt wird übrigens von den Kinesiologen

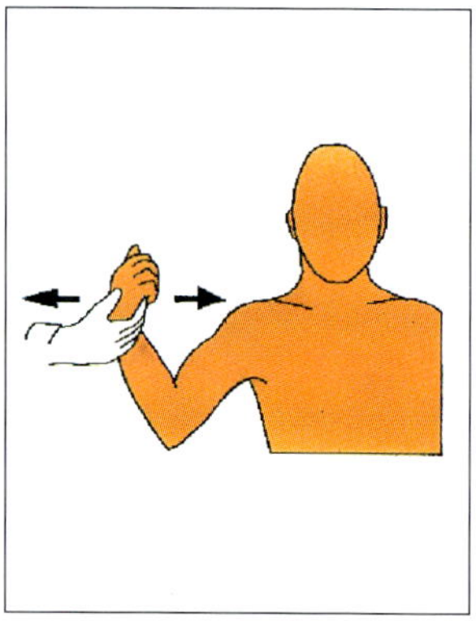

Festhalten, Gegendrücken ...

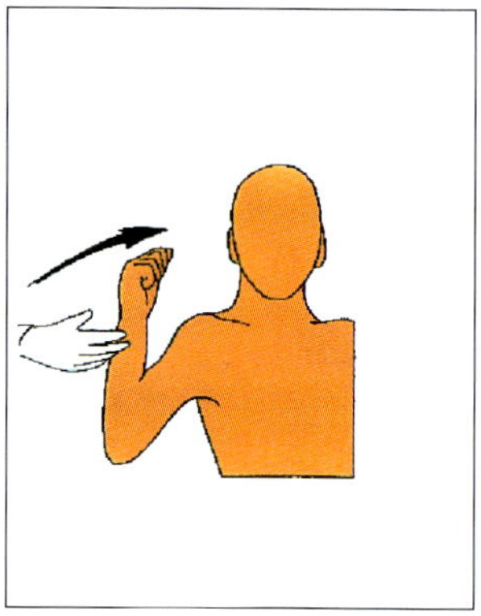

plötzliches Loslassen ...

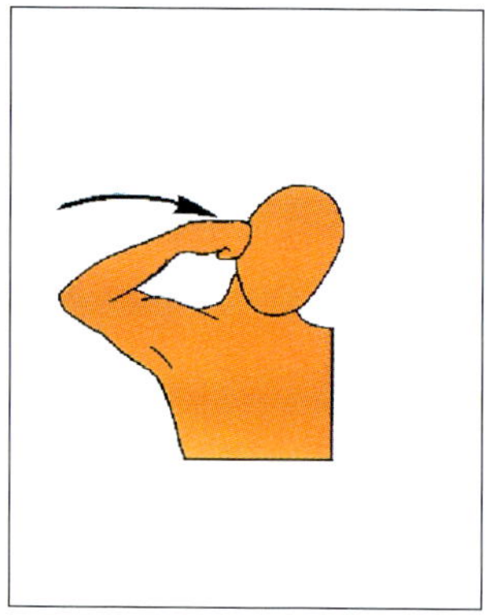

Rebound-Phänomen!

verwendet, um Stoffe auszutesten, gegen die man allergisch ist.
Bitten Sie jemanden, Ihr Handgelenk festzuhalten, und drücken Sie kräftig dagegen.

Schlägt der Arm gegen Kopf oder Rumpf, wenn er plötzlich losgelassen wird?

❑ Ja ❑ Nein

Achtung Gesundheitsrisiko

Wenn Ihr Gegenüber ohne Vorankündigung plötzlich loslässt und Ihr Arm kann nicht schnell genug abbremsen und schlägt gegen den Kopf oder Rumpf, dann ist das ein Zeichen für eine Schädigung des Kleinhirns – möglicherweise als Folge eines Unfalls oder einer Erkrankung. Sofort zum Arzt!

Testreihe Sensibilität

Die nächsten fünf Tests befassen sich mit der Sensibilität, also mit den durch äußere Reize ausgelösten Wahrnehmungen, die sich anders als z. B. der Seh- und Gehörsinn über den ganzen Körper verteilen und dort »messbar« sind.

Sensibilitätsstörungen zeigen je nach Art der Erkrankung – sei es nun ein einzelner peripherer oder ein zentraler Nerv, der betroffen ist – eine entsprechend lokalisierte, typische Ausbreitung. Die Sensibilitätsstörung kann sich großflächig bemerkbar machen (z. B. bei einer Rückenmarksverletzung) oder nur punktuell sein, scharfe oder unscharfe Grenzen haben. Aus all dem erhält man eindeutige Hinweise auf den auslösenden Nerv.

Die Tests sind wieder so aufgebaut, dass Sie das Ergebnis mit einem einfachen »Ja« oder »Nein« festhalten können.

Wer mit »Ja« antwortet, hat eine gute Sensibilität. Anders ist es bei einem »Nein«.

Was tun, wenn Sie ein »Nein« ankreuzen...

Wenn Sie bei den Tests eine Sensibilitätsstörung feststellen, versuchen Sie sie einzugrenzen. Beachten Sie die Symmetrie: Ist die Störung nur auf einer Körperseite oder auf beiden vorhanden? Und beobachten Sie vor allem, welche der Empfindungen eingeschränkt oder gestört sind: Die Wahrnehmung von Berührungen, Temperatur, Schmerzen oder Tiefensinn. Denn denkbar wäre z. B. auch, dass Sie zwar eine Berührung empfinden, aber weder Schmerz noch Temperatur. Einem spezialisierten Facharzt werden Ihre Beobachtungen bei der Aufklärung von Nutzen sein.

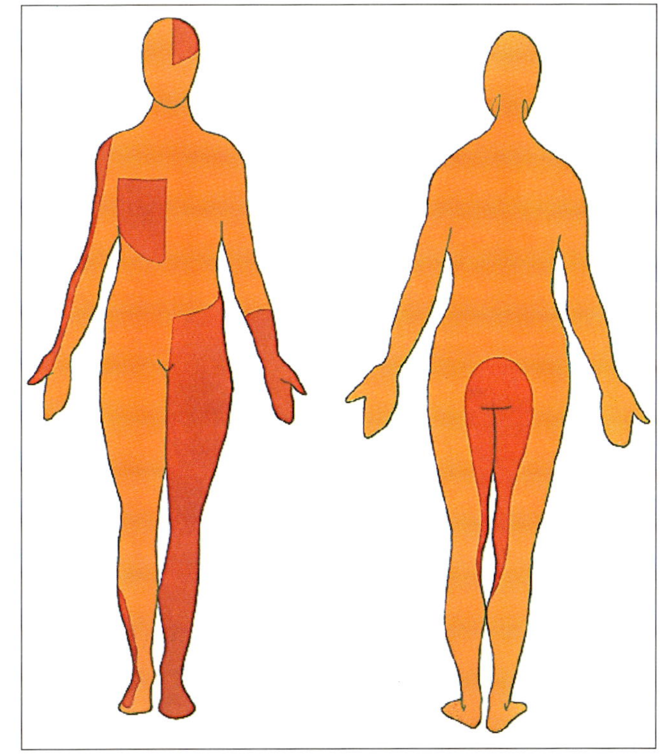

Auf dieser Zeichnung sieht man, wie »willkürlich« Reaktionsfelder, die auf Erkrankungen der Nerven hinweisen, über den Körper verteilt sind. Ein Beispiel ist das Kaudasyndrom (bei Bandscheibenvorfall): Lähmungen treten nicht rund um die verletzte Bandscheibe auf, sondern an ganz bestimmten Stellen der Oberschenkel.

Test 35 *Berührungsempfindung*

Die Berührungsempfindung testen Sie an der Haut von Armen und Beinen. Schließen Sie die Augen, und bitten Sie Ihren Partner, verschiedene Stellen Ihrer Arme leicht mit dem Finger, einem Pinsel oder einem Wattebausch zu berühren.

Empfinden Sie die Berührung an beiden Armen klar und deutlich?

❑ Ja ❑ Nein. Die Empfindungen sind unterschiedlich stark.

Die Berührungsempfindung der Fingerkuppen lässt sich gut mit einer Münze, die es zu erkennen gilt, überprüfen. Bitten Sie Ihren Partner, Ihnen bei geschlossenen Augen eine bekannte Münze in die Hand zu geben.

Können Sie die Prägung nur mit Hilfe Ihrer Fingerkuppen bestimmen?

❑ Ja ❑ Nein

Achtung Gesundheitsrisiko
Eine fehlende Berührungsempfindung nennt man Anästhesie, eine verminderte Hypästhesie und eine veränderte Parästhesie. Mögliche Ursachen dafür sind Nervenstörungen.

Test 36 *Temperaturempfindung*

Ihre Temperaturempfindung prüfen Sie ähnlich wie im vorherigen Test. Nehmen Sie ein dünnes Glas oder besser noch ein Reagenzglas mit warmem und anschließend mit kaltem Wasser, und berühren Sie Ihre Haut.

Können Sie die Berührung und die Temperatur einwandfrei fühlen?

❑ Ja. Dann sind Ihre Nerven in diesem Bereich gesund. ❑ Nein.

Achtung Gesundheitsrisiko
Störungen des Temperatursinnes sind Thermanästhesie (fehlende Temperaturempfindung), Thermhypästhesie (verminderte Temperaturempfindung) und Thermhyperpathie. Solche Störungen treten u.a. bei der Zuckerkrankheit (Diabetes mellitus) und Syphillis auf. Im Verlauf dieser Erkrankungen gelten sie als »normale« Begleiterscheinungen. Ist die Ursache ungeklärt, gehen Sie bitte zum Arzt.

Schmerzempfindung Test 37

Ob Sie normal schmerzempfindlich sind oder nicht, lässt sich durch Kneifen einer Hautfalte oder durch Ziehen an den Härchen auf der Haut feststellen.

Spüren Sie den Schmerz?

- ❑ Ja. Dann ist die Reizübertragung zwischen Ihren peripharen Nerven und dem Gehirn normal.
- ❑ Nein. Eine herabgesetzte Schmerzempfindung nennt man Hypalgesie.

Räumliche Unterscheidung Test 38

Ihr räumliches Unterscheidungsvermögen prüfen Sie so: Schließen Sie die Augen, und lassen Sie sich von Ihrem Partner mit einem Streichholz oder einer Stricknadel drei bis fünf Zentimeter große Zahlen auf die Haut des Handrückens oder des Unterarms »schreiben«.

Können Sie die Zahlen identifizieren?

❑ Ja ❑ Nein

Mit Hilfe eines Zirkels können Sie eine genauere Prüfung, die sogenannte Zwei-Punkt-Diskrimination vornehmen. Lassen Sie sich die beiden stumpfen Enden des Zirkels in verschiedenen Abständen gleichzeitig auf die Haut setzen.

Sonderfälle

Ein Sonderfall ist das so genannte Schultz-Charlton-Phänomen: Bei gleichzeitiger Berührung zweier Punkte, die sich genau spiegelbildlich an beiden Körperseiten gegenüberliegen, wird gar nichts empfunden – obwohl die Berührungsempfindung ansonsten nicht weiter beeinträchtigt ist. Ursache ist eine Parietallappenläsion des Zwischenhirns.

Ein anderer Sonderfall ist das Unvermögen, einfache Gegenstände durch Betasten zu erkennen (Stereoagnosie). Das heißt, dass die Betroffenen selbst einfache Dinge wie Kugelschreiber, Büroklammern, Autoschlüssel o. ä. bei geschlossenen Augen durch Betasten nicht einwandfrei identifizieren können.

Spüren Sie beide Berührungspunkte oder nur einen?

❑ Ja ❑ Nein

Auflösung
Der Mindestabstand, bis zu dem Sie normalerweise noch zwei und nicht nur einen Punkt spüren, darf an den Fingerspitzen nicht über einen Zentimeter, an den Handflächen und Fußsohlen nicht über zwei Zentimeter und an Hand- und Fußrücken nicht über drei Zentimeter betragen. Stimmt das mit Ihren Messungen überein?

❑ Ja ❑ Nein

Messen Sie den Abstand, bis zu dem Sie beide Endpunkte des Zirkels spüren.

Zu einem gestörten räumlichen Unterscheidungsvermögen kommt es bei bestimmten Läsionen, also Verletzungen des Nervensystems.

Test 39 *Tiefensinn*

Den Tiefensinn prüfen Sie mit dem folgenden Test, in dem es um Ihr Gefühl für Vibrationen geht. Der Mediziner nennt das Pallästhesie oder Vibrationsempfindung.
Dazu hält Ihr Partner eine Stimmgabel (64 oder 128 Hz) an verschiedenen Körperstellen an einen Knochen, z.B. auf die Fingerknöchel, das Schlüsselbein oder das Schienbein. Den Unterschied merken Sie deutlich, wenn erst die vibrierende und dann die angehaltene Stimmgabel auf denselben Knochen gehalten wird.

Spüren Sie das Vibrieren der Stimmgabel bis in den Knochen?

❑ Ja. Dann haben Sie ein normales Vibrationsempfinden.

❑ Nein

Achtung Gesundheitsrisiko
Sowohl bei entzündlichen als auch nichtentzündlichen Nervenerkrankungen (Polyneuropathie) kann das Vibrationsempfinden deutlich vermindert sein.

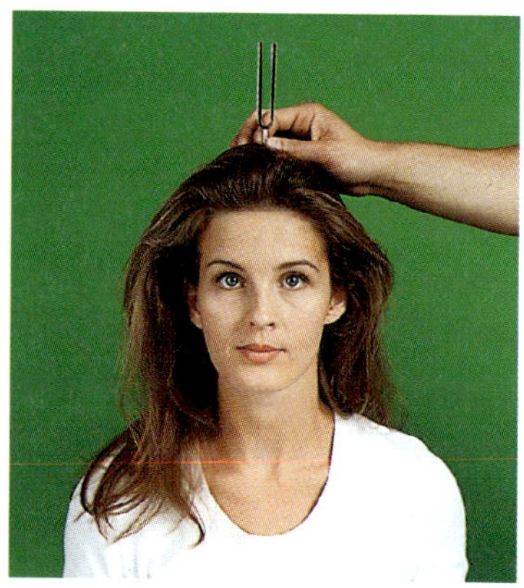

Bei diesem Test brauchen Sie wieder einen Partner

Testreihe geistiges Leistungsvermögen

Mit dem Geist verhält es sich wie mit dem Körper: Regelmäßiges »Training« ist erforderlich, um die Funktionstüchtigkeit und Reaktionsfähigkeit aufrechtzuerhalten. Und mit Training lässt sich die geistige Fitness sogar weiter steigern! Die tägliche Routine verleitet die meisten Menschen allerdings dazu, in ihrer Aufmerksamkeit müder zu werden und die Geschehnisse der Außenwelt unreflektiert an sich vorbei gehen zu lassen.
Mit den folgenden Fragen können Sie leicht feststellen, ob Sie wachen Auges und Verstandes durch die Welt gehen und vor allem: wie gut Ihr Gedächtnis ist.

Wie lange können Sie sich konzentrieren? **Test 40**

Um die geistige Leistungsfähigkeit selbst zu testen, braucht es keinen großen Aufwand. Ein sehr guter Test für Konzentration ist der folgende. Er sieht leicht aus, zeigt aber, wie sehr und wie lange Sie sich konzentrieren können.

Nehmen Sie sich Papier und Stift, und subtrahieren Sie fortlaufend 100 – 7 = 93 93 – 7 = 86 etc.

Können Sie die ganze Rechnung mit allen Zwischenschritten zügig bis zum (richtigen) Ergebnis austüfteln?

- ❑ Ja
- ❑ Nein. Ihre Konzentrationsfähigkeit ist deutlich gestört, wenn Sie die Aufgabe nur sehr schwer oder überhaupt nicht bewältigen können.
  Konzentrationsschwäche kann ein Anzeichen für Eisenmangel sein.

Aussagekraft von Rechentests
Rechentests sind in ihrer Aussagekraft nicht ganz unproblematisch. Wie jeder von uns noch aus der Schule weiß, gibt es gerade beim Rechnen ganz unterschiedliche Begabungen. Wenn sich bei diesem Test eine unterdurchschnittliche Konzentrationsfähigkeit herausgestellt haben sollte, so kann das also auch an Ihren schwachen Rechenkünsten und nicht an einer Konzentrationsschwäche liegen. Machen Sie zur Probe auch den nächsten Test – ein Durchstreichverfahren – das in dieser Hinsicht weniger anfällig ist.

Test 41 *Durchstreichtest*

Ziel ist es, in zwei Minuten alle oder möglichst viele der 16 Kombinationen aus á α oder α á herauszustreichen.

Aus der Fehlerquote kann man Rückschlüsse auf die Konzentrationsfähigkeit ziehen.

α á α´ a α α´ α a α´ α´ α á α´ α´ α α´ α α α´ à

α´ α´ α α´ a a α α´ α´ á α´ α´ α α á α α´ α´á à

à α α´ α´ α a a α´ α´ a à α α´ α´ α a α´ α´ a α

á α´ α´ à α a a α´ α´ à α α´ α a a α α´ α´ α α

α´ α´ a à α α α´ α´ α´ à α α´ α a à á α´ α´ α a

α´ α´ α a à α α´ α´ α´ á α´ α´ α α á α α´ α´á à

α´ α´ α α´ a á α α´ α´ á α´ α´ α α á α α´ α´á à

α´ α´ α á α´ α´ a à α á α´ α´ α´ à α α´ α á à á

á α α´ α´ α a a α´ α´ a à α α´ α´ a á α α α´ α´

α´ á α α´ α a à á α´ α´ α a α´ α´ α a α´ α´ á α

α´ α´ α á α´ α´ α α´ α α α´ à α´ α´ α α´ a á α α´

α´ α´ á α´ α´ α α á α α´ α´á à á α α´ α´ α a a α´

a a α´ α´ a à α α´ α´ α á α´ α´ a α á α´ α´ à α

a à á α´ α´ α á α´ α´ α´ α α´ a a α α´α´ α´ α α á

Wie gut können Sie sich konzentrieren? **Test 42**

Unsere Wahrnehmung funktioniert nach Gesetzen, die uns normalerweise unbewusst bleiben. Eines dieser Gesetze besagt, dass wir beim Sehen Figur und Hintergrund unterscheiden und uns entweder nur auf die Figur oder nur auf den Hintergrund konzentrieren können. Was das genau bedeutet, sehen Sie anhand der folgenden Figuren.

Was erkennen Sie hier?

Wenn Sie sich einige Minuten auf das erste Bild, in dem Gesichter und eine Vase verborgen sind, konzentrieren, werden Sie merken, dass Ihnen eine Entscheidung abgefordert wird. Sie können nicht gleichzeitig Gesichter und Vase sehen. Viele Menschen sehen zuerst die Gesichter und die Vase erst dann, wenn sie sich eine Zeitlang auf die Vase konzentriert haben. Wenn Ihnen das gelungen ist, versuchen Sie einmal, mehrmals zwischen Gesicht und Vase zu wechseln. Gelingt Ihnen auch das, zeugt das von einer guten Konzentrationsfähigkeit.

- ❑ Ich konnte nur ein Motiv erkennen (Vase oder Gesichter).
- ❑ Ich konnte beide Motive erkennen (Vase und Gesichter).
- ❑ Ich konnte zwischen beiden Motiven wechseln.

Die Hase-Ente-Figur wird wahrscheinlich wesentlich schneller »kippen«, wenn Sie sie anschauen. Versuchen Sie einmal, 10 bis 20 Sekunden lang nur den Hasen oder die Ente zu sehen. Das Gelingen dieser zugegeben nicht ganz leichten Aufgabe würde ebenfalls auf ein recht gutes Konzentrationsvermögen hindeuten.

Was sehen Sie hier?

Test 43 *Gedächtnis und Aufmerksamkeit*

Je aufmerksamer jemand seine Umgebung wahrnimmt, desto eher werden die Informationen im Gedächtnis verankert. Die genaue Wahrnehmung einer Information ist sozusagen der erste Schritt auf dem Weg ins Gedächtnis. Wer unter einem sogenannten schlechten Gedächtnis leidet, der macht den entscheidenden Fehler meist schon bei der Wahrnehmung.

Mit den folgenden Fragen können Sie leicht feststellen, ob Sie wachen Auges und Verstandes durch die Welt gehen und vor allem: wie gut Ihr Gedächtnis ist.
Unseren Fragen liegt das Buch »Brain Building« von Marilyn vos Savant zugrunde. Die Autorin – übrigens eine sehr attraktive Frau – muss es wissen, denn laut dem Guinness Buch der Rekorde besitzt sie den höchsten Intelligenzquotienten (IQ), der jemals gemessen wurde.

Für die folgenden Fragen sollten Sie sich bewusst Zeit und Ruhe nehmen. Legen Sie wieder Paper und Stift bereit, und notieren Sie die Ergebnisse. Gehen Sie Frage für Frage durch, und vergleichen Sie anschließend Ihre Ergebnisse mit der Auswertung auf Seite 76.

1. Welche Zeitungen und Zeitschriften lesen Sie? Können Sie sagen, ob Ihre Lektüre überwiegend konservativ oder liberal ist?

2. Wie beschäftigen Sie sich, wenn Sie im Wartezimmer Ihres Zahnarztes sitzen oder mit Flugzeug oder Bahn unterwegs sind? Lassen Sie die Wartezeit verstreichen, und empfinden Sie sie als langweilig und vergeudet? Oder beschäftigen Sie sich bewusst mit irgendetwas, z. B. mit Lesen, Schreiben oder Menschen beobachten?

3. Denken Sie an einen Weg, eine Route, die Sie täglich – per Bus oder Bahn, mit dem Auto oder zu Fuß zurücklegen. Können Sie aus der Erinnerung Gebäude, Straßen oder andere Dinge beschreiben, die an Ihrem Weg liegen? Können Sie einem Ortsfremden die Wegstrecke anschaulich beschreiben?

4. Sie haben ein Gespräch mit einem anderen Menschen geführt. Können Sie sich 20 Minuten nach Ende des Gespräches noch an Einzelheiten erinnern?

5. Ein Freund liest Ihnen langsam und deutlich etwas vor. Das können zwei bis fünf Zeilen eines Textes sein oder auch eine Reihe von 7–10 einfachen Zahlen. Schließen Sie dabei die Augen, dann können Sie sich besser konzentrieren. Versuchen Sie nun, das Gesagte aus dem Gedächtnis nachzusprechen.

6. So prüfen Sie Ihr Zahlengedächtnis: Ihr(e) Partner(in) spricht die folgenden Zahlenreihen nacheinander laut vor, und Sie wiederholen die Zahlen jeweils in derselben Reihenfolge. Ab welcher Reihe machen Sie Fehler?
   Dann versuchen Sie einmal, soweit Sie kommen, die Zahlen rückwärts zu wiederholen.

2 3 6 9
2 7 6 2 4
0 4 8 3 0 3 7
1 5 7 3 9 8 2 6
3 2 6 8 4 9 3 2 4
6 3 9 4 1 9 7 5 8 2

7. Auf der abgebildeten Tafel sind 20 verschiedene alltägliche oder bekannte Gegenstände abgebildet. Schauen Sie sich die Gegenstände 120 Sekunden lang an, und schließen Sie dann das Buch. Versuchen Sie nun, sich an möglichst viele der betrachteten Gegenstände zu erinnern. Schreiben Sie auf, an welche Gegenstände Sie sich erinnern.

Auswertung

Zu Punkt 1

Die meisten Zeitungen und Zeitschriften sind tendenziell liberal oder konservativ. Sie nehmen das aber nicht wahr, weil Sie die Lektüre und damit auch sich selbst für objektiv halten. Werden Sie wacher und aufmerksamer! Ein gutes Training wäre es, eine Woche lang jeden Tag eine andere Zeitung zu lesen. Einmal eine mehr konservative, dann eine eher liberale. So trainieren Sie Ihre Wahrnehmung und erweitern auch Ihren intellektuellen Horizont.

Zu Punkt 2

Auch das wäre ein optimales Training für Ihre geistige Fitness: wenn Sie auch Wartezeiten bewusst nutzen und sich auf eine Tätigkeit konzentrieren. Werden Sie aktiv!

Zu Punkt 3

Können Sie sich nicht wenigstens an fünf besondere Auffälligkeiten (Gebäude, Straßen o.ä.) an Ihrer Route erinnern und diese auch für einen Außenstehenden anschaulich beschreiben, dann verbringen Sie Ihr Leben nur als »Passagier«, nicht als aktiv erlebendes und orientiertes Wesen. Sie versäumen eine gute Gelegenheit, Ihr Gedächtnis und Ihre Wahrnehmung zu trainieren.

Zu Punkt 4

Sie sind gut in Form, wenn Sie sich nach einem Gespräch an das meiste erinnern. Das würde auch bedeuten, dass Sie Ihren Gesprächspartner und das Ausgesprochene ernst nehmen. Aber auch jemand, der sich gemeinhin nicht an Details eines Gespräches erinnert, kann diese Fertigkeit durch Übung erwerben.

Zu Punkt 5

Auch das ist nicht nur eine Prüfung Ihres Gedächtnisses und Ihrer Konzentrationsfähigkeit, sondern gleichzeitig eine gute Übung, um selbige Fähigkeiten zu trainieren. Solche Prüfungen sind übrigens Bestandteil fast jeden Intelligenztests.

Ganz allgemein gilt, dass alle Übungen, mit denen man das Gehirn trainiert, unsere »kleinen grauen Zellen« wach und rege halten. Geistige Regsamkeit und Wachsamkeit kennt keinen schlimmeren Feind als die Denkgewohnheit. Es gibt sehr viele Beispiele für Menschen, die bis ins hohe Alter ihre geistige Elastizität erhalten konnten. Wer erst spät feststellt, dass er kaum geistigen Austausch hat, nichts Neues mehr dazulernt und immer dieselben Ansichten vertritt, hat es schwer aus dieser geistigen Einöde wieder herauszufinden. Versuchen Sie bewusst, schon in jungen Jahren Hobbys zu entwickeln, die Sie ein Leben lang faszinieren können.

Leichte Hirnfunktionsstörung **Test 44**

Der Test ist für Erwachsene ab 17 Jahren entwickelt. Beantworten Sie die folgenden Fragen entweder mit Ja oder mit Nein. Kreuzen Sie das jeweilige Kästchen mit einem Bleistift an.

Auswertung:
Jede Ja-Antwort zählt einen Punkt. Haben Sie 20 oder mehr Punkte, könnte das auf eine leichte Funktionsstörung oder -schwäche des Gehirns (sogenannte cerebrale Insuffizienz) hindeuten.
Es gibt zahlreiche mögliche Ursachen einer solchen Funktionsschwäche (Insuffizienz). Das sind zum einen sogenannte cerebrale Ursachen, die im Gehirn (Traumata, Infektionen, mangelnde Hirndurchblutung etc.) liegen, zum anderen sogenannte extracerebrale Ursachen, das sind Ursachen außerhalb des Gehirns, wie z.B. allgemeine Infektionen, Bluthochdruck, Blutarmut (Anämie), Zuckerkrankheit (Diabetes mellitus), Lungenschäden, und Rauschmittelmissbrauch, Leber- oder Nierenschäden.

Leichte Hirnfunktionsstörungen können schon in den mittleren Jahren beginnen. Wenn es wegen Ihrer Vergesslichkeit oder zunehmender Verzagtheit schon zu Diskussionen mit dem Partner kommt, sollten Sie Ihre geistige Fitness mit einem Trainingsprogramm bewusst verbessern.

Die Symptome einer Hirninsuffizienz sind genauso vielfältig wie die Ursachen. Auftreten können u.a. eingeschränkte Leistungsfähigkeit, depressive Verstimmung, Konzentrationsschwäche, Schwindel, leichte Ermüdbarkeit, Sehstörungen etc.
Legt das Testergebnis den Verdacht einer Erkrankung nahe, dann sollten Sie Ihrem Hausarzt davon erzählen. Er wird eventuell weitere Untersuchungen vornehmen, um den Verdacht zu überprüfen.

1. Ich kann nicht mehr so lange fernsehen wie früher.	❑ Ja	❑ Nein
2. Ich werde schneller ärgerlich als früher.	❑ Ja	❑ Nein
3. Ich schlafe schlecht ein.	❑ Ja	❑ Nein
4. Ich habe einen unruhigen Schlaf.	❑ Ja	❑ Nein
5. Ich wache zu früh auf.	❑ Ja	❑ Nein
6. Ich bin morgens unausgeschlafen.	❑ Ja	❑ Nein
7. Ich bin am Tage müde.	❑ Ja	❑ Nein

8. Wenn ich etwas zusammenzähle, muss ich es nochmal nachrechnen, weil ich mir nichts mehr zutraue und Angst habe, Fehler zu machen. ❑ Ja ❑ Nein
9. Bei längerem Autofahren bin ich schneller erschöpft als früher. ❑ Ja ❑ Nein
10. Man lächelt manchmal über mich, wenn ich etwas vergesse. ❑ Ja ❑ Nein
11. Ich habe Ohrensausen. ❑ Ja ❑ Nein
12. Namen vergesse ich öfter als früher. ❑ Ja ❑ Nein
13. Erledigungen vergesse ich öfter als früher. ❑ Ja ❑ Nein
14. Ich benutze häufiger als früher Notizzettel, damit ich etwas nicht vergesse. ❑ Ja ❑ Nein
15. Ich habe öfter ein Kälte- oder Wärmegefühl in der Stirngegend. ❑ Ja ❑ Nein
16. Morgens ist mein Kopf immer benommen. ❑ Ja ❑ Nein
17. Ich muss in letzter Zeit mehrmals hintereinander gähnen. ❑ Ja ❑ Nein
18. Ich bin nervöser als früher; Kleinigkeiten können mich aus der Ruhe bringen. ❑ Ja ❑ Nein
19. Ich bin ängstlicher als früher und traue mir weniger zu. ❑ Ja ❑ Nein
20. Ich habe morgens immer einen trockenen Mund. ❑ Ja ❑ Nein
21. Ich kann nicht mehr so lange lesen wie früher. ❑ Ja ❑ Nein
22. Ich habe Schwierigkeiten, mir beim Kartenspielen die Karten zu merken. ❑ Ja ❑ Nein
23. Ich überlege abends häufiger, wie ich eine bestimmte Arbeit am nächsten Tag fertiggstellen kann, weil ich Angst habe, ich schaffe es sonst nicht. ❑ Ja ❑ Nein
24. Ich kann mich nicht mehr so gut konzentrieren. ❑ Ja ❑ Nein
25. Meine Angehörigen machen mich oft darauf aufmerksam, dass ich etwas vergessen habe. ❑ Ja ❑ Nein
26. Ich habe oft ein Gefühl, als hätte ich einen Reif um den Kopf. ❑ Ja ❑ Nein
27. Ich höre schwerer als früher. ❑ Ja ❑ Nein
28. Ich habe beim Bücken Schwindelgefühle. ❑ Ja ❑ Nein
29. Ich kann nicht mehr so schnell umschalten. ❑ Ja ❑ Nein
30. Ich begreife manches langsamer als früher. ❑ Ja ❑ Nein
31. Ich habe schon oft bemerkt, daß ich beim Schreiben mehr Fehler mache als früher. ❑ Ja ❑ Nein
32. Ich brauche für vieles mehr Zeit als früher. ❑ Ja ❑ Nein
33. Ich habe öfter einen benommenen Kopf als früher, bzw. ein dumpfes Gefühl in und um den Kopf. ❑ Ja ❑ Nein
34. Ich habe öfter Angst als früher. ❑ Ja ❑ Nein

Die Sinnesorgane

Mit den Sinnen erschließt sich der Mensch die Außenwelt. Sie dienen nicht nur der Orientierung, sondern sind unser wichtigstes Instrument für die Wahrnehmung und das Verstehen der Welt und die Kommunikation mit allen anderen Lebewesen.

Unsere Tore zur Außenwelt vermitteln uns den Eindruck, den wir von der Welt haben. Schon einfache Schädigungen oder akute Krankheiten führen zu einem Informationsverlust, der zumindest lästig ist. Wir testen mit Ihnen Aspekte des Leistungsvermögens Ihrer Augen und Ohren.

Tore zur Außenwelt

Zu unseren fünf Sinnen, mit denen wir die Welt wahrnehmen, gehören das Sehen (Augen), das Hören (Ohren), das Tasten (Haut), das Riechen (Nase) und das Schmecken (Zunge).

Der Sehsinn wird manchmal als der wichtigste aller Sinne bezeichnet, denn 75 Prozent aller Sinneseindrücke erreichen uns durch die Augen. Das Wahrnehmen von Hell-Dunkel- und Farbkontrasten ist ein wesentliches Element des Sehens. Doch nur wer mit beiden Augen sehen kann, nimmt die Welt dreidimensional wahr. Die aus verschiedenen Winkeln aufgenommenen Bilder beider Augen werden über den Sehnerv zum Gehirn weitergeleitet und dort zu einem einzigen räumlichen Eindruck verschmolzen.

Störungen der Harmonie

Natürlich sind alle Sinnesorgane gleich unentbehrlich für das wahrheitsgetreue Erkennen unserer Umgebung. Erst das Zusammenspiel der Sinne komplettiert ja die jeweiligen Eindrücke. Dieses Zusammenspiel wird instabil, wenn nur eines dieser Organe Schaden nimmt. Erkrankungen an den Sinnesorganen können u.a. durch dauerndes Überschreiten der Belastbarkeits- und Leistungsgrenzen ausgelöst werden. So kann beispielsweise eine langjährige Überforderung der Augen durch eine zu schwache Beleuchtung am Arbeitsplatz zu einer Sehschwäche führen, die nicht wieder geheilt werden kann. Vor allem das Arbeiten am Computermonitor birgt durch das lange, stark fixierte Schauen Gefahrenmomente für die Augen. Es schadet den Augen, zu lange immer im gleichen Abstand auf ein stark begrenztes Feld zu sehen.

Wir bieten Ihnen Tests zur Gesundheit und Funktionalität der Augen und der Ohren an – mit jeweils einer kleinen Einleitung zur Anatomie des Sinnensorganes, die das Verstehen der komplexen Funktionsweisen erleichtert.

Das Auge

Das Auge bzw. der Augapfel liegt in einer knöchernen Augenhöhle im Schädel, geschützt nach außen durch Lider, Wimpern und Bindehaut (Konjunktiva). Die einen Millimeter dicke Wand des Augapfels umgibt das ganze Auge. Dieser Schutz besteht aus drei Schichten:

- der Lederhaut (Sklera), die sich zur durchsichtigen Hornhaut vorwölbt,
- der Aderhaut mit Regenbogenhaut (Iris) und den Ziliarmuskeln, die für die entsprechende Krümmung der Linse sorgen,
- und der innersten und empfindlichsten Schicht, der Netzhaut (Retina).

Die Farbe unserer Augen hängt von der Zusammensetzung der Farbeinlagerungen in der Iris ab, die rund um die Linse liegt.
Die Linse leitet die von außen aufs Auge treffenden Lichtstrahlen auf die Netzhaut weiter. Diese Netzhaut (oder Retina), die im hinteren Teil des Augapfels liegt, ist der eigentlich sehfähige Teil des Auges. In ihrer Mitte liegen bestimmte Nervenzellen (Zapfen), die uns zwei Dinge ermöglichen:

- das exakte Erkennen von Formen aller Art – seien es natürliche Formen wie Bäume, Felsen, Seen oder andere Lebewesen
- und das Erkennen von Farben.

Abgesehen von dieser Mitte besteht die Retina aus anderen Nervenzellen (den Stäbchen), denen wir verdanken, dass wir Helligkeit und Dunkelheit unterscheiden können und dass wir auch in der Dämmerung etwas erkennen können.

Alle Eindrücke, die die Retina erreichen, werden in Signale umgewandelt, die über den Sehnerv das Gehirn erreichen, wo das jeweilige von außen kommende Bild erkannt und gedeutet werden kann. Sicher haben auch Sie schon gehört, dass es im Gehirn zu einer »Umschaltung« kommt: Bilder, die das rechte Auge aufnimmt, werden in die linke Gehirnhälfte umgeleitet und andersherum. Warum das so ist, weiß bis heute niemand.

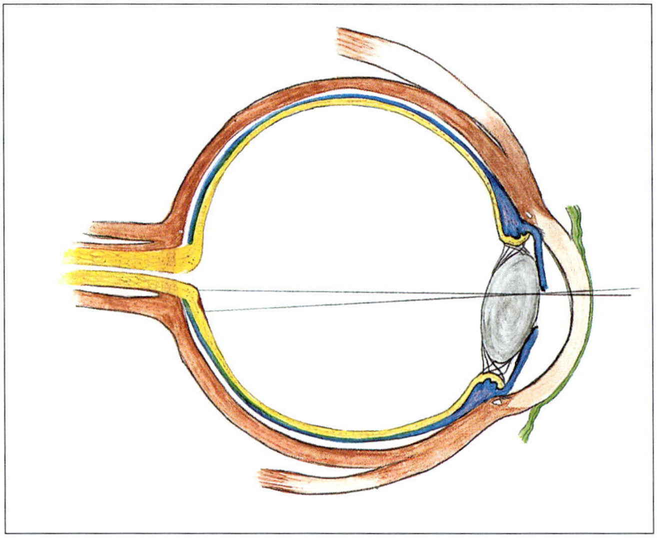

Erst im Augenhintergrund wird das Bild, das der Lichtstrahl eingefangen hat, abgebildet und von dort ans Gehirn weitergeleitet.

Testreihe Sehkraft

Normalerweise haben wir uns so an die Bilder gewöhnt, die uns über unsere Augen erreichen, dass wie gar nicht wissen, wie sich die Sehkraft im Lauf der Zeit verändert. Mit dem ersten Test können Sie feststellen, wie gut die Sehkraft Ihrer beiden Augen ist. Das heißt auch, dass wir eine Verschlechterung von Weit- und Kurzsichtigkeit oft nicht so erkennen, wie es nötig wäre, um sie durch eine (neue) Brille auszugleichen.

Sehen Sie auf beiden Augen gleich gut? Test 45

Betrachten Sie einen Punkt in der Ferne, z. B. das Fensterkreuz eines entfernten Hauses, und zwar indem Sie sich erst das eine, dann das andere Auge zuhalten.

Sind beide Augen gleich leistungsstark, oder bemerken Sie einen Unterschied?

❑ Ich sehe beide Punkte gleich gut.

❑ Ich sehe mit dem linken Auge besser.

❑ Ich sehe mit dem rechten Auge besser.

Kurzsichtig oder weitsichtig? Test 46

Betrachten Sie bitte diesen weiter entfernten Punkt nochmals genau. Was trifft auf Sie zu? Bitte kreuzen Sie die Aussage an, wenn sie auf Sie zutrifft.

❑ Wenn Sie diesen weit entfernten Punkt klarer erkennen, als einen Punkt in Ihrer näheren Umgebung, sehen Sie besser in die Weite als in die Nähe. Sie sind also weitsichtig.

Über die Sehkraft

Sollten Sie festgestellt haben, dass sich Ihre Augen verschlechtert haben oder dass sich eine Kurz- oder Weitsichtigkeit herausgebildet hat, sollten Sie sofort zum Augenarzt gehen und sich eine Brille oder Kontaktlinsen verschreiben lassen, die diese Sehfehler ausgleichen. Von »allein« bilden sich diese Sehschwächen nicht mehr zurück, aber sie werden konstant immer stärker, wenn sie nicht behandelt werden.

Betrachten Sie einen Punkt in der Nähe, z. B. den Lichtschalter in Ihrer Wohnung, erst mit dem einen, dann mit dem anderen Auge.

❑ Wenn Sie diesen näher liegenden Punkt klarer erkennen, als einen Punkt in Ihrer weiteren Umgebung, sehen Sie besser in die Nähe als in die Weite. Sie sind also kurzsichtig.

Test 47 *Brauche ich eine Brille?*

Ob Sie eine Brille brauchen, können Sie nun mit einem einfachen Trick herausfinden: Versuchen Sie, die Titel einer Zeitung aus einer Entfernung von sechs Metern zu lesen. Die Großbuchstaben werden Sie wahrscheinlich mühelos erkennen, bei den kleineren Buchstaben wird Ihnen das vielleicht schwerer fallen.
Bohren sie nun mit dem Kugelschreiber ein kleines Loch in einen Karton. Blicken Sie mit dem einen Auge hindurch auf die sechs Meter entfernte Zeitung, das andere halten Sie geschlossen.
Wie gut sehen Sie nun im Vergleich zu vorher?
Sehen Sie nun deutlicher als vorher, dann brauchen Sie höchstwahrscheinlich eine Brille.

Wer viel und lange am PC arbeitet, sollte mit seinem Arzt sprechen und ausprobieren, ob nicht eine spezielle Computerbrille das Sehen erleichtert.

❑ Wenn Sie mit dem Karton nicht besser sehen als vorher, brauchen Sie keine Brille.

❑ Wenn Sie mit dem Karton besser sehen als vorher, brauchen Sie eine Brille.

Bitte halten Sie die Ergebnisse Ihrer Untersuchungen hier fest – mit Datum. Sollten Sie momentan keinerlei Probleme mit den Augen haben, machen Sie den Test in etwa einem Jahr nocheinmal.

Ergebnis am
Test 45 ....

Ergebnis am
Test 46 ....

Ergebnis am
Test 47 ....

Testreihe Besonderheiten und Erkrankungen

Die Elemente dieser Testreihe geben Ihnen Ansatzpunkte, um Erkrankungen festzustellen. Tragen Sie etwaige Befunde auf Seite 84 ein, damit Sie einen Beleg haben, wenn Sie zum Facharzt gehen.

Pupillenvergleich **Test 48**

Beim gesunden Menschen sind die Pupillen rund und gleich groß. Die Weite, die zwischen zwei und fünf Millimeter schwanken kann, verändert sich mit dem Lichteinfall. Die Lichtreaktion lässt sich durch Anstrahlen einer Pupille mit einer Taschenlampe überprüfen. Dabei halten Sie das andere Auge verdeckt.

Eine zweite Person wird bei diesem Test im Normalfall eine deutliche Pupillenverengung beobachten können. Diese Pupillenverengung sollte auch bei dem anderen Auge, das nicht angeleuchtet wird und das Sie nun ebenfalls aufdecken, erkennbar sein. Das nennt man konsensuelle Reaktion – eine Reflexreaktion, die gleichzeitig auf beiden Körperseiten abläuft, obwohl nur eine unmittelbar betroffen ist.

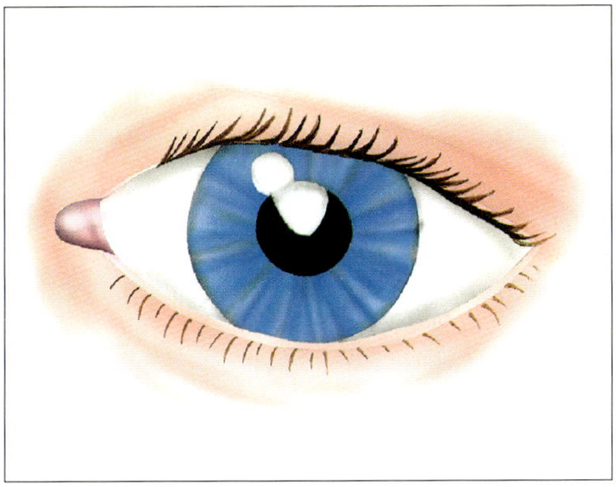

Der Augapfel ist fast rund, hat einen Durchmesser von 2,5 cm und wiegt nicht einmal 10 Gramm. Die Farbe unserer Augen wird von den Farbpartikeln in der Iris bestimmt.

- ❑ Meine Pupillen sind beide gleich weit geöffnet.
- ❑ Meine Pupillen sind nicht gleich weit geöffnet.
- ❑ Beide Pupillen haben dieselbe runde Form.
- ❑ Eine Pupille hat keine runde Form.
- ❑ Beide Pupillen haben keine runde Form.

Achtung Gesundheitsrisiko

Wenn die Pupillen nur eine kaum sichtbare Reaktion zeigen oder die konsensuelle Reaktion fehlt, sollten Sie einen Augenarzt oder Neurologen aufsuchen.

Test 49 *Augenveränderungen*

Die meisten Augenerkrankungen äußern sich in Veränderungen des Augenhintergrundes, die nur der Facharzt mit einem Augenspiegel erkennen kann. Aber neben einer spontanen Sehverschlechterung gibt es auch für den Laien einige wahrnehmbare Warnsignale, mit denen das empfindlichste aller Körperorgane bei einer Erkrankung auf sich aufmerksam macht.
Betrachten Sie Ihre Augen im Spiegel.

- ❑ Sind die Augen gerötet?
  Leicht gerötete Augen können ein Hinweis auf eine Allergie oder Bindehautentzündung (Konjunktivitis) sein. Wenn zusätzlich zur Rötung Schmerzen auftreten, kann eine ernsthafte Augenerkrankung dahinterstecken. Dann sollten Sie den Arzt aufsuchen.
  Eine ständige Reizung der Horn- oder Bindehaut und eine damit verbundene Rötung des Auges kann auch bei stark nach innen oder außen gebogenen Wimpern auftreten. Auch das Auftragen von Wimperntusche, insbesondere auf den inneren Lidrändern, führt nicht selten zu krankhaften Rötungen und Entzündungen.

- ❑ Haben Sie farbige Flecken auf dem Augapfel entdeckt? Zum einen können das nichtentzündliche, altersbedingte Bindegewebsveränderungen sein, zum anderen eine Lederhautentzündung oder eine Wucherung.

- ❑ Ist der Augapfel vergrößert? Das deutet auf eine Überfunktion der Schilddrüse hin.

- ❑ Ist die Linse bzw. die Hornhaut auffällig getrübt? Handelt es sich nicht um eine angeborene Auffälligkeit, ist diese Trübung ein sicheres Symptom für eine Krankheit.

- ❑ Ein bis zwei schwimmende Punkte oder Streifen vor den Augen (bei normalem Sehvermögen und Schmerzfreiheit) treten zeitweise auch beim Gesunden auf. Sind diese Punkte zahlreich und kommt es zu weiteren Begleiterscheinungen wie starken Lichtblitzen, Schmerzen oder Rötungen, ist ein Arzt aufzusuchen. Es kann sich um eine Netzhautablösung oder eine Verletzung der Netzhaut handeln.

Ich habe beim Testen folgende Anzeichen einer Erkrankung gefunden

....

....

Das Ohr

Das Ohr wird grob unterteilt in äußeres Ohr, Mittelohr, Innenohr und Hörnerv. Das äußere Ohr setzt sich aus der Ohrmuschel und dem etwa drei Zentimeter langen Gehörgang zusammen, durch den der Schall zum Trommelfell geleitet wird. Das Trommelfell ist eine dünne Membran, die die eingetroffenen Schallschwingungen zu den Gehörknöchelchen weiterleitet. All das ist schon Teil des Mittelohrs. Aber das eigentliche Hörorgan folgt erst noch: die labyrinthartige »Schnecke« des Innenohrs. Hier werden nicht nur die Schallwellen in Nervenimpulse umgesetzt und an das Gehirn weitergeleitet, hier ist auch unser Gleichgewichtsorgan beheimatet.

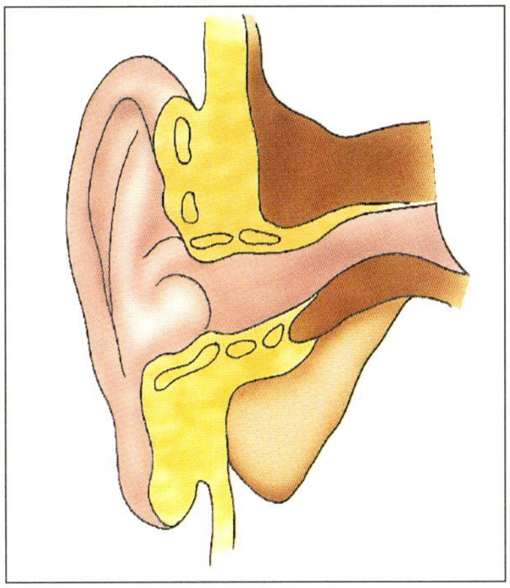

Der Raum, der zwischen Ohrmuschel und Mittelohr liegt, wirkt als Resonanzverstärker.

Basistest Hörfähigkeit **Test 50**

Drücken Sie den Tragus – das ist der Ohrmuschelvorsprung vor der Öffnung des Gehörganges – des linken Ohres mit dem Zeigefinger fest zu. Wenden Sie nun das Gesicht ab, und bitten Sie eine zweite Person, Ihnen aus sechs Meter Abstand in verschiedenen Lautstärken etwas vorzulesen und anschließend Zahlen und Wörter zuzuflüstern.
Wiederholen Sie den Test zum Vergleich mit dem rechten Ohr.
Dieser Selbsttest bleibt natürlich ungenau und kann die Hörweiteprüfung beim Facharzt in keinster Weise ersetzen, doch vielleicht erhalten Sie auf diese Weise Anhaltspunkte für eine Hörverschlechterung. Achten Sie vor allem auf Unterschiede im Hörvermögen beider Ohren. Kreuzen Sie das Ergebnis des Tests an, und notieren Sie das Datum des ersten Tests, wenn Sie keine Probleme hatten. Wiederholen Sie den Test etwa ein Jahr später.

Sollte das Ergebnis des Tests Sie überrascht haben, weil Sie schlechter hören, als Sie gedacht hatten, sollten Sie sich untersuchen lassen.

❑ Ich hatte am .... keine Schwierigkeiten, alles zu hören.

❑ Ich habe nicht alles gehört.

❑ Ich höre mit dem rechten Ohr schlechter als mit dem anderen.

❑ Ich höre mit dem linken Ohr schlechter als mit dem anderen.

Formen der Schwerhörigkeit

Wenn Sie feststellen mussten, dass Sie schlecht hören, wird Ihnen das sicher auch früher schon aufgefallen sein, beim Telefonieren, im Straßenverkehr oder im Kino. Eine Hörverschlechterung kann harmlose Ursachen haben, z.B. Ohrenschmalz, das den Gehörgang verstopft. Sie kann auch als Folge eines akuten Infektes auftreten, etwa wenn es zu einer Mittelohrentzündung kam. Doch auch andere Schädigungen können dahinter stecken. Der Mediziner unterscheidet zwei Arten von Schwerhörigkeit: Die Schallleitungs-Schwerhörigkeit, die auf Schäden des vorderen Ohres (Gehörgang, Trommelfell oder Mittelohr) zurückzuführen ist, und die Schallempfindungs-Schwerhörigkeit, die durch Schäden des hinteren Ohres (Innenohr) bedingt ist. Bei der Innenohrschwerhörigkeit ist vor allem das Verstehen von Flüstersprache und hohen Tönen eingeschränkt.

Lärmbelastung

Ein Grund für die Schädigung des Hörvermögens ist Lärmbelästigung. Das Gesundheitsrisiko beginnt ab einem Wert von 90 Dezibel. Wenn Sie längere Zeit Werten ab 110 Dezibel ausgesetzt sind, ist ein Hörschaden unvermeidlich. Auch wenn Sie täglich mehrere Stunden einen Wert über 85 erdulden müssen, kann sich Schwerhörigkeit einstellen.

Richtwerte für Lärm	Dezibel		
Tickende Armbanduhr	20	Lautes Büro	80
Ruhiger Garten	30	Verkehrsreiche Straße	80
Straße mit wenig Verkehr	40	Autohupe in 5 m Entfernung	100
Ruhiger Fluss	50	Diskothek oder Rockkonzert	100
Normales Gespräch	60	Laute Fabrikhalle	110
Vollbesetzte Wirtschaft	70	Presslufthammer in 1 m Entfernung	120
Laute Musik	80	Flugzeug in 30 m Entfernung	130

Nachweislich verursacht Lärm etwa ein Drittel der Tinnituserkrankungen in der BRD. Doch nicht nur dieses Dauergeräusch, sondern auch Blutgefäße und Muskeln – incl. dem Herzmuskel – leiden unter dem Lärmstreß. Eindeutig ist auch der Zusammenhang zwischen Lärmstress und der Ausschüttung von Stresshormonen wie Adrenalin oder Kortisol über die Nebennieren in den Organismus (Seite 90).

Was ist zu tun?

Wenden Sie sich bei Straßenlärm an die Straßenverkehrsbehörden Ihres Wohnorts oder ans Bundesverkehrsministerium (Autobahnen). Für Eisenbahnlärm ist die Deutsche Bahn AG in Berlin oder das Bahnumweltzentrum in Minden zuständig. Eine Fluglärmkommission hat sich um jeden Flughafen gebildet, und um Gewerbelärm kümmern sich die Gewerbeaufsichtsämter.

Testreihe Hinweise auf Erkrankungen

Die Mittelohrentzündung (Otitis media) ist eine der häufigsten Erkrankungen des Mittelohrs. Meist entsteht sie als Folge eines Infekts der oberen Atemwege, wenn Bakterien über die Ohrtrompete zum Mittelohr aufsteigen. Die Ohrtrompete auch Eustachische Röhre genannt, ist eine Verbindung zwischen Mittelohr und Rachenraum, die für den Druckausgleich und die Belüftung des Mittelohr sorgt. Sie ist verantwortlich dafür, dass das Ohr bei einer Infektion im Hals- und Rachenraum miterkranken kann.

Symptome einer Mittelohrentzündung sind pulsierende, stechende Schmerzen im Ohr, Fieber und Übelkeit. Der durch die Entzündung entstehende Druck kann so groß werden, dass das Trommelfell einreißt und eitriges Sekret aus dem Ohr fließt. Später verheilt das Trommelfell dann wieder

Rinne-Versuch **Test 51**

Luftleitungston

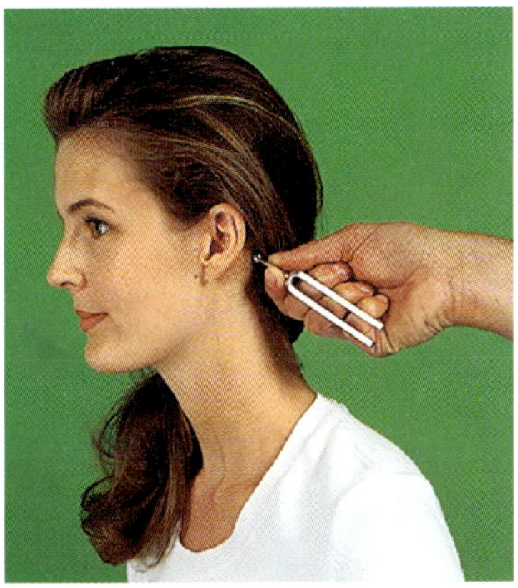

Knochenleitungston

Dieser medizinische Test wird Rinne-Versuch genannt. Sie können damit eine Mittelohrerkrankung ausschließen bzw. feststellen, keine Auskünfte gibt der Test dagegen über andere Ohrkrankheiten – mit einer Ausnahme: Bei Innenohrschäden ist der Luftleitungston genauso wie beim Gesunden länger und lauter als der Knochenleitungston.

Halten Sie eine schwingende Stimmgabel vor ein Ohr. Setzen Sie dann die Stimmgabel zuerst vor ein Ohr, dann vors Zweite und zwar genau an den Warzenfortsatz des Schläfenbeins hinter dem Ohr.

Wie und wo hörten Sie den Ton?

- ❑ Hörten Sie den Luftleitungston vor dem Ohr länger und lauter als den Knochenleitungston am Schläfenknochen, können Sie eine Mittelohrerkrankung ausschließen.
- ❑ Hören Sie den Knochenleitungston länger und lauter, besteht bei Ihnen der Verdacht auf eine Mittelohrerkrankung.

Test 52 *Tonreflexion*

Auch beim zweiten Test kommt es darauf an, wie sich die Schwingungen der Töne im Kopf fortsetzen. Halten Sie eine Stimmgabel ohne Druck auf den Scheitel Ihres Kopfes.

Wie und wo können Sie den Ton hören?

- ❑ Wenn Sie den Stimmgabelton gleichmäßig im ganzen Kopf hören, ist das Ohr gesund.
- ❑ Wenn Sie den Ton auf einer Seite, also einem Ohr, lauter und stärker hören, leiden Sie wahrscheinlich unter einer einseitigen Mittelohrentzündung oder Innenohrschwerhörigkeit.

Wenn der Test immer wieder ungünstig ausfällt: zum Arzt!

Test 53 *Stimmlagentest*

Auch die Stimme verrät viel über unser psychisches und körperliches Wohlbefinden. Wenn man die eigene Stimme zum ersten Mal auf dem neuen Anrufbeantworter hört, kann einen das schon erschrecken.

Machen Sie einmal den Test.
Sprechen Sie ein paar Sätze auf ein Tonbandgerät und versuchen Sie, den Klang Ihrer Stimme möglichst objektiv zu beurteilen.

Wie empfinden Sie Ihre Stimme?

- ❑ Ist die Stimme belegt oder heiser, fast tonlos?
- ❑ Besonders leise?
- ❑ Ungewöhnlich tief?
- ❑ Näselnd?
- ❑ Sprechen sie undeutlich?

- Eine besonders leise (monotone) Stimme ist häufig Ausdruck einer Depression, kann allerdings auch ein Hinweis auf die Parkinson-Krankheit sein.
- Die ungewöhnlich tiefe Stimme einer Frau ist Zeichen einer hormonell bedingten Vermännlichung (Virilisierung) oder einer Schilddrüsenunterfunktion.
- Ursachen für näselndes Sprechen sind Erkältung, Verformungen der Nasenscheidewand, Nasennebenhöhlenentzündung, Tumore oder Polypen.
- Undeutliches Sprechen kann auftreten nach einer durchzechten Nacht, oder es kann durch Medikamente bedingt sein. Andere mögliche Ursachen sind: Erkältung, Verformung der Nasenscheidewand, Drüsenkrankheit, Stottern, Lispeln, Nasennebenhöhlenentzündung, Tumor.

Auch eine Depression kann die Ursache für eine leise monotone Stimme sein.

Achtung Gesundheitsrisiko

Eine Heiserkeit entsteht, wenn die Stimmbänder, zwei waagerecht über die Luftröhre gespannte Muskelbänder im Inneren des Kehlkopfes, nicht mehr frei schwingen können. Der Grund kann eine Infektion des Hals- und Rachenraumes sein, ein Schnupfen, ein grippaler Infekt oder eine Kehlkopfentzündung (Laryngitis). Begleitsymptome einer Laryngitis sind Husten, Schluckschmerzen und Lymphknotenschwellungen im Halsbereich.

Möglich wäre auch eine Überanstrengung der Stimmbänder: Haben Sie gestern oder in den letzten Tagen sehr laut sprechen, singen oder schreien müssen? Auch eine Reizung durch trockene, überheizte Luft oder durch starkes Rauchen ist denkbar. Nicht zuletzt können auch seelische Probleme, unterdrückte Wut, Stress oder übergroße Nervosität eine Heiserkeit auslösen.

Formen der Heiserkeit

Grundsätzlich kann eine Heiserkeit von einer bloß belegten Stimme bis hin zur Stimmlosigkeit reichen. Ein Arzt sollte aufgesucht werden, wenn sie mehr als fünf Wochen anhält.

Das Hormonsystem

Die Welt der Hormone ist riesengroß, und nur einige wenige Hormone sind allgemein bekannt, beispielsweise die Geschlechtshormone Testosteron und Östrogen, das blutzuckerregulierende Insulin, das in der Bauchspeicheldrüse gebildet wird, oder das Adrenalin, ein sogenanntes »Alarmhormon«, das in Stresssituationen von den Nebennieren ausgeschüttet wird und die verschiedensten Körperorgane zu Höchstleistungen animiert. Auch das körpereigene Kortison, das so genannte Kortisol, ist ein Hormon. Es ist an der Regulation unseres Eiweiß- und Kohlenhydrathaushalts beteiligt. Wie Adrenalin wird es in der Nebenniere gebildet.

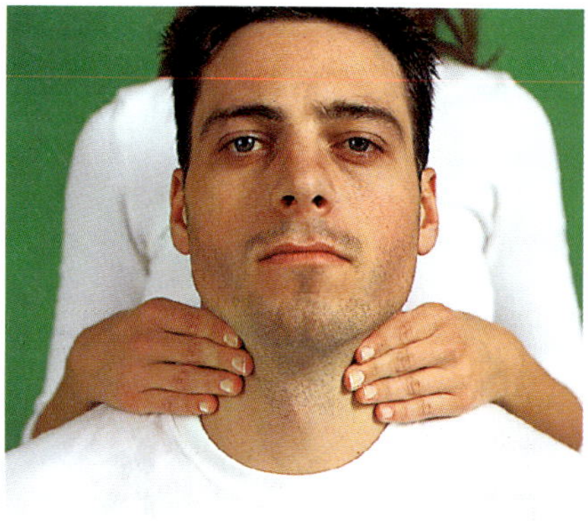

Wie das Immunsystem besteht auch das Hormonsystem aus kleinsten Bausteinen des Organismus. Seine Tätigkeit erkennen wir vor allem an Störungen, die teilweise sehr schwer sein können. Wir testen mit Ihnen Hinweise auf Diabetes und Schilddrüsenerkrankungen.

Ein subtiles Steuerungsverfahren

Hormone sind vom Körper gebildete, also körpereigene Stoffe, die von den endokrinen Drüsen ins Blut abgegeben und mit dem Blut zu einzelnen Körperregionen und -organen befördert werden, wo sie ihre Wirkungen entfalten. Das Wort »Hormon« kommt aus dem Griechischen und heißt soviel wie »in Bewegung setzen, antreiben«. Hormone sind Substanzen, die Stoffwechsel- und Wachstumsvorgänge des Körpers in Gang setzen und den Ablauf vieler Organfunktionen sichern und regulieren.

Die Steuerungsmechanismen

Die hormonproduzierenden Drüsen (Bauchspeicheldrüse, Schilddrüse, Nebennieren, Hypophyse, Hypothalamus) arbeiten untereinander und auch mit den einzelnen Organen und Körpersystemen, die die entsprechenden Hormone erhalten, eng zusammen. Hypophyse und Hypothalamus, zwei Hormondrüsen des Gehirns, spielen eine übergeordnete Rolle. Sie steuern und regeln die Hormonausschüttung der übrigen Hormondrüsen. Diese zwei »Chefdrüsen« messen die Konzentration der Hormone im Blut und reagieren entsprechend, was man sich ähnlich wie bei einer automatischen Zentralheizung vorstellen kann: Sinkt die Kesseltemperatur, schaltet sie sich ein. Steigt die Temperatur über den Sollwert, schaltet sie sich ab.

Auswirkungen einer Störung

Wenn die durch die Hormone gesteuerten Prozesse im Körper nicht richtig funktionieren, muss die Ursache also nicht unbedingt in den Hormondrüsen liegen, die eben diese

Hormone produzieren. Schuld können ebenso die »Chefdrüsen« sein. Wo auch immer das Hormonsystem gestört ist, das entstehende Problem wird durch ein Zuviel oder Zuwenig an Hormonen ausgelöst, wodurch das Gleichgewicht aus den Fugen gerät, wie z.B. bei der Zuckerkrankheit (Diabetes mellitus), wo ein Insulinmangel zu einer Überzuckerung des Blutes führt.

Hormone sind in einer besonders umfassenden Weise an den Prozessen, die in unserem Organismus stattfinden, beteiligt (siehe unten stehendes Schema). Die Auswirkungen einer Störung können deshalb auch sehr weitreichend und komplex sein. In seiner überragenden Bedeutung ist das Hormonsystem nur vergleichbar mit dem Nerven- und Immunsystem.

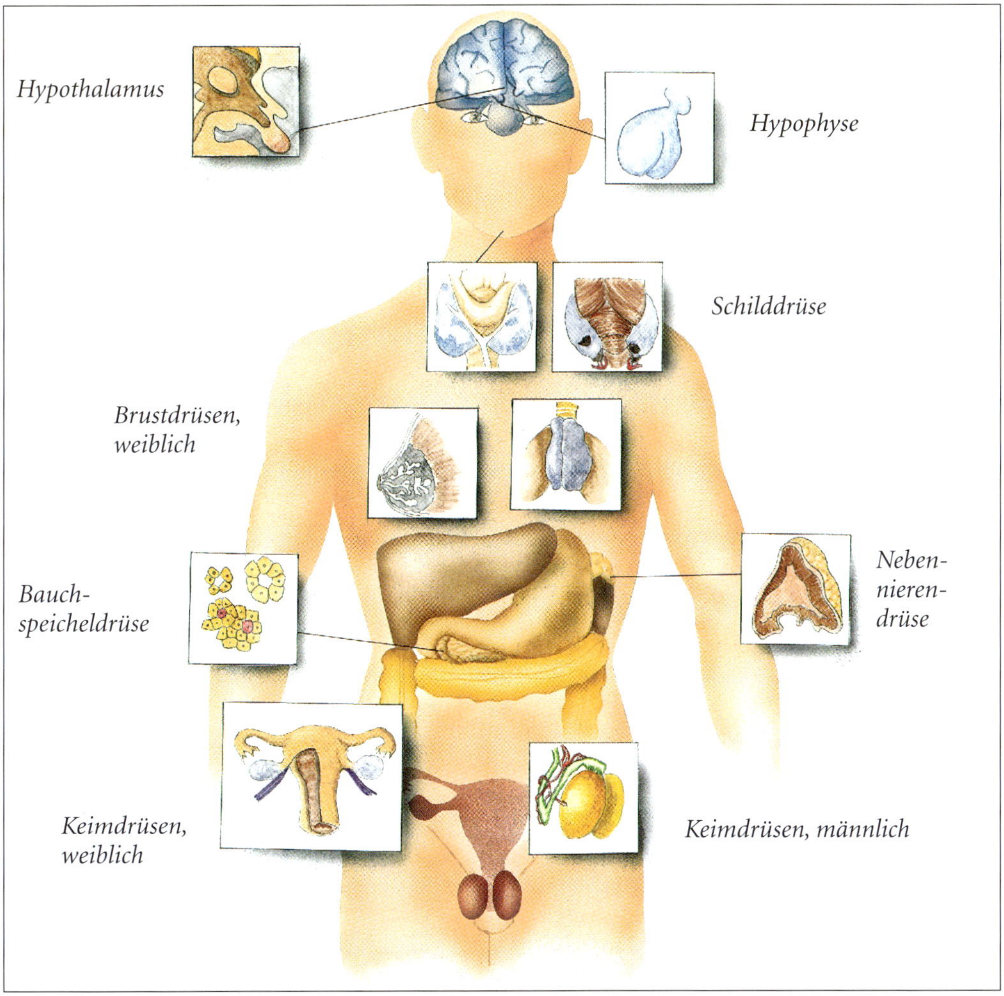

Das Hormonsystem ist eines der umfassendsten Informationssysteme unseres Körpers. In den im Gehirn sitzenden »Steuerungsdrüsen« Hypothalamus und Hypophyse werden spezielle Hormone hergestellt, die die im Körper verteilten Hormondrüsen zur Produktion ihrer Hormone anregen.

Test zur Schilddrüsenvergrößerung

Es ist kaum zu fassen, aber im Mittelalter und in der frühen Neuzeit galt er als Schönheitsmerkmal. Im Alpenvorland, im Schwarzwald und im Harz kommt er zehnmal häufiger vor als in Schleswig-Holstein und Ostfriesland. Die Rede ist von dem, was man volkstümlich Kropf nennt, eine sicht- und tastbare Vergrößerung der Schilddrüse. Der wissenschaftliche Name ist Struma.

Von allen hormonerzeugenden Organen des menschlichen Körpers besitzt die Schilddrüse damit die äußerlich auffallendste Symptomatik. In unserem Test zeigen wir Ihnen, wie Sie als Laie einen Kropf vermutlich erkennen können.

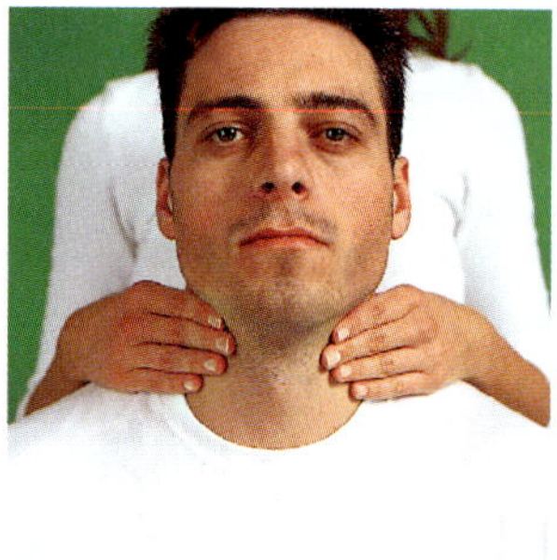

Die Schilddrüse nur ganz sachte berühren. Es ist für diese große Hormondrüse äußerst schädlich, wenn sie gedrückt oder gequetscht wird!

Test 54 *Haben Sie einen (versteckten) Kropf?*

Blicken Sie in den Spiegel, heben Sie den Kopf ganz leicht an, um die Vorderfläche des Halses besser sehen zu können. Was können Sie erkennen?

- ❑ Ist Ihr Hals deutlich verdickt?

- ❑ Ein Kropf muß nicht sehr deutlich ausgeprägt sein. Es kann also sein, dass Sie ihn mit bloßem Auge nicht erkennen können. Machen Sie deshalb zur Sicherheit auch den folgenden Test.

Bitten Sie Ihre Partnerin oder Ihren Partner, Ihren Hals mit den Fingern von hinten zu umfassen. Die Daumen sollten dabei am Nacken stützend aufgelegt werden. Die Innenflächen der Finger liegen seitlich am Hals an. Mit den Fingerkuppen kann das Areal um Luftröhre und Schilddrüse vorsichtig abgetastet werden. Der Kopf kann dazu auch leicht nach hinten geneigt werden.

Die schmetterlingsförmige Schilddrüse liegt direkt unterhalb des Kehlkopfes; bei Menschen mit muskulösen Hälsen ist sie unter Umständen kaum tastbar.

Eine Blutuntersuchung schafft Klarheit

Wenn Sie bei dem obigen Test eine Vergrößerung der Schilddrüse bemerkt haben, sollten Sie auf jeden Fall zum Arzt gehen, um Klarheit über die eigentliche Ursache zu erlangen. Mit Hilfe einer Blutuntersuchung kann man leicht feststellen, ob die Hormonausschüttung der Schilddrüse im normalen Bereich ist oder ob eine Über- oder Unterfunktion vorliegt. Im übrigen muss eine Schilddrüsenerkrankung nicht automatisch mit einer

Schilddrüsenvergrößerung einhergehen. Symptome können auch ein herunterhängendes Augenlid oder vergrößerte Lidspalten (»Glotzaugen«) sein.

Ursachen der Kropfbildung

Ein sicht- bzw. tastbarer Kropf kann verschiedene Ursachen haben. Am häufigsten entsteht er durch Jodmangel, denn Jod ist ein notwendiger Baustein für die Bildung der Schilddrüsenhormone. In weiten Teilen Deutschlands enthält das Trinkwasser zu wenig Jod. Deshalb ist die Kropfhäufigkeit hier besonders hoch. Eine Ausnahme sind die Küstenregionen, wo dieses Defizit durch den häufigen Genuss jodhaltigen Seefisches ausgeglichen wird.

Ein Kropf kann knotig oder fest und glatt sein, er kann gleichmäßig oder ungleichmäßig, z. B. nur auf einer Seite vergrößert sein. Neben dem Jodmangel kann dem Kropf auch eine Schilddrüsenentzündung (Thyreoiditis), eine Schilddrüsenunterfunktion (Hypothyreose), eine Schilddrüsenüberfunktion (Hyperthyreose) oder ein Karzinom zugrunde liegen.

Das häufigste Begleitsymptom bei allen diesen Erkrankungen sind Schluckbeschwerden. Bei einer Überfunktion kann es auch zu Herzjagen, erhöhter Temperatur, Schwitzen, Gewichtsverlust, Zittern und Unruhegefühl kommen; bei einer Unterfunktion zu genau den entgegengesetzten Symptomen: zu einer Verlangsamung des Herzschlags, reduzierter Temperatur, Kältegefühl, Müdigkeit. Normal ist eine leicht vergrößerte Schilddrüse nur gegen Ende des weiblichen Zyklus, sowie während der Schwangerschaft oder bis zum fünften Jahr nach der Pubertät.

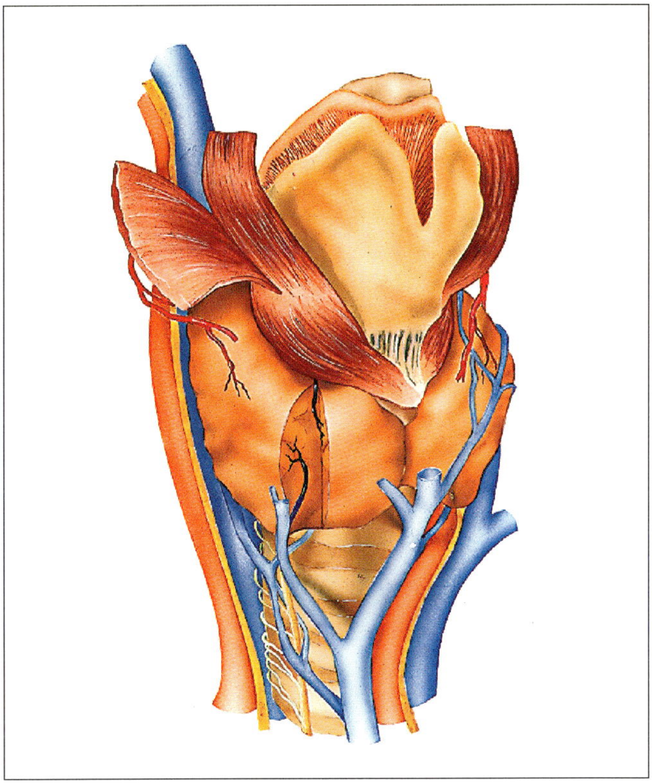

Wie Sie schon auf Seite 91 anhand der dreifach gestaffelten Ansicht sehen konnten, ist die Schilddrüse ein überaus komplexes Organ. Sie ist von schmetterlingsartiger Form und gehört wie die Bauchspeicheldrüse zu den Drüsen, die ihre Hormonproduktion ins Blut abgeben (endokrine Drüsen).

Test zum Diabetes mellitus

Genforscher gehen davon aus, dass 25 Prozent der Bevölkerung durch ihre Erbanlagen für Diabetes prädisponiert sind, es erkranken aber nur drei bis fünf Prozent. Ob Sie bereits Krankheitssymptome zeigen, können Sie mithilfe des Tests annäherungsweise erkennen.

Test 55 *Erhöhter Blutzuckerspiegel*

Bitte kreuzen Sie die folgenden Aussagen an, wenn sie auf Sie zutreffen:

- ❑ Ich habe oft übermäßig großen Durst.
- ❑ Ich muss auch nachts häufig zum Wasserlassen zur Toilette.
- ❑ In letzter Zeit habe ich ohne Grund an Gewicht verloren.

Wenn Sie diese Fragen mit Ja beantwortet haben, dann könnte es sein, dass Sie zuviel Blutzucker im Blut haben, mit anderen Worten, dass Sie zuckerkrank sind. Denn bei diesen Anzeichen handelt es sich um den klassischen Symptomenkomplex der Zuckerkrankheit (Diabetes mellitus).

Eine behandlungsbedürftige Krankheit

Wenn Sie den Verdacht auf eine Diabeteserkrankung haben, wenn sich bei Ihnen die genannten Symptome zeigen, Sie übergewichtig sind und diabeteskranke Verwandte haben, dann sollten Sie von einem Arzt Ihre Blutzuckerwerte überprüfen lassen. Denn ein Diabetes kann und sollte behandelt werden (durch eine Ernährungsumstellung, eventuell auch mit blutzuckersenkenden Medikamenten), um weitreichende Folgen wie etwa Nieren- oder Nervenschäden zu verhindern.

Ursache Insulinmangel

Ursache der Überzuckerung ist ein Insulinmangel des Körpers. Insulin ist ein den Blutzuckerspiegel regulierendes Hormon, das in der Bauchspeicheldrüse produziert wird. Man unterscheidet im Wesentlichen zwei verschiedene Formen der Zuckerkrankheit: den bereits im Jugendalter auftretenden (seltenen) Diabetes, bei dem ein Großteil der insulinbildenden Zellen der Bauchspeicheldrüse zerstört wurde (Typ II), und den weitaus häufigeren, den Erwachsenen- oder Altersdiabetes (Typ I), von dem allein in Deutschland vier Millionen Menschen betroffen sind. Das Risiko, an Altersdiabetes zu erkranken, steigt mit Gewicht und Lebensalter. Wenn in Ihrer Familie also eine erbliche Disposition für Diabetes vorliegt, sollten Sie Übergewicht möglichst vermeiden!

Die Atmung

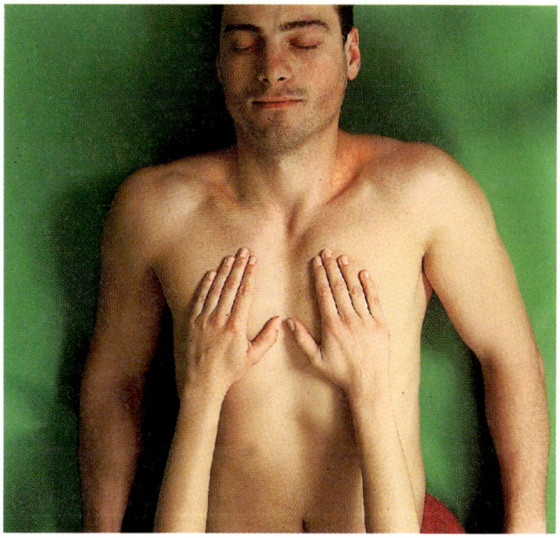

Auf den folgenden Seiten können Sie sich ein Bild von Ihrer Lungenfunktion machen. Auch akute Erkrankungen kann man mithilfe bestimmter Tests feststellen.

Das Atmen ist ein so selbstverständlicher Vorgang wie das Schlagen des Herzens: Beides passiert von selbst, ohne unser willentliches Zutun. Das hat zur Folge, dass wir uns auch nur selten bewusst werden, wie wir atmen.
Konzentrieren Sie sich einmal wirklich auf diesen Vorgang, atmen Sie ganz tief ein und geräuschvoll wieder aus. Sie spüren dabei, wie sich die Rippen heben. An dieser Bewegung ist das Zwerchfell beteiligt – der Muskel, der den Brustkorb vom Bauchraum trennt. Er zieht sich beim Einatmen zusammen, so dass sich der Brustkorb weitet und die Luft durch Nase, Rachen, Kehlkopf und Bronchien regelrecht in die Lungen gesogen wird. Wenig später fällt der Brustkorb in sich zusammen, das Zwerchfell kehrt in seine Ausgangslage zurück. Die Luft wird wieder herausgepresst.

Kleine Anatomie

Die Hauptaufgabe der Atmung ist es, den Körper mit Sauerstoff zu versorgen und das im Körper entstandene Abfallprodukt Kohlendioxyd zu entsorgen.
Das Entscheidende bei der Atmung passiert, wenn die eingeatmete Luft endlich die Lungen erreicht hat. Hier gabelt sich die Luftröhre in zwei Äste, die Bronchien, die sich immer weiter und feiner verzweigen, bis sie schließlich in das Lungengewebe mit den Lungenbläschen (Alveolen) übergehen. Diese Lungenbläschen sind von feinsten Blutgefäßen umsponnen. Hier findet der Gasaustausch statt: Die Blutgefäße nehmen einen Teil des Sauerstoffes aus den Lungenbläschen auf und geben das Gas, das der Körper verbraucht hat, das Kohlendioxyd, an die Lungenbläschen weiter. Das Kohlendioxyd wird genauso wie der nicht aufgenommene Sauerstoff wieder ausgeatmet. Das mit Sauerstoff angereicherte Blut fließt zum Herzen und von dort in den ganzen Körper.
Nach Eintritt der Luft durch Nase und/oder Mund wird sie – wie die Nahrung auch – durch den Rachen befördert. Dann trennen sich die Wege. Durch den geöffneten Kehlkopfdeckel fließt die Luft in die Luftröhre und die Bronchien. Der Gasaustausch findet in den Lungenbläschen statt. Diese sind von einem feinen Adernetz von Blutgefäßen umsponnen: Die Arterien (rot) nehmen den Sauerstoff auf, die Venen (blau) geben das Kohlendioxyd an die Lungenbläschen ab.

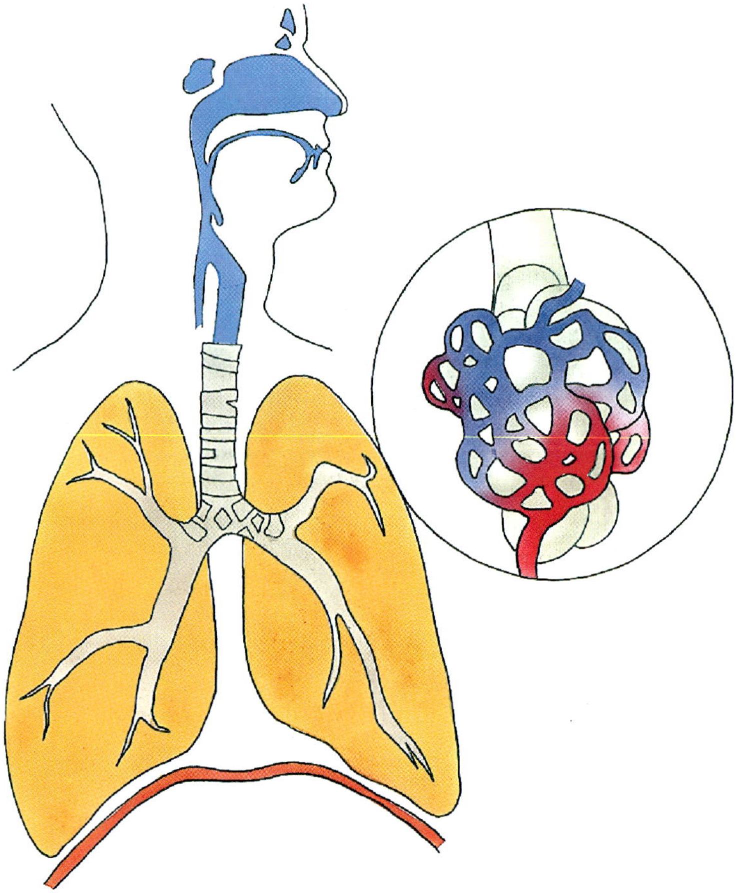

Wie man sehen kann, sind alle Atmungsorgane direkt miteinander verbunden. Das ist der Hauptgrund dafür, dass eine Infektion, sei sie viral oder bakteriell verursacht, sich so rasch ausdehnen kann. Wer keine guten Abwehrkräfte hat, kann also erleben, wie eine harmlose Erkältung »nach unten« rutscht. In ungünstigen Fällen entwickeln sich nach und nach Schnupfen, eine Rachen- oder Mandelentzündung. Kritisch wird es, wenn eine Bronchitis, also eine Entzündung der Bronchien dazukommt (in der Abbildung herausgehoben), und sofortige ärztliche Hilfe ist bei einer Lungenentzündung nötig.

Sämtliche Luftwege von der Nase bis zu den Bronchien sind mit einer Schleimhaut ausgekleidet. Wird die Schleimhaut ständig gereizt oder ist sie gar chronisch entzündet, kann sie ihrer Aufgabe, der Filterung der eingedrungenen Luft sowie dem Abtransport der Fremdstoffe wie etwa Staub nicht mehr schnell genug nachkommen. Eine erhöhte Infektanfälligkeit und eine enorme Belastung der Atmung ist die Folge. Zu den Faktoren, die zu einer Reizung oder zu einer Entzündung der Schleimhaut führen, gehören Luftschadstoffe, allergieauslösende Substanzen, Nikotin und natürlich ein geschwächtes Immunsystem, das Krankheitserregern nicht entgegenwirken kann.

Eine vitale Funktion des Körpers

Der Körper bemüht sich, immer ausreichend Sauerstoff zur Verfügung zu stellen. Je nachdem, welchen Bedarf an Luft wir haben, reagiert das Atemsystem flexibel und anpassungsfähig. Wenn wir uns ruhig verhalten, machen wir weniger Atemzüge, »saugen« weniger Luft und damit auch weniger Sauerstoff ein als bei körperlicher Betätigung. Den 15 bis 20 Atemzügen und sechs bis acht Litern Luft pro Minute stehen im Normalfall etwa 30 Atemzüge bei ca. 50 Liter Luft pro Minute gegenüber. Leistungssportler erreichen sogar Werte von bis zu 90 Litern Luft pro Minute.
Auch bei einer fiebrigen Infektion oder Temperaturveränderung erhöht sich die Zahl der Atemzüge. Sebastian Kneipp hat sich die Tatsache, dass die Atmung sofort auf plötzliche Temperaturreizungen reagiert, bei den nach ihm benannten Wasseranwendungen zunutze gemacht.

Wenn die Atmung behindert wird

Eine gut funktionierende Atmung, die Sauerstoff transportiert und auch für einen geregelten Abtransport des Kohlendioxyds sorgt, ist also elementar wichtig für das Funktionieren des Blutkreislaufs und dessen stärksten Muskel, das Herz. Doch es gibt eine Reihe von Faktoren und Einflüssen, die die Arbeit des Atemsystems beinträchtigen können.

Krankheiten

Da das Atemsystem unter dem unmittelbaren Einfluss der Außenluft steht, ist es besonders anfällig für Infektionen. Jeder von uns hat hin und wieder Schnupfen, einen grippalen Infekt oder Halsschmerzen – manche sogar in regelmäßigen Abständen. Vorsicht ist geboten, wenn es zu einer dauerhaften Schädigung von Lunge oder Bronchien kommt. Die Verengung und Entzündung der Bronchien, die etwa bei Asthma und chronischer Bronchitis entstehen kann, behindert die Atmung. Der daraus resultierende Sauerstoffmangel im Blut und damit auch in allen Organen kann zur Belastung des gesamten Organismus und zu einem überanstrengten Herzmuskel führen.

Wenn wir älter werden

Nicht nur Erkrankungen behindern die Atmung. Mit zunehmendem Alter nehmen Zahl und Tiefe der Atemzüge ab. Der Brustkorb verliert im Alter an Elastizität, was die Atembewegung erschwert. Die Sauerstoffaufnahme funktioniert dann schlechter, der Kohlendioxydabbau erlahmt. Wer Sport treibt und sich ausreichend in frischer Luft bewegt, fördert diesen Energiestoffwechsel und kräftigt zudem seine Atemmuskulatur. Anders der passive »Stubenhocker«, der den Altersprozess eher noch vorantreibt.
An dieser Stelle möchten wir wieder einmal auf das Bewegungskapitel hinweisen, das Ihnen ab Seite 16 auch zeigt, wie fit Sie sind. Es kommt zwar bei unseren Tests nicht auf Schnelligkeit und Kraft an, aber wenn unsere Übungen Sie anstrengen, ist es höchste Zeit, etwas für sich zu tun – ganz unabhängig von Ihrem Alter.

Basistests Atmung

Unsere ersten beiden Tests sind leicht durchzuführen, aber sie geben Ihnen – wenn Sie ansonsten gesund sind – in der Kombination der Aussagen die Möglichkeit herauszufinden, ob Sie »genügend« Luft bekommen – oder ob Sie etwas für Ihre Kondition tun müssen.

Test 56 *Lungenleistung*

Testen Sie zunächst– anhand einer Uhr mit Sekundenzeiger –, ob Ihre Lunge »normal« funktioniert.

Können Sie Ihren Atem etwa 20 Sekunden – das ist der Normalwert – anhalten?

❑ Ja ❑ Nein

Halten Sie dann ein brennendes Streichholz etwa 20 Zentimeter vor den weit geöffneten Mund. Gelingt es Ihnen, es mit einer kräftigen Ausatmung auszublasen?

❑ Ja ❑ Nein

Achtung Gesundheitsrisiko
Wenn Sie nicht gerade einen Infekt haben, ist es bedenklich, diesen Test nicht zu bestehen.

Test 57 *Atemfrequenz*

Das Ein- und Ausatmen gilt als ein Atemzug. Die durchschnittliche Atemfrequenz eines sich ruhig verhaltenden Erwachsenen liegt bei etwa 18 Atemzügen pro Minute. Bei körperlichen Anstrengungen ist die Frequenz noch wesentlich höher – dann können bis zu 50 Atemzüge pro Minute erreicht werden. Schnelle, kurze Atmung ist auch bei Babys normal: Neugeborene machen mehr als 50 Atemzüge pro Minute. Sogar Einjährige atmen im Ruhezustand noch bis zu 35-mal. Mit zunehmendem Alter nimmt die Atmungsfrequenz ab und die mit jedem Atemzug eingeatmete Luftmenge zu. Im hohen Alter wird das Atemvolumen wieder geringer.

Wie viele Atemzüge machen Sie pro Minute: ....

Am leichtesten ist die Atembewegung zu beobachten, wenn Ihr(e) Partner(in) Ihr Handgelenk umfasst, es auf Ihren Brustkorb legt und die Hebungen und Senkungen des Brustkorbes zählt.

- Lagen Sie mit etwa 18 Atemzügen innerhalb der Norm?
- Bei mehr als 25 Atemzügen pro Minute im Ruhezustand sprechen die Mediziner von einer Tachypnoe. Eine derart beschleunigte Atmung tritt u. a auf bei Angst, Fieber, starken Schmerzen, Entzündungen der Atemwege, Blutarmut, Herzfehler und Schilddrüsenüberfunktion.

Atmungssymmetrie **Test 58**

Entkleiden Sie Ihren Oberkörper, und legen Sie sich entspannt auf den Rücken. Bitten Sie Ihre Partnerin oder Ihren Partner, Ihren Brustkorb (Thorax) bei der Ein- und Ausatmung zu beobachten.
Die seitengleiche Beatmung lässt sich noch besser beurteilen, wenn Ihr Partner beide Hände auf Ihren Brustkorb legt. Ist die Bewegung auf beiden Seiten gleich ausgeprägt?

❑ Ja

❑ Nein. Eine eingeschränkte Symmetrie könnte ein Hinweis auf eine beeinträchtigte Lungenfunktion sein. Lassen Sie sich bald von einem Arzt untersuchen.

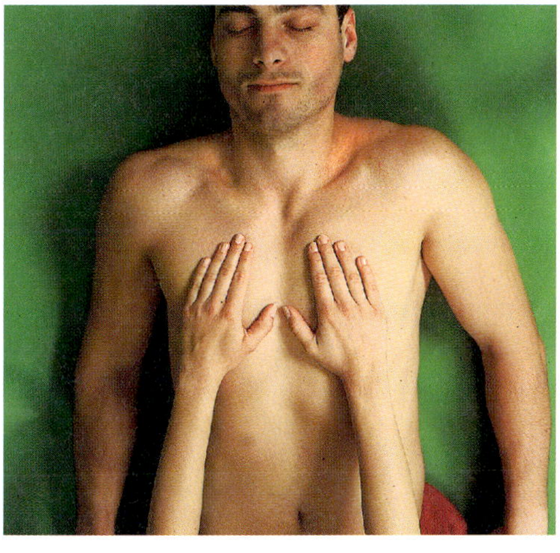

Beide Hände werden in Richtung Kopf auf den oberen Brustkorb gelegt. Die Daumen liegen dabei in der Mitte des Brustbeins. Die restlichen Finger sollten bis unter das Schlüsselbein reichen.

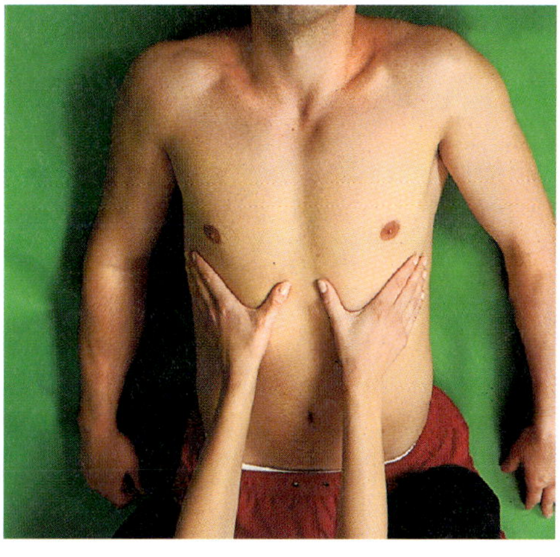

So werden die Handflächen auf den unteren Brustkorb gelegt: Die Daumen berühren den unteren Rippenbogen, die restlichen Finger umgreifen die Rippen an den Seiten.

Test zum Atemvermögen

Haben Sie das Gefühl, nur schwer Luft zu bekommen? Empfinden Sie das Atmen zuweilen sogar als Anstrengung? Ärzte sprechen in diesem Fall von Dyspnoe.
Ihre Dyspnoe kann natürlich mit einer schlechten Kondition zu tun haben. Treiben Sie Sport? Haben Sie Übergewicht? Wenn Ihre einzige körperliche Betätigung darin besteht, die Haustür zu öffnen und fünf Schritte zu Ihrem Auto zu gehen, dürfen Sie sich nicht wundern, wenn Sie rasch außer Puste kommen.

Test 59 *Leiden Sie an Atemnot?*

Die Schwere einer Dyspnoe können Sie mit diesem kleinen Test grob einschätzen: Steigen Sie eine Treppe hoch.

Wie viele Treppenabsätze (ein Absatz = ca. fünf bis zehn Stufen) bewältigen Sie ohne Schwierigkeiten? Wann müssen Sie unterbrechen, weil Sie eine Ruhepause benötigen? Bitte kreuzen Sie die Aussage an, die auf Sie zutrifft.

- ❑ Nach zwei Absätzen. Dann haben Sie nur eine leichte Dyspnoe und sollten Ihre Kondition bewusst verstärken.

- ❑ Nach einem Absatz. Dann haben Sie eine schwere Dyspnoe.

- ❑ Schon während des ersten Absatzes. Dann haben Sie eine sehr schwere Dyspnoe.

Formen und Ursachen der Atemnot

Wenn Sie an einer schweren oder sehr schweren Dyspnoe leiden, kann das neben einem schlechten Trainingszustand verschiedenste Ursachen haben. Bitte kreuzen Sie die Aussagen an, die auf Sie zutreffen, und gehen Sie mit Ihrem Befund zum Arzt.

Wann genau leiden Sie unter erschwerter Atmung bzw. Atemnot?

- ❑ Nur wenn Sie sich übermäßig anstrengen (Anstrengungsdyspnoe)?

- ❑ Oder besonders dann, wenn Sie nichts tun (Ruhedyspnoe)?

- ❑ Bekommen Sie nur mit angehobenem Brustkorb genügend Luft, und fällt es Ihnen schwer, im Liegen zu atmen (Orthopnoe)?

Hält der Zustand über Tage, Wochen oder sogar Monate an?

❑ Ja ❑ Nein

Sind Sie regelrecht kurzatmig? Müssen Sie beim Sprechen mitten im Satz eine Pause machen, um Luft zu holen?

❑ Ja ❑ Nein

Achtung Gesundheitsrisiko

Eine über Tage und Wochen andauernde Atemnot ohne zusätzliche Symptome kann durch körperliche Überforderung, seelische Gründe, Herzfehler, Schwangerschaft, Kyphose, Staublunge oder Lungenkrebs bedingt sein. Kommt zusätzlich zur Atemnot ein keuchendes oder pfeifendes Atemgeräusch dazu, sind die wahrscheinlichsten Ursachen Asthma, eine chronische Bronchitis oder ein Emphysem (Lungenblähung).

Zwar gehören Erkältungen zu den häufigsten Erkrankungen überhaupt – doch immer wieder besteht die Gefahr, dass sie sich ausweiten und verschlimmern.

Bei Asthma und Bronchitis sind nicht nur die Bronchien entzündet, auch die oberen Luftwege sind verengt. Im Gegensatz zur Bronchitis treten die asthmatischen Beschwerden anfallartig auf und klingen nach einiger Zeit wieder ab. Typisch für Asthma ist ferner das Aushusten eines zähen, klaren Schleims; bei der Bronchitis ist der Husten dagegen sehr schmerzhaft und der Schleim weißlich-gelblich. Eine Kurzatmigkeit in Kombination mit Brustschmerzen und Husten deutet auf eine Infektion des Brustkorbs, Herzinfarkt, Brustfellentzündung, möglicherweise auch auf Lungenentzündung, Lungenembolie oder Lungenkrebs hin.

Das Herz-Kreislauf-System

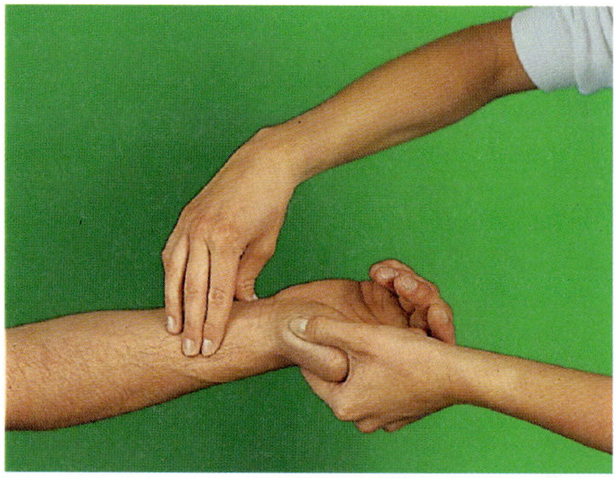

Wie keine andere Organfunktion erinnert uns das Schlagen des Herzens an die Lebendigkeit unseres Organismus. Wir prüfen Ihren Puls, Ihren Blutdruck, suchen nach Durchblutungsstörungen und anderen Beschwerden.

Um die vielfältigen Funktionen der verschiedenen Organe eines Körpers aufrechtzuerhalten, um sie mit Nährstoffen und Sauerstoff zu versorgen und um die Abfall- und Giftstoffe abzutransportieren, hat die Natur eine Meisterleistung der Logistik und Effektivität geschaffen: Das Herz-Kreislauf-System.

In fast unvorstellbarer Weise sorgt es über den Blutkreislauf in jeder Sekunde unseres Daseins für die Versorgung des gesamten Organismus mit Sauerstoff. Es transportiert schädliche Schlacken aus den Zellen unseres Körpers zur Leber, wo das Blut gereinigt wird. Bei einer Erkrankung oder Verletzung bringt das Blut die »Abwehr- und Hilfstruppen« an den Ort des Geschehens.

Kleine Anatomie

Wenn man alle Blutgefäße, die das Blut im Körper durchläuft, nebeneinander legen würde, erhielte man eine Strecke von 100 000 Kilometer Länge. Das Herz ist Antriebsorgan und Mittelpunkt dieses Imperiums; es pumpt das Blut bis in die entlegensten Winkel des Körpers. Die Blutbahnen, die das Blut vom Herzen weg transportieren, nennt man Arterien. Venen nennt man die Adern, die das Blut dem Herzen zuführen.

Die beiden Kreisläufe

Der Blutkreislauf besteht im Grunde genommen aus zwei Kreisläufen: dem Körperkreislauf und dem Lungenkreislauf, der manchmal auch als »kleiner Kreislauf« bezeichnet wird. Im »kleinen Kreislauf« wird das Blut vom Herzen zur Lunge gepumpt und dort mit frischem Sauerstoff angereichert. Im Körperkreislauf wird dieses mit Sauerstoff angereicherte Blut über die Arterien in den ganzen Körper geleitet. Der Sauerstoff und andere wichtige Nährstoffe werden dabei an die Körperzellen abgegeben. Das verbrauchte Blut wird dann wieder über die Venen zum Herzen zurückgeleitet.

Versagen mit fatalen Folgen

Herz-Kreislauf-Erkrankungen sind in den westlichen Industrieländern die Todesursache Nummer eins. Tatsächlich stirbt in Deutschland bereits jeder Zweite an den Folgen eines langwierigen Herz-Kreislauf-Leidens.

Was sind die Gründe dafür? Der Hauptgrund ist die gestiegene Lebenserwartung. Wir werden heute dank des medizinischen Fortschritts sehr viel älter als früher. Das hat die Konsequenz, dass unser Kreislauf den Belastungen, die das Leben so mit sich bringt, viel länger ausgesetzt ist und deshalb stärker abgenutzt wird als in früheren Zeiten. Das Herz, der Motor unseres (Blut-)Kreislaufs, leistet nämlich Schwerstarbeit: Unermüdlich pumpt es Blut durch den Körper, in der Minute etwa vier bis fünf Liter. Es ist ein Unterschied, ob ein Organ mit einer solchen Leistung 40, 60 oder 80 Jahre lang seine Arbeit verrichtet. Ähnlich wie ein gut funktionierender Motor werden auch Herz und Kreislauf mit zunehmendem Alter schwächer und anfälliger. Das Lebensalter ist also ein Faktor, der bei Herz-Kreislauf-Erkrankungen ganz besonders zu berücksichtigen ist.

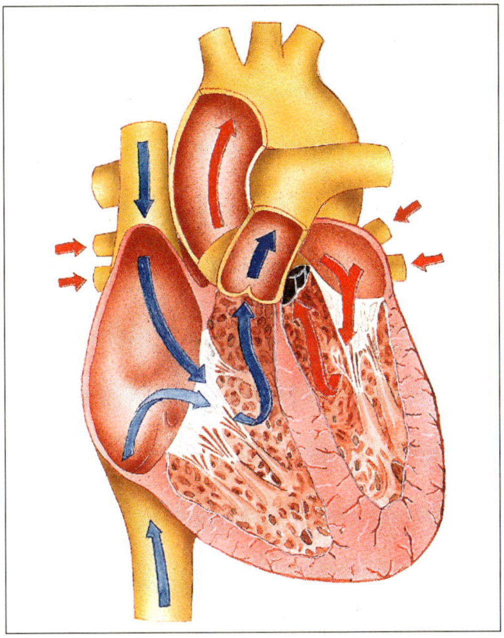

Im Herzen kommt das venöse Blut (blau) im rechten Vorhof an, wird durch die rechte Herzkammer in die Lunge gepumpt, wo es mit frischem Sauerstoff angereichert wird. Von der Lunge gelangt das Blut nun in die linke Seite des Herzens und in den Blutkreislauf des Körpers.

Falsche Lebensgewohnheiten

Der zweitwichtigste Grund ist die moderne Lebensweise. Ungesunde Ernährung und falsche Essgewohnheiten, Übergewicht, Bewegungsmangel, Zigarettenrauchen, all das sind Risikofaktoren, die gerade die Funktionen von Herz, Kreislauf und Blutgefäßen auf Dauer schwächen und schädigen können. Es kommt zu

- Hohem Blutdruck
- Erhöhten Blutfett- und Zuckerwerten
- Durchblutungsstörungen.

Die Arterien (die Adern, die das sauerstoffreiche Blut vom Herzen weg bis in die entlegensten Körperregionen bringen) können durch den zu hohen Blutdruck verhärten oder durch Fettablagerungen »verkalken«. Bei solch einer Arteriosklerose werden die Adern mit der Zeit enger, der Blutfluss wird behindert, es kann sogar zu einem Arterienverschluss kommen. Folglich wird der Körper nicht mehr ausreichend mit Blut versorgt. Eine Arteriosklerose ist die Voraussetzung für den Schlaganfall, bei dem das Gehirn nicht mehr ausreichend durchblutet wird, und den Herzinfarkt.

Testreihe Durchblutungsstörungen

Wir testen ob Ihre Arterien in Ordnung sind. Bei Stockungen in den Venen immer Vorsicht geboten, Thrombosen in den tiefer gelegenen Venen können lebensgefährlich sein.

Test 60 *Arterienverkalkung*

Arteriosklerose (Arterienverkalkung) ist ein Vorgang, der mit zunehmendem Alter bei jedem Menschen auftritt. Bestimmte Risikofaktoren können bereits im vierten bis fünften Lebensjahrzehnt zu einer Arteriosklerose führen. Einige dieser Risikofaktoren sind Rauchen, mangelnde Bewegung, hoher Cholesterinspiegel, ungesunde Ernährung, Übergewicht, Bluthochdruck und auch genetische Veranlagung. Personen, die an Diabetes oder Nierenschwäche leiden, sind ebenfalls besonders gefährdet.
Gesunde Arterien sind elastisch und nachgiebig. Je nach Blutdruck dehnen sie sich aus oder ziehen sich zusammen. Bei einer Arteriosklerose lagern sich Kalksalze und Fette an den Aderwänden ab. Die Aderwände verhärten, sie werden unbeweglicher. Ein deutliches Krankheitszeichen für eine Arteriosklerose sind also auffällig harte Arterien.

Betrachten Sie also einmal Ihre Halsarterien. Befühlen und verschieben Sie die Arterien ein wenig. Drücken Sie sanft dagegen.

Sind die Arterien verhärtet?

❑ Ja ❑ Nein

Wirken sie starr und röhrenhaft?

❑ Ja ❑ Nein

Über Arteriosklerose

Normalerweise verursacht eine Arteriosklerose keine direkten Beschwerden, aber sie bereitet den Nährboden für Folgeerkrankungen wie Durchblutungsstörungen, Herzinfarkt, Schlaganfall, Angina pectoris und Nierenversagen, denn eine fortschreitende Verhärtung der Aderwände behindert den Blutfluss und kann dazu führen, dass einzelne Körperregionen nicht mehr ausreichend mit Blut versorgt werden.
Die Arterienverkalkung ist also eine Krankheit, die sehr ernst zu nehmen ist. Falls Sie beim obigen Test eine Verhärtung der Halsarterien (eine so genannte Gänsegurgelarterie) festgestellt haben oder den Verdacht auf Arteriosklerose haben, suchen Sie fachärztliche Beratung. Tatsächliche Gefäßverkalkungen lassen sich vom Spezialisten leicht feststellen.

Kapillartätigkeit **Test 61**

Sind Ihre Kapillaren funktionsfähig? Kapillaren, das sind die kleinsten und dünnwandigsten Blutgefäße im Körper. Sie sind quasi die Enden der Arterien, über die das sauerstoffreiche Blut vom Herzen in den ganzen Körper gepumpt wird, und sie befinden sich in den Organen und in den Geweben direkt unter der Haut. Die Kapillaren versorgen das sie umgebende Gewebe mit Sauerstoff und Nährstoffen.

Für diesen Test kneifen Sie sich in den Arm. Bitte kreuzen Sie an, welche Aussage auf Sie zutrifft.

❑ Wenige Sekunden nach dem Kniff kann man auf der Haut nichts mehr sehen.

❑ Reagiert Ihre Haut mit einem blauen Fleck, einem Hämatom (Bluterguss, Blutansammlung), dann haben Sie ein Problem im Bereich der Kapillaren. Dagegen gibt es wirksame Medikamente, über die Sie Ihr Arzt informiert.

Achtung Gesundheitsrisiko

Bleibt die gekniffene Hautfalte gar stehen, dann deutet das auf einen ernsten Wassermangel (Dehydration) des Körpers hin. Sofort zum Arzt!

Durchblutung der Beine **Test 62**

So können Sie unter Mithilfe einer zweiten Person herausfinden, ob Sie unter einer Durchblutungsstörung der Bein- und Beckenarterien leiden.

Legen Sie sich auf den Rücken, und heben Sie die Beine so weit wie möglich senkrecht nach oben. Sie können die Hände unterstützend zu Hilfe nehmen.

Bitte rhythmisch bewegen.

Nicht hastig »strampeln«.

Vorsicht bei Rückenproblemen.

Ist die Farbe der Beine und Füße auf beiden Seiten gleich?

- ❑ Ja – dann haben Sie keine Probleme.
- ❑ Nein. Farbliche Unterschiede deuten auf Durchblutungsstörungen hin.

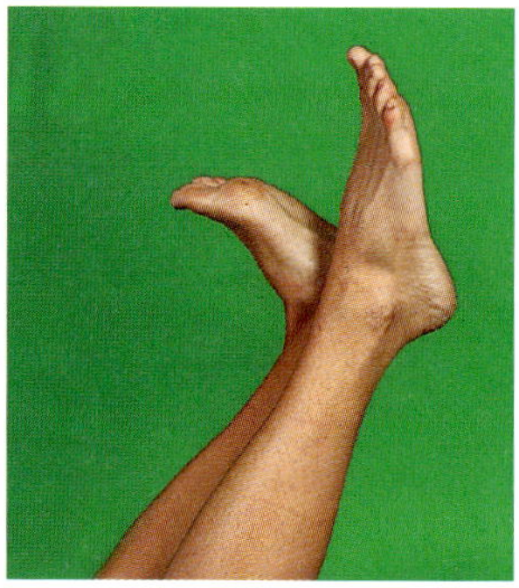

Das rhythmische Beugen und Strecken zeigt, wie gut die Leistung der »Beinpumpe« ist.

Verharren Sie in dieser Haltung. Strecken und beugen Sie die Füße abwechselnd zwei Minuten lang. Verändern sich die Beine oder Füße in der Farbe?

- ❑ Ja. Ist eines der Beine auffallend blass, besonders die Haut der Fußsohlen, und haben Sie plötzlich Schmerzen, dann leiden Sie unter einer arteriellen Durchblutungsstörung. Ist die Blässe nur auf einen Teil des Fußes beschränkt, z. B. auf den Vorderfuß oder die Ferse, dann deutet das auf eine Durchblutungsstörung einer einzelnen, bestimmten Unterschenkelarterie hin. Ist der gesamte Fuß blass, kann ein arterieller Verschluss im Becken der Grund sein.

  All das sind Zeichen dafür, dass der Druck des Blutes nicht ausreicht, um die Blutversorgung der erhobenen Gliedmaßen zu gewährleisten.

- ❑ Nein – dann haben Sie keine Probleme.

Typische Schmerzsymptome

Wenn Sie in diesem Test eine Durchblutungsstörung festgestellt haben, werden Ihnen einige der folgenden Beschwerden nicht ganz fremd sein. Typisch für alle arteriellen Durchblutungsstörungen sind das nach Belastungen auftretende Kältegefühl, leichte Ermüdbarkeit und ein Belastungsschmerz, der sich bei der betroffenen Oberschenkelarterie (Arteria femoralis) als Wadenschmerz, bei gestörten Beckenarterien als Schmerz in Becken- und Oberschenkelmuskulatur bemerkbar macht.

Doch Schmerzen können auch während der Nachtruhe auftreten. Bei solchen Ruheschmerzen lässt sich leicht feststellen, ob sie arteriellen oder venösen Ursprungs sind.

- Legen Sie die Beine hoch und der Schmerz nimmt ab, liegt eine venöse Störung vor.
- Verschwindet der Schmerz dagegen erst, wenn Sie die Beine tiefer lagern, ist die Störung arterieller Art.

Nach dem Test fühlen sich die Hände eine Zeitlang ziemlich warm an. Das ist normal.

Durchblutung der Arme **Test 63**

Sind Ihre Arme gut durchblutet? Heben Sie die Arme senkrecht über den Kopf, und ballen Sie die Fäuste im Sekundenrhythmus insgesamt 60-mal. Ein Helfer umfasst dabei kräftig Ihre beiden Handgelenke und beobachtet die farbliche Veränderung der Hände.

Wird eine Hand deutlich blasser?

❑ Ja. Sie könnten an einer Verengung der entsprechenden Unterarmarterie leiden.

❑ Nein. Dann dürfte alles in Ordnung sein.

Fließt das Blut rasch und unproblematisch in die Hände zurück?

❑ Ja. Dann dürfte alles in Ordnung sein.

❑ Nein. Leiden Sie an einer arteriellen Durchblutungsstörung der Arme, geschieht das verzögert und fleckförmig.

Testreihe venöse Stauungen

Während die Arterien das sauerstoffreiche Blut vom Herzen weg in die Peripherie, also die Gliedmaßen des Körpers, zuführen, bringen die Venen das sauerstoffarme Blut zum Herzen zurück. Bitte kreuzen Sie jeweils wieder die Aussagen an, die auf Sie zutreffen. Und gehen Sie zum Arzt, wenn Sie Gesundheitsrisiken feststellen.

Venöse Stauungen **Test 64**

Betrachten Sie Ihre Arme und Beine. Einen gestörten Rückfluss der Venen erkennt man an Schwellungen etwa der Fußknöchel, an geschlängelten, hervortretenden Adern, Geschwüren und an einer auffälligen Rötung oder Blaufärbung der Haut.

❑ Ich kann solche Anzeichen nicht erkennen.

❑ Ich kann die beschriebenen Anzeichen sehen.

Testreihe Anzeichen einer Erkrankung

Test 65 *Leberentzündung*

Bei einer Leberentzündung gibt es ein charakteristisches Anzeichen. Betrachten Sie Ihre entkleidete Brust. Sind die Adern erkennbar?

❑ Nein

❑ Ja. Wenn jedes Blutgefäß auf der Brust sichtbar wird, ist das ein klares Zeichen für eine Leberentzündung. Man gibt diesem Phänomen den wohlklingenden Namen Caput medusae, Medusenhaupt, und es handelt sich hierbei um eines der wenigen eindeutigen Symptome, durch das sich eine Leberentzündung zu erkennen gibt. Im Prinzip kann nämlich auch eine schwere Lebererkrankung jahrelang fortbestehen, ohne vom Betroffenen bemerkt zu werden.

Rücklaufdurchblutung
Setzen Sie sich nun – direkt im Anschluss an den letzten Test – aufrecht auf einen Stuhl. Lassen Sie die Beine locker, und werfen Sie einen Blick auf die Füße.Wie lange dauert es, bis Ihre Füße rot werden?

❑ 5 Sekunden. Normal wäre es, wenn sich die Füße innerhalb von fünf Sekunden auffallend röten. Das bedeutet, dass sich die Blutgefäße wieder erweitern und das Blut ungehindert passieren lassen.

❑ 15 bis 20 Sekunden.Tritt die Reaktion erst nach 15 bis 20 Sekunden ein, ist die Durchblutung der Beckenarterien gestört; röten sich die Füße in 20 bis 30 Sekunden, sind die Oberschenkelarterien betroffen; röten sich die Füße in 30 bis 60 Sekunden, sind es die Unterschenkelarterien.

Der Facharzt wird bei Verdacht auf Leberentzündung Blut-, Stuhl- und Harnuntersuchungen vornehmen.

Test 66 *Ödeme*

Als Ödem bezeichnet man die durch eine Flüssigkeitsansammlung entstandene Hautschwellung. Wenn ein solches Ödem in den Beinen auftritt, nennt man das umgangssprachlich »Wasser in den Beinen haben«.

Drücken Sie mit der Fingerspitze zehn Sekunden lang irgend eine Stelle am Unterschenkel. Danach fahren Sie mit dem Finger nochmals darüber.
Fühlen Sie eine tiefe Delle?

- ❑ Ja. Dann haben Sie ein Ödem. Ein Ödem kann Symptom einer Herzmuskelschwäche oder einer Nierenerkrankung sein oder in Folge eines Krampfaderleidens auftreten. Gehen Sie auf jeden Fall zum Arzt.

- ❑ Nein

Über Krampfadern

Gehören Sie zu den 35 Prozent der Erwachsenen, die an Krampfadern leiden? Solche bläulich geschlängelten, manchmal knotig hervortretenden Adern entstehen vorzugsweise an Ober- oder Unterschenkel.
Es handelt sich dabei um Venen, die sich als Folge eines Blutstaus erweitert und ausgedehnt haben. Tiefere Ursache kann eine Bindegewebsschwäche oder eine sitzende bzw. stehende berufliche Tätigkeit sein, die zur Anschwellung der Beinvenen führt. Damit geht eine Funktionsstörung der Venenklappen einher, manchmal auch eine Entzündung der Venenwand. Folge ist der besagte Blutstau und das »Ausleiern« der Venen.

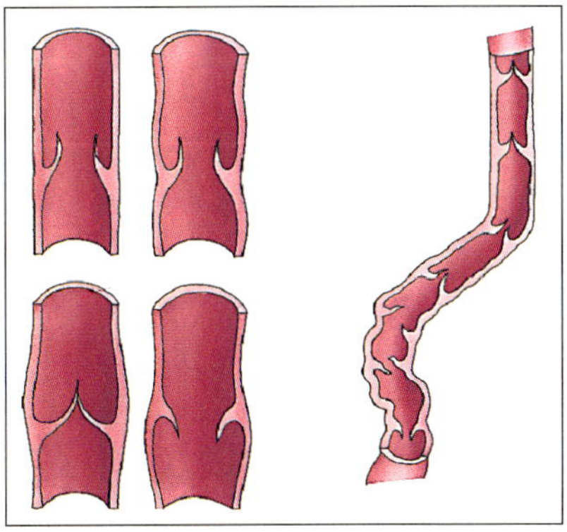

Venenklappen sind wie Ventile, die verhindern, dass das Blut in die falsche Richtung läuft. Sind sie funktionsuntüchtig oder ausgeleiert, dann schließen sie nicht mehr richtig. Das Blut staut sich in den Venen, sie dehnen sich aus und schlängeln sich.

Die oftmals anlagebedingten Krampfadern sind nicht nur ein kosmetisches Problem, sie können auch zu Ödemen (Flüssigkeitsansammlungen im Gewebe) und Thrombosen (Verstopfung der Venen durch einen Blutpfropf) führen.
Der Facharzt kann durch Ausstreichen und Stauung einzelner Venen und Arterien eine Durchblutungsstörung oder einen Blutstau genau lokalisieren. Auch eine Venenentzündung oder eine Venenklappenschädigung lässt sich auf diese Weise feststellen.

Besenreiser

Die Miniaturausgabe der Krampfadern sind die so genannten Besenreiser, kleine bläulich-violette Aderzeichnungen auf der Haut, die ebenso wie Krampfadern auf Venenstörungen hindeuten. Besenreiser betreffen allerdings nur sehr kleine Adern und führen im Gegensatz zu vielen Krampfadern kaum zu Beschwerden. Besenreiser lassen sich mit dem Laser behandeln, Krampfadern müssen gegebenenfalls operiert werden.

Tests zu Herz- und Kreislauffunktionen

Mit nachfolgenden Tests können Sie überprüfen, ob Ihre Herz- und Kreislauffunktionen Besonderheiten oder Abweichungen aufweisen, die Sie eventuell ärztlich behandeln lassen sollten.

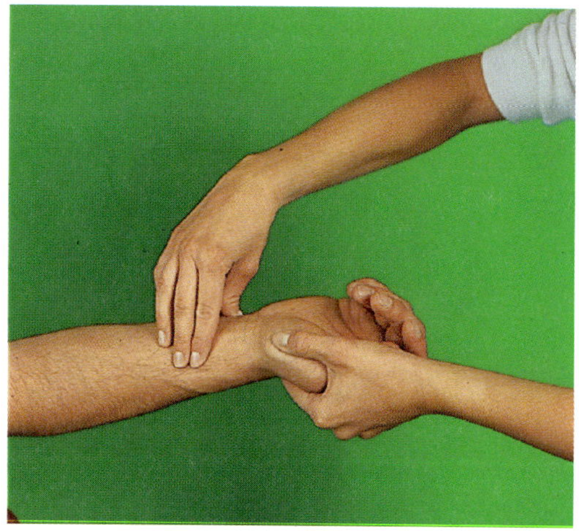

Es ist gar nicht so einfach, einer anderen Person den Puls zu fühlen. Am deutlichsten spürt man die Schläge, wie hier in der Abbildung zu sehen, in der Grube unter dem Handgelenk unterhalb des Daumens. Auch der richtige Druck auf das zarte Adergeflecht will gelernt sein.

Test 67 *Pulsmessung am Handgelenk*

Das Tasten des Pulses ist eine wichtige Untersuchungsmethode, um die Funktion des Kreislaufs und die Herztätigkeit zu überprüfen. Das sicht- und tastbare Pulsieren der Adern entsteht durch den Druck der Blutwelle auf die Aderwände. Dieser so genannte systolische Druck wird ausgelöst, wenn sich der Herzmuskel zusammenzieht und das Blut in den Körper gepumpt wird. Am besten lässt sich der Puls an der Speichenschlagader (Arteria radialis) des Handgelenks messen. Dazu legen Sie die Kuppen von Zeige- und Ringfinger an das Handgelenk unterhalb des Daumens. Tasten Sie so lange, bis Sie den Pulsschlag deutlich spüren. Zählen Sie den Pulsschlag 30 Sekunden lang, und verdoppeln Sie die Zahl. Das Ergebnis ist die Anzahl der Pulsschläge pro Minute.

❑ Ich zähle …… Pulsschläge pro Minute.

Auswertung

- Liegt Ihr Puls zwischen 60 und 80 Schlägen pro Minute, dann brauchen Sie sich keine Sorgen zu machen: Sie haben den normalen Ruhepuls eines gesunden Erwachsenen.

- Liegt Ihre Pulsfrequenz unter 60 Schlägen pro Minute, dann nennt man das eine Bradykardie. Treiben Sie regelmäßiges Ausdauertraining? Wenn ja, dann ist die Bradykardie ein positiver Ausdruck und eine Bestätigung Ihres guten Trainingszustandes. Ihre körperlichen Belastbarkeits- und Leistungsgrenzen sind wesentlich weiter gesteckt als beim Untrainierten. Das bedeutet auch, dass Ihr Herz im Ruhezustand eine niedrigere Herzfrequenz (bis zu 40/Min.) erreicht. Es schaltet sozusagen auf »Schongang« um.

Achtung Gesundheitsrisiko

Sind Sie untrainiert und liegt Ihre Pulsfrequenz unter 50 Schlägen pro Minute, hat die Bradykardie andere Ursachen wie Reizung bzw. Lähmung bestimmter Nerven, Nebenwirkungen von Medikamenten, eine Störung des Herzmuskels, Schilddrüsenunterfunktion, Gelbsucht, Typhus, Verengung von Lungenschlagader oder Aorta.

❑ Eine Pulsfrequenz über 100 Schläge pro Minute, eine Tachykardie, wäre völlig normal bei körperlicher Belastung. Ein Ruhepuls über 100 Schläge pro Minute kann (auch anfallsweise) auftreten bei seelischer Erregung (z. B. Nervosität, Aufregung, Angst), nach dem Genuss von Kaffee oder Alkohol, durch Zunahme von Hormonen wie Adrenalin oder Schilddrüsenhormonen (Schilddrüsenüberfunktion), Herzklappenfehlern, bei Schock und allen fiebrigen Erkrankungen. Übrigens erhöht Fieber die Frequenz um zehn Schläge je Grad.

Herzklopfen

Von Herzklopfen spricht man, wenn man den Herzrhythmus oder den Herzschlag deutlich spürt, auch ohne ihn zu tasten. Das ist an sich ein natürlicher Zustand. In einer besonders aufregenden Situation kann einem das Herz sogar »bis zum Halse klopfen«. Natürlicherweise tritt Herzklopfen auch auf bei Stress, Angst, Schwangerschaft, nach dem Genuss von Kaffee oder Alkohol und als Nebenwirkung von Medikamenten. Ein Krankheitssymptom ist es bei Herzerkrankungen, Blutarmut und Schilddrüsenüberfunktion.

Pulsrhythmus

Der Pulsrhythmus ist vom Laien nur bedingt zu beurteilen, da das subjektive Empfinden gegenüber dem eigenen Pulsschlag von Mensch zu Mensch sehr unterschiedlich ausgeprägt ist. Beispielsweise empfinden viele Menschen schon einen schnellen, regelmäßigen Pulsschlag als unregelmäßig (arrhythmisch).
Normal ist ein regelmäßiger Puls- bzw. Herzschlag. Eine harmlose Arrhythmie tritt zuweilen bei Kindern und Jugendlichen auf: Beim Einatmen nimmt die Pulsfrequenz zu, beim Ausatmen ab. Harmlos ist meist auch das so genannte Herzstolpern (Extrasystolen), das weit verbreitet ist und auf einer vorübergehenden Arrhythmie des Herzschlags beruht. Wahrgenommen wird dabei ein scheinbar verzögert einsetzender nächster Puls.

Achtung Gesundheitsrisiko

Wie bei der Tachykardie können harmlose Ursachen vorliegen, doch wenn Sie den Verdacht auf eine Herzerkrankung haben, gehen Sie zum Arzt! Das sollten Sie auch tun, wenn Sie eine absolute Arrhythmie bemerken, also überhaupt keinen Rhythmus feststellen können. Ein ähnliches Alarmzeichen ist auch der so genannte Doppelschlag (Bigeminus). Dabei folgt auf einen Normalschlag ein Doppelschlag.

Test 68 *Pulsmessung am Fuß*

Der am Handgelenk gefühlte Puls sagt etwas aus über die Herzfrequenz. Doch Puls lässt sich auch an vielen anderen Körperstellen messen, z.B. am Fuß. Dieser so genannte Fußpuls wird mit drei nebeneinanderliegenden Fingern (Zeige-, Ring- und Mittelfinger) auf dem Fußrücken erfühlt. Probieren Sie es aus!
Der Puls kann im Übrigen sogar dort zu fühlen sein, wo man ihn überhaupt nicht erwartet, nämlich an den Nägeln. Falls Sie den Nagelpuls einmal bei sich beobachtet haben, sorgen Sie sich nicht. Sie gehören einfach zu den Menschen, die ein hochsensibles vegetatives Nervensystem haben.

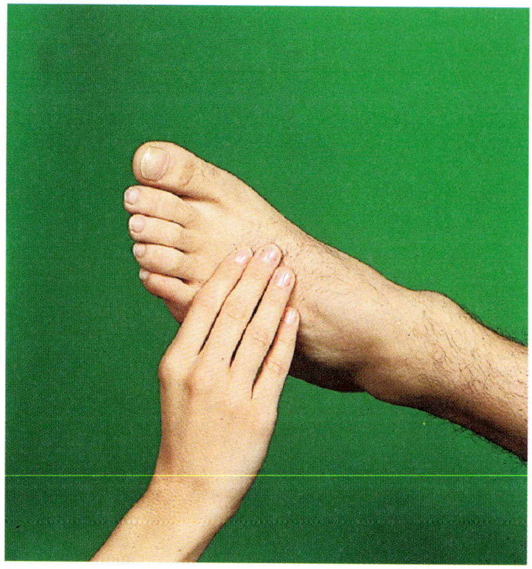

Die Pulsmessung am Fuß ist für viele ungewöhnlich, aber die Messung ist nicht weniger genau und gibt ebenso Aufschluss über die Pulsfrequenz wie eine Messung am Handgelenk.

Konnten Sie den Puls am Fuß einwandfrei fühlen?

❑ Ja

❑ Nein. Ist der Fußpuls nicht tastbar, ist das ein eindeutiger Hinweis auf eine Durchblutungsstörung.

Blutdruck im Test

Jeder fünfte Erwachsene leidet an hohem Blutdruck. Die meisten Betroffenen wissen das nicht, denn Bluthochdruck verursacht keine Schmerzen und führt erst dann zu Beschwerden, wenn er extrem hohe Werte erreicht. Oftmals wird er rein zufällig bei einer ärztlichen Routineuntersuchung festgestellt. Doch es ist wichtig, einen Bluthochdruck frühzeitig zu erkennen, denn er ist wie eine Zeitbombe, die nach vielen Jahren oder Jahrzehnten explodiert. Dann sind die Schäden gravierend. Das Herz und die Adergefäße werden durch einen ständig erhöhten Druck stark belastet. Es kommt zu Herz- und Nierenerkrankungen (Herzinfarkt, Schlaganfall, Schrumpfniere, Arteriosklerose), Durchblutungsstörungen, Augen- und Gefäßschäden. Da der Bluthochdruck in den hochindustrialisierten Ländern besonders verbreitet ist, kann man davon ausgehen, dass die moderne Lebensweise eine entscheidende Rolle spielt. Stress, Übergewicht, salzreiche Ernährung, Rauchen, hoher Alkoholkonsum, all das sind gewichtige Faktoren.

Messen des Blutdrucks **Test 69**

Den Blutdruck messen Sie mit einem im Handel erhältlichen Blutdruckmessgerät (Manometer). Seit einigen Jahren sind halb- und vollautomatische Versionen auf dem Markt, die das zusätzliche Abhören des Blutdrucks mit dem Stethoskop überflüssig machen. Die Bedienung ist einfach, doch gilt es manches zu beachten, um zuverlässige Werte zu erhalten. Am besten ruhen Sie sich vor dem Messen einige Minuten aus. Legen Sie die Manschette um den Oberarm, achten Sie darauf, dass der Abstand zwischen Ellenbeuge und Manschettenunterrand etwa drei Zentimeter beträgt und die Manschette fest anliegt. Nun pumpen Sie die Manschette bis etwa 170 mm Hg auf. So werden die Adern im Oberarm zusammengedrückt, der Blutfluss wird gestoppt.

1. Lassen Sie die Luft in der Manschette langsam ab. Dabei sollte der Druck nicht mehr als zwei bis drei mm Hg pro Sekunde sinken. Der Druck der Manschette auf die Adern lässt nun nach, und mit dem nächsten Herzschlag kann das Blut wieder passieren. Der erste hörbare Herzschlag – z. B. 140 mm Hg – wird vom Gerät registriert und auf der Messuhr angezeigt. Er wird systolischer Wert genannt.

2. Wenn Sie weiter die Luft ablassen, wird der hörbare Pulston irgendwann verschwinden. Das ist ein Zeichen dafür, dass der Blutfluss wieder völlig ungehindert fließen kann. In dem Moment, in dem der Ton verschwindet, lesen Sie den zweiten – den diastolischen Wert – ab (z. B. 90 mm Hg). Notieren Sie beide Werte.

Auswertung Ihrer Messung

❑ Bei etwa 140/90 mm Hg ist Ihr Blutdruck in Ordnung.

❑ Als Bluthochdruck (Hypertonie) gilt ein dauerhaft erhöhter Wert ab 160/95 mm Hg.

Dieser Wert gilt für alle Altersgruppen. Als grenzwertiger Bluthochdruck gelten systolische Werte zwischen 140 bis 160 mm Hg und diastolische Werte zwischen 90 bis 95 mm Hg.

In 90 Prozent aller Fälle ist die Ursache eines zu hohen Blutdrucks unbekannt.

In nur etwa zehn Prozent der Fälle liegt eine eindeutig organische Ursache vor. Man spricht dann von sekundärer Hypertonie. Auslöser sind z. B. Nierenerkrankungen, Schilddrüsenüberfunktion oder Herzfehler.

❑ Niedriger Blutdruck (Hypotonie) ist ein Blutdruck unter 100/60 mm Hg.

Zeitweilig abweichende Werte

Aufregung, Schmerzen, Angst, körperliche Anstrengung, Stress oder eine gefüllte Harnblase können den systolischen Druck vorübergehend steigern. Der wirklich krankhafte Bluthochdruck besteht im Gegensatz dazu dauerhaft oder über längere Zeit hinweg.

Vorsicht ist geboten bei einem Blutdruckabfall in der Schwangerschaft, denn er kann zu einer Mangeldurchblutung der Gebärmutter und damit zu einem Sauerstoffmangel beim Embryo führen. Reglmäßige Schwangerschaftsgymnastik schafft Abhilfe.

Nicht immer ist das Leben mit anderen Menschen so heiter und unbeschwert. Heute misst man gerade den sozialen Faktoren als Auslöser für Bluthochdruck und anderen Erkrankungen des Herz-Kreislauf-Systems größte Bedeutung zu.

Niedriger Blutdruck (Hypotonie) ist eine der Hauptursachen für Kreislaufstörungen mit Herzstolpern und Schwindel. Doch im Großen und Ganzen ist niedriger Blutdruck ein Segen. Menschen mit niedrigem Blutdruck haben eine überdurchschnittlich hohe Lebenserwartung, da ihre Adergefäße kaum belastet werden.

Psychosoziale Einflüsse

Auch psychische Befindlichkeitsstörungen, z. B. psychosozialer Stress im Beruf oder in der Partnerschaft, werden in ihrer möglichen Auswirkung auf Herz-Kreislauf-Leiden von der medizinischen Forschung zunehmend bestätigt.

Mögliche Messfehler

Eine Fehlerquelle, die häufig zu einem ungenauen Wert führt, ist eine zu kleine bzw. zu große Manschette. Bei dicken Oberarmen ist statt der normalen 13 bis 14 Zentimeter breiten Manschette eine Breite von 18 bis 20 Zentimeterm empfehlenswert. Bei Kindern bis zum zweiten Lebensjahr ist eine 5-Zentimeter-Manschette, bis zum sechsten Lebensjahr eine 8-Zentimeter-Manschette angebracht. Außerdem ist zu bedenken, dass die Blutdruckwerte bei Kindern, insbesondere bei Kleinkindern, wesentlich niedriger liegen als bei Erwachsenen.

Der Blutdruck ist nie völlig konstant, daher empfiehlt es sich, Mehrfachmessungen zu verschiedenen Tageszeiten durchzuführen. Messen Sie beim ersten Mal an beiden Armen, denn hier kann es Blutdruckunterschiede geben. Nehmen Sie immer den höheren Wert. Erhebliche Unterschiede (mehr als 20 mm Hg systolisch oder 15 mm Hg diastolisch) weisen auf Durchblutungsstörungen hin.

Spezial: Schmerzende Lymphknoten

Die Lymphgefäße liegen direkt unter dem Gewebe und sind wie die Gefäße des Blutkreislaufes großflächig im Körper verteilt. In ihnen wird eine hellgelbe Flüssigkeit, die Lymphe, transportiert, die eine gewisse Ähnlichkeit hat mit dem Blut. Es ist eine Gewebsflüssigkeit, die von den Lymphkapillaren (Kapillaren = haarfeine Adern) aus dem Gewebe aufgenommen wird. Dabei werden nicht nur weiße Blutkörperchen (Lymphozyten), die ungemein wichtig für die Immunabwehr sind, eingesammelt, sondern auch wichtige Nährstoffe aufgenommen und Krankheitserreger wie Krebszellen und Bakterien herausgefiltert und eliminiert. Das Lymphsystem erfüllt also wichtige Aufgaben im Bereich der Immunabwehr, ist aber auch eine Art Sicherheitsventil für einen überforderten Blutkreislauf.

Mehr über die Aufgaben des Lymphsystems im Rahmen der körpereigenen Abwehr erfahren Sie im Kapitel "Immunsystem" ab Seite 34.

Die Lymphkapillaren münden in die Lymphknoten, um die es in diesem Test geht. Lymphknoten sind Ansammlungen von etwa bohnengroßen Gebilden, die sich unter anderem am Hals, in den Achselhöhlen und in den Leistenbeugen befinden. Sie sind quasi die Zentralen, in denen die obengenannten Arbeiten verstärkt bewältigt werden. Kommt es zu einer Infektion durch eingedrungene Keime, dann schwellen die Lymphknoten an. Das heißt aber erst einmal nur, dass die Immunabwehr auf Hochtouren läuft und gegen die Eindringlinge kämpft. Also ein gutes Zeichen!
Aber eine Lymphknotenschwellung kann auch schwerwiegendere Ursachen haben.

Über Lymphknotenschwellungen

Am auffälligsten sind Lymphknotenschwellungen des Halses. Tasten Sie deshalb einmal die Lymphknoten am Hals ab.

❑ Fühlen Sie nichts, dann ist dies normal.

❑ Fühlen Sie die (deutlich vergrößerten) Lymphknoten und empfinden Sie gleichzeitig einen unangenehmen Druckschmerz, dann spricht das für eine entzündlich-infektiöse Ursache, beispielsweise eine Infektion des Hals-, Nasen-, Rachenraums. Schmerzhafte Lymphknotenschwellungen kommen auch vor bei Pfeifferschem Drüsenfieber, Röteln, Masern, Scharlach u. a.

❑ Fühlen Sie die Verdickung der Lymphknoten, obwohl Sie keine akute Infektion haben, müssen Sie so bald wie möglich zum Arzt!

Die Verdauung

Große und wichtige Organe wie Magen, Darm, Leber und Nieren gehören zum Verdauungssystem. Wir testen ihre Funktionen und eventuelle Beschwerden.

Das Verdauen der Nahrung ist ein komplizierter und vor allem langwieriger Prozess. Denn Verdauung ist die Basis des Stoffwechsels, also des großen Umbauprozesses, der unseren Körper mit allen lebenswichtigen, in der Nahrung enthaltenen Stoffen versorgt. Der Volksmund weiß, dass das seine Zeit dauert. »Das muß ich erst verdauen« heißt: Es wird Stunden oder sogar Tage dauern, bis ich diese neue Situation verkraftet habe. Und so lange dauert es auch, bis eine Mahlzeit verdaut ist: 24 bis 48 Stunden.

Der lange Weg der Nahrung

Verdauung beginnt streng genommen schon in der Mundhöhle. Die Nahrung wird mit den Zähnen zerkleinert und mit dem Speichel vermischt. Über den Rachen und die ca. 25 Zentimeter lange Speiseröhre gelangt sie in den Magen. Hier wird die Nahrung gesammelt, mit Magensaft durchsetzt und »vorverdaut«. Die eigentliche Verdauung beginnt im bis zu sechs Meter langen, vielfach geschlungenen Dünndarm, in dem die Nahrung in ihre einzelnen Bestandteile zerlegt und die verwertbaren Substanzen über die Schleimhaut dem Körper zugeführt werden. Im etwa 1,5 Meter langen Dickdarm – der so heißt, weil er doppelt so dick ist wie der Dünndarm – landet nur noch der Nahrungsrest, der dem Körper nicht mehr nutzbar gemacht werden kann und deshalb zersetzt und ausgeschieden wird.

Qualität der Nahrung

Der Mensch ist, was er isst. Die Qualität der Nahrung, die Menge der in ihr enthaltenen Nährstoffe, Vitamine, Mineralstoffe und Spurenelemente hat zunächst direkte Auswirkungen auf die Gesundheit von Magen und Darm. (Mehr über Ernährung ab Seite 158). So benötigt der Dickdarm eine Vielzahl an Ballaststoffen, um seine Arbeit zu bewältigen. Ist die Nahrung zu weich und ballaststoffarm, dauert die Verdauung zu lange; es kommt zu Verstopfung oder schlimmerem. Viele der heutigen Lebensmittel wie Fertig- und Dosengerichte, Süßigkeiten, Zusatzstoffe wie Konservierungsmittel etc. entziehen dem Organismus außerdem wichtige Vitamine und sind nur mangelhaft verdaubar.
Krankheiten der Verdauungsorgane können direkt durch die Nahrung ausgelöst werden, etwa wenn man sich den Magen mit unverträglichen Nahrungsmitteln »verdirbt«. Sie können aber auch organisch bedingt sein.

Kleine Anatomie

Die Verdauungsorgane arbeiten eng mit anderen Körpersystemen zusammen: Der gesamte Verdauungstrakt vom Mund bis zum After ist mit einer Schleimhaut ausgekleidet. Die Schleimhaut ist das »Hauptquartier« der Immunabwehr, die die mit der Nahrung aufgenommenen Schädlinge (Keime, Viren, Bakterien) bekämpft und eliminiert. Eine schwache Abwehr hat auch Folgen für die Verdauung.

Wenn der Magen-Darm-Trakt ständig überfordert wird – sei es durch permanente Fehlernährung, Dauerstress, zu hastiges Essen oder eine geschwächte Immunabwehr – kann es zu ernsthaften Organerkrankungen kommen, besonders dann, wenn Sie zur Risikogruppe der magen- oder darmempfindlichen Menschen gehören.

Die wichtigste Aufgabe des Verdauungssystems besteht darin, verwertbare und nichtverwertbare Stoffe zu sortieren, aus den verwertbaren neue für den Körper notwendige Stoffe herzustellen und dem Stoffwechsel zuzuführen, die nichtverwertbaren und schädlichen zu entsorgen und auszuscheiden. Die Zerlegung der Nahrung beginnt bereits im Mund und wird im Magen und im Darm fortgeführt. Mithilfe von Muskelbewegungen (Peristaltik) wird die Nahrung dabei durch den Darm transportiert.

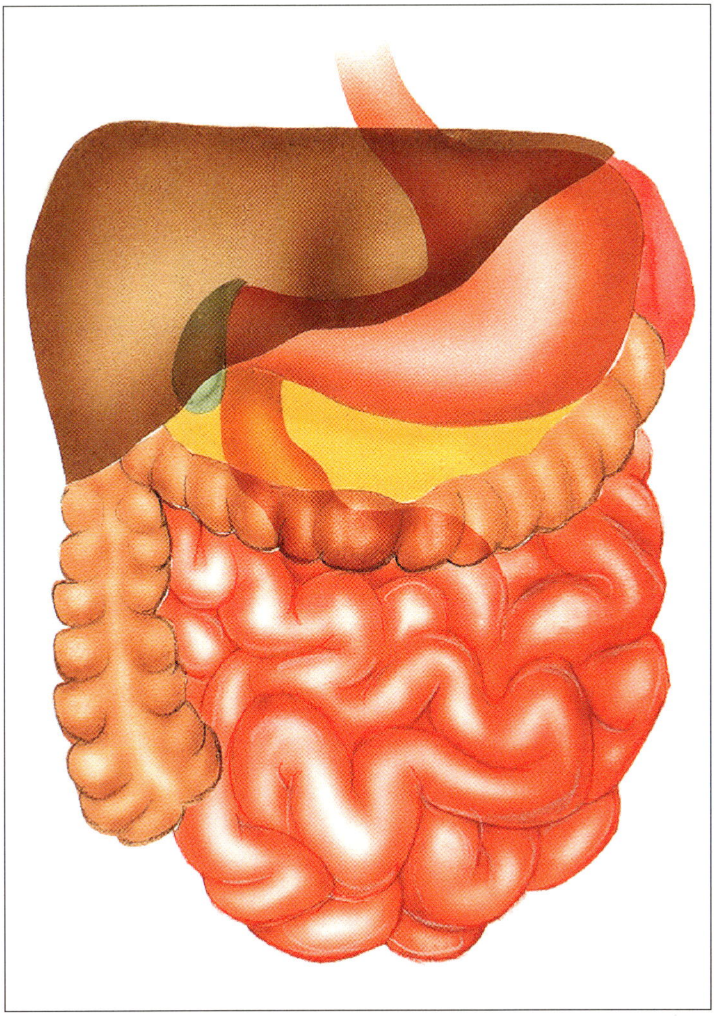

Hier sehen Sie die wichtigsten Organe des Verdauungstraktes. Auch die etwa drei Pfund schwere Leber (in der Abbildung oben links) gehört zum Verdauungssystem.

Die Nieren

Die Nieren reagieren besonders empfindlich auf ungesunde Stoffe wie Nikotin, zuviel fettes und süßes Essen oder zuviel Alkohol. Denn es ist ihre Aufgabe, giftige Abfallprodukte und überschüssige Mineralien aus dem Blut herauszufiltern und diese Substanzen über die Harnwege aus dem Körper abzutransportieren. Die Ausscheidung dieser Giftstoffe aus dem Körper ist ein lebensnotwendiger Vorgang, ohne den unser Körper innerhalb kürzester Zeit vergiftet wäre. Die Nieren regulieren den Salz- und Mineralienhaushalt des Körpers und die Produktion von Hormonen. Nieren, die durch ein Zuviel an Giftstoffen überfordert werden, können ihre Aufgaben nicht mehr richtig erfüllen. Es kommt zu Nieren- und Blasensteinen, Blasenschwäche (Inkontinenz), Nieren- und Blasenentzündungen und vielem mehr.

Bei einer Funktionsstörung der Niere kann zudem geschehen, dass die Nieren bestimmte Stoffe, die das Blut und der Herzkreislauf sowie das mit Blut zu versorgende Gewebe brauchen, auf einmal mit herausfiltern. Wenn eine Niere ihre Aufgabe nicht richtig erfüllen kann, hat das also mitunter weitreichende Folgen für den gesamten Organismus. Umgekehrt können sich Probleme des übrigen Organismus auf die Nieren schlagen. Nach jahrelangem Bluthochdruck, Diabetes oder Medikamentenmissbrauch kann es zu einer Überforderung der Nieren und zu einer chronischen Nierenschwäche kommen.

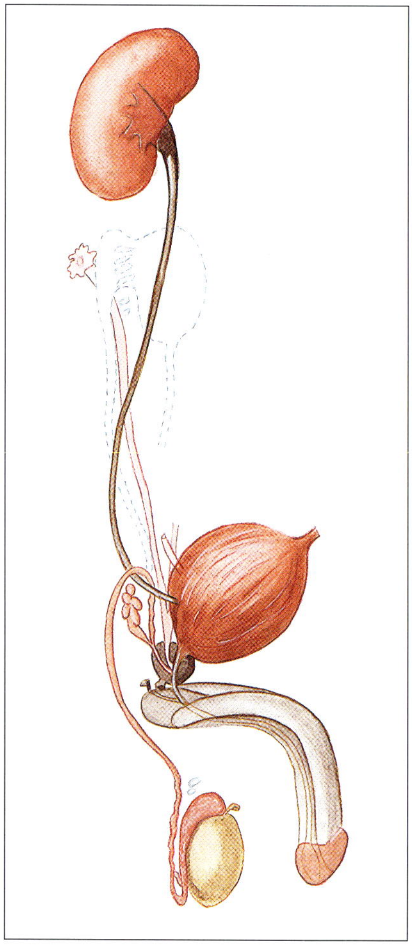

Die Nieren sind sozusagen das Klärwerk unseres Körpers. Sie filtern die Abbauprodukte unseres Stoffwechsels aus dem Blut heraus und scheiden sie zusammen mit Wasser als Urin über Blase und Harnleiter aus.

Der in den Nieren produzierte Harn wird über die Harnleiter in die Blase geleitet. Dort wird er gesammelt (bis zu einem Liter!) und dann über die Harnröhre ausgeschieden. Die Harnröhre des Mannes ist 20 bis 25 Zentimeter lang, die der Frau ist wesentlich kürzer, nämlich nur 2,5 bis vier Zentimeter. Deshalb ist die weibliche Blase viel anfälliger für Erkrankungen als die des Mannes: Krankheitskeime können viel leichter in die Blase aufsteigen und Entzündungen hervorrufen. Wiederholte Blasenentzündungen bedürfen der ärztlichen Behandlung, denn es besteht die Gefahr, dass die Keime weiter zu den Nieren hinaufwandern.

Die Prostata

Jeder kennt sie, doch kaum einer weiß genau, wo sie liegt: Die Prostata ist ein Organ, das vielen älteren Männern Beschwerden bereitet. Von den über 70-Jährigen ist jeder zweite Mann betroffen. Die kastaniengroße Drüse befindet sich genau am Eingang der männlichen Harnröhre in die Blase. Sie produziert ein milchiges Sekret, das dem Samen bei der Ejakulation beigemischt wird, um ihn beweglich zu machen. Eine Prostataentzündung hat deswegen meist so weitreichende Folgen, weil sie in direkter Nachbarschaft zur Blase und Harnröhre liegt.

Leber, Galle und Bauchspeicheldrüse

Zu den sekretproduzierenden Drüsen zählen neben der Prostata auch drei Organe, die streng genommen zum Verdauungssystem hinzugehören und deshalb hier nicht unerwähnt bleiben dürfen. Die Organe sind Leber, Galle und Bauchspeicheldrüse, und sie liegen nah beieinander im Oberbauch.

Die Leber, eines der größten Organe unseres Körpers, ist unsere größte und wichtigste Drüse. Sie bildet die für die Verdauung notwendige Gallenflüssigkeit, die in die Gallenblase abgegeben wird. In der Gallenblase wird die Flüssigkeit gespeichert, verdickt und bei Bedarf in den Darm weitergeleitet.

Die Leber erfüllt aber noch andere Aufgaben. Ebenso wie die Nieren entgiftet und reinigt sie das Blut, außerdem produziert sie lebensnotwendige Nährstoffe und Hormone. Und sie reguliert den Gehalt von Zucker, Fetten und Eiweißen im Blut. Aus den im Blut enthaltenen Fetten stellt sie das »berühmte« Cholesterin her. Zu hohe Cholesterinwerte – man spricht auch von erhöhtem Cholesterinspiegel – entstehen durch ungesunde, zu fettreiche Ernährung oder eine Funktionsstörung der Leber. Viele Fachleute sind heute der Meinung, dass hohe Cholesterinwerte zu Durchblutungsstörungen, Herz-Kreislauf-Erkrankungen und Arteriosklerose führen. In ihrer Entgiftungsarbeit überfordert und krank wird die Leber unter anderem durch einen langfristig hohen Alkohol- und Nikotinkonsum, Medikamentenmissbrauch sowie eine falsche Ernährungsweise.

Die letzte im Bunde, die Bauchspeicheldrüse (Pankreas), bildet den enzymreichen Pankreassaft, der wie die Gallenflüssigkeit an den Darm abgegeben wird und die Aufspaltung der Nahrung erst ermöglicht.

In Leber und Bauchspeicheldrüse (Pankreas) werden wichtige Verdauungsflüssigkeiten (Galle, Pankreassaft) hergestellt. Auch für den Stoffwechsel wichtige Hormone (z. B. das Insulin der Bauchspeicheldrüse) und Nährstoffe werden produziert.

Tests zum Verdauungssystem

Wie Sie nun wissen, sind alle diese Organe, die wir vereinfachend unter dem Stichwort Verdauung und Ausscheidung zusammengefasst haben, ganz spezifischen Gefährdungen ausgesetzt, die sich direkt aus ihrer Anatomie und Funktion erklären.
Erkrankungen des Magen- und Darmbereichs haben oft auch Konsequenzen für Leber, Galle und Bauchspeicheldrüse – und umgekehrt. Funktionsstörungen dieser Organe wiederum stören die Gesundheit des Gesamtorganismus nachhaltig. Mit den folgenden Tests erkennen Sie Schwächen in Ihrem Verdauungssystem und erfahren, ob Sie sich in Behandlung begeben sollten.

Test 70 *Bauchuntersuchung*

Die Inspektion Ihres Bauchs erfordert die Hilfe einer zweiten Person. Entkleiden Sie Ihren Oberkörper, legen Sie sich auf den Rücken, und schieben Sie ein Kissen unter Ihren Kopf. Der Bauchbereich sollte möglichst entspannt sein. Vielleicht ziehen Sie die Beine leicht an. Gehen Sie nun Schritt für Schritt die folgenden Fragen durch, und notieren Sie bei jedem Punkt, ob er auf Sie zutrifft oder nicht.

Gibt es Hautauffälligkeiten, z. B. Blutadern (Venen), die auf der Bauchdecke sichtbar hervortreten?

- ❑ Nein
- ❑ Ja

Achtung Gesundheitsriskio

Der Grund für die hervortretenden Venen könnte eine Blockierung der Blutgefäße oder ein verstärkter Druck der Bauchorgane auf die Venen sein.

Ist der Bauch behaart?

- ❑ Ja. Alles in Ordnung, wenn Sie ein Mann sind. Eine ungewöhnliche Behaarung des weiblichen Oberkörpers kann mit einem gestörten Gleichgewicht der Sexualhormone zusammenhängen. So führt eine Lebererkrankung manchmal zum verminderten Abbau des weiblichen Sexualhormons Östrogen.
- ❑ Nein. Eine fehlende oder geringe Behaarung des männlichen Oberkörpers kann mit einem gestörten Gleichgewicht der Sexualhormone zusammenhängen.

Wie ist die Form des Bauchs?

- ❑ Wirkt er aufgedunsen bzw. aufgebläht? Ein chronisch aufgeblähter Bauch kann wirklich mit Blähungen, genauer: mit einer Gasansammlung zu tun haben. Mediziner nennen das Meteorismus (Blähsucht). Ebenso kann eine Verstopfung der Grund sein. Plötzliches Aufgeblähtsein entsteht auch bei Menschen, die in Angst- und Stresssituationen Luft schlucken, oder nach dem Genuss von blähungsfördernden Nahrungsmitteln wie Bohnen, Erbsen oder Kohl. Beides macht sich durch eine lokale Luftansammlung in der linken unteren Brustkorbhälfte (Magen) bemerkbar.

Achtung Gesundheitsrisiko
Einer plötzlichen Aufblähung kann aber auch ein Darmverschluss oder eine Bauchfellentzündung zugrunde liegen. Diese Krankheiten zeigen meist noch Symptome wie Schmerzen und Erbrechen. Ist der Bauch zu beiden Seiten hin aufgedunsen, kann eine Bauchwassersucht (Aszites) vorliegen. In diesem Fall kommt es zu einer Ansammlung von Flüssigkeit in der Bauchhöhle. Ursache können Herz-, Lungen- oder Nierenkrankheiten sein.

Dann gibt es noch die so genannten Vorbuckelungen: Das sind lokale Schwellungen oder Vorwölbungen, die bei einer Vergrößerung einzelner Organe (Magen, Milz, Blase, Niere, Uterus) oder einer Eierstockzyste auftreten können.
Sie sind charakteristisch für einen Eingeweidebruch, eine so genannte Hernie, die am häufigsten in der Leistenbeuge vorkommt. Etwa ein bis zwei Prozent aller Männer leiden an einer Leistenhernie, bei Frauen ist sie eher selten. Dabei quillt Baucheingeweide aus der Bauchwand heraus in eine Gegend, in die es normalerweise nicht hingehört. Beim Mann kann dieser »Bruchsack« bis in den Hoden wandern. Häufiger bei der Frau ist die Schenkelhalshernie. In den weitaus meisten Fällen müssen Hernien operativ behoben werden.

Haben Sie Vorbuckelungen festgestellt?

❑ Ja ❑ Nein

Bruchschwellungen
Hernien entstehen durch Übergewicht, bei bestimmten Sportarten, angeborener Bindegewebsschwäche und Überanstrengung der Bauchmuskeln. Treffen Sie Vorsorge: Verringern Sie Ihr Übergewicht, sorgen Sie für regelmäßigen Stuhlgang und eine ballaststoffreiche Ernährung. Kräftigen Sie Bindegewebe und Muskulatur durch ausreichend Bewegung und genügend Sport.

Test 71 *Verdauung und Stuhlgang*

Schokolade gehört zu den Klassikern unter den Lebensmitteln, die zu Verstopfung führen.

Beurteilen Sie nun anschließend Ihren Stuhlgang, und kreuzen Sie die Aussagen an, die für Sie zutreffen. Wenn Sie bei sich ein Gesundheitsrisiko feststellen, das Sie noch nicht kannten und das nicht behandelt wird, gehen Sie bitte zum Arzt.
Eine gut funktionierende, gesunde Verdauung zeigt sich in einem regelmäßigen Stuhlgang und einer bestimmten Konsistenz und Farbe von Stuhl und Urin. Der Normalbereich bei der hiesigen Bevölkerung mit westlichen Ernährungsgewohnheiten ist dabei relativ weit gesteckt. Zwar haben 70 % der Bevölkerung etwa einmal am Tag Stuhlgang, doch dreimal täglich bis zu einmal alle drei Tage ist auch normal.

Liegen Sie im Limit? Entscheidend ist vor allem, dass die Stuhlentleerung keinerlei (auch subjektive) Beschwerden auslöst.

- ❑ Ja
- ❑ Nein, dann lesen Sie bitte weiter.

Haben Sie dauernd das Gefühl, als sei Stuhl im Darm geblieben, erscheint Ihnen der Stuhl zu hart, und wird die Entleerung als mangelhaft empfunden?

- ❑ Ja. Wenn der Gang zur Toilette zudem seltener als zweimal in der Woche stattfindet, spricht man von Verstopfung (Obstipation). Man unterscheidet hier Obstipationen von kurzer Dauer und solche, die schon gewohnheitsmäßig auftreten und seit Jahren bestehen. Die Ursachen sind vielfältig: falsche Ernährung, Bewegungsmangel, psychische Probleme, künstliches Unterdrücken des Stuhlgangs, Reisekrankheit, Nebenwirkungen von Medikamenten, Krankheiten des Darms und des Nervensystems.

Verdauung und Nervensystem

Die Verdauungsvorgänge werden unmittelbar vom vegetativen Nervensystem gesteuert; nur die Nahrungsaufnahme und die Darmentleerung werden willentlich beeinflusst. Magen und Darm reagieren bei vielen Menschen sensibel auf psychische Spannungen, Nervosität, Stress und Angst. Wer seinen Ärger also immer nur »herunterschluckt«, kann ihn in der Magengrube spüren.

Stuhlveränderungen **Test 72**

Wie ist die Farbe und Qualität Ihres Stuhles? Menschlicher Kot ist normalerweise braun und weich geformt. Hier die signifikantesten Veränderungen und die Krankheiten, die dahinter stecken. Wenn eines der Kennzeichen bei Ihnen auftritt, markieren Sie es bitte und gehen Sie zum Arzt, falls Sie deswegen noch nicht in Behandlung sind!

- ❑ Wässriger, heller, grün-gelblicher Stuhl bei Durchfall (Diarrhöe). Mögliche Ursachen: Nervöser Darm (so genannter Reizkolon), Magen-Darm-Entzündung.
- ❑ Dunkler, harter Stuhl bei Verstopfung. Ursachen wie oben.
- ❑ Grauer, lehmfarbiger, massiger Stuhl. Mögliche Ursachen: Funktionsstörung der Bauchspeicheldrüse, Gallensteine.
- ❑ Schwarzer bis teerartiger Stuhl. Ursachen: Magen- oder Darmgeschwüre (die dunkle Farbe ist zurückzuführen auf Blutbeimengungen), Medikamente, Nahrungsmittel wie Rote Bete oder Blaubeeren.
- ❑ Beimischungen von Blut oder Schleim. Mögliche Ursachen: Hämorrhoiden, Darmpolypen, Reizdarm, Dickdarmentzündung.

Verdauungsbeschwerden

Als Verdauungsbeschwerden gelten leichte Unpässlichkeiten wie Blähungen, Völlegefühl oder Verstopfung, wenn sie schnell wieder vorübergehen und keine Begleitsymptome auftreten. Sie sind kein Grund zur Besorgnis, könnten allerdings sehr wohl eine Krankheit ankündigen, z. B. eine Magen-Darm-Entzündung. Ausnahme: Eine plötzlich einsetzende extreme Verstopfung kann besonders bei alten Menschen Symptom eines Darmverschlusses sein.

Weitere Symptome

Nierenprobleme zeigen sich nicht nur in einer auffällig geringen bzw. großen Harnmenge oder einer entsprechenden Verfärbung des Urins, sondern auch in anderen Symptomen.
Ein untrügliches Warnzeichen ist, wenn Sie nach dem morgendlichen Aufstehen beim Blick in den Spiegel Schwellungen unter den Augen oder Schwellungen der Lider entdecken, die im Laufe des Tages zurückgehen.

Basistest Nieren

Bei einem gesunden Menschen liegt die tägliche Harnausscheidung im Durchschnitt bei 1,2 bis 1,5 Litern. Der Urin ist normalerweise hellgelb bis wasserhell, bei Fieber und starkem Schwitzen kann er dunkelgelb sein. Wenn man viel trinkt, hellt er sich auf.

Frisches, klares Wasser ist eines der wertvollsten Lebensmittel überhaupt. Versuchen Sie eine Marke zu finden, die Ihnen wirklich schmeckt, und trinken Sie reichlich.

Test 73 *Nierenfunktion*

Arbeiten Ihre Nieren ordnungsgemäß? Ist Ihr Harnverhalten normal? Weicht Ihr Harnverhalten zuweilen oder häufig von der genannten Norm ab? Die Bandbreite möglicher Abweichungen ist groß: zu wenig oder zu viel, zu häufiges oder zu seltenes bis hin zu verzögertem oder unfreiwilligem Wasserlassen. Die Ursachen können stress- oder ernährungsbedingt, aber auch schwerwiegenderer Natur sein.
Bitte gehen Sie die folgenden Aussagen Schritt für Schritt durch, und entscheiden Sie bei jedem Punkt, ob er auf Sie zutrifft. Gehen Sie zum Arzt, wenn Sie feststellen, dass Sie auf eine Erkrankung stoßen, die noch nicht behandelt wird.

- ❑ Ein abnorm häufiges und reichliches Wasserlassen (Pollakisurie) kann auf übermäßigen Kaffee-, Tee- oder Alkoholkonsum zurückzuführen sein, denn solche Genussmittel regen die Urinproduktion an. Es kann aber auch andere Ursachen haben: Stresssituationen, emotionelle Störungen, Zuckerkrankheit (Diabetes mellitus). Von einer krankhaft erhöhten Harnmenge (Polyurie) spricht man bei mehr als zwei Litern Harn am Tag.

- ❑ Bei weniger als 500 Millilitern Ausscheidung am Tag spricht man von Oligurie. Mögliche Ursachen: Nierensteine (zusätzlich Schmerz im Lendenbereich), Nierenentzündung (zusätzlich schmerzhafter Harndrang), Nebenwirkungen von Medikamenten.

- ❑ Eine Harnmenge von weniger als 100 Millilitern pro Tag (Anurie) deutet auf Nierensteine, eine vergrößerte Prostata, Verengung der Harnröhre (zusätzlich starker Schmerz), Nierenerkrankung (die Nieren bilden nicht mehr genug Urin), Nebenwirkungen von Medikamenten etc, hin.

So wichtig es ist, viel zu trinken, so wichtig ist es, sich auf seine Reizblase einzustellen. Beckenbodengymnastik ist nur eine Möglichkeit der besseren Kontrolle.

- ❑ Trinken Sie vor dem Schlafengehen zu viel, kann es vorkommen, dass Sie in der Nacht einmal oder sogar mehrmals die Toilette aufsuchen müssen. Nächtliches Wasserlassen kann auch durch eine vergrößerte Prostata oder eine Blasenentzündung ausgelöst werden.
- ❑ Wenn das Wasserlassen nicht mehr vollständig kontrollierbar ist, spricht man von Blasenschwäche, Reizblase oder Inkontinenz. Das kann verschiedenste Ursachen haben: psychosozialer Stress, Prostataerkrankung, Harnwegsinfektion, neurologische Störungen, Blasenentzündung, Blasenverschluss, Nebenwirkungen von Medikamenten.

Achtung Gesundheitsrisiko

Eine Rotfärbung des frischen Urins entsteht nach dem Verzehr bestimmter Nahrungsmittel oder während der Menstruation, kann aber auch Symptom sein für Erkrankungen der Nieren, der Harnleiter, der Blase oder der Prostata.
Ausnahme: Bleibt Urin einige Zeit stehen, bildet sich ein rötlicher Bodensatz (Ziegelmehl). Das ist normal.
Eine dunkle bis dunkelgelbe Färbung entsteht beispielsweise beim Sport oder bei starker Hitze, wenn der durch das Schwitzen entstandene Flüssigkeitsverlust nicht genügend ausgeglichen wird. Andere Gründe sind: Leberentzündung (Hepatitis), bestimmte Nahrungsmittel oder Medikamente.

Ärztliche Bauchraumuntersuchung

Zu einer umfangreichen Inspektion des Bauchraumes gehört die ärztliche Palpation, die Untersuchung der inneren Organe durch Betastung. Sie erfordert detaillierte Kenntnisse der Größe, Form, Festigkeit und genauen Lage der inneren Organe und braucht viel Erfahrung. Innere Organe wie Magen und Darm lassen sich nur sehr selten exakt ertasten. Ein Arzt wird bei einer umfangreichen Untersuchung auch die Darmgeräusche mit einem Stethoskop, einem Hörrohr, abhören. Normal sind fünf bis zehn Darmgeräusche pro Minute.

Sie und Ihre Umwelt

Harmonisch mit sich und seiner Umwelt zu leben, erfordert eine Menge Engagement und Phantasie. Doch noch nie waren die Chancen, ein selbstbestimmtes Leben zu führen, so groß wie heute.

Die heutige Welt unterscheidet sich grundsätzlich von der Welt des vergangenen Jahrhunderts. Ja, wir leben heute deutlich anders als selbst noch vor 20 Jahren. Zwischen dem vergangenen Jahrhundert und diesem liegt die industrielle Revolution, und mit Einführung und Weiterentwicklung der Raumfahrt- und Computertechnik haben auch wir umwälzende technische Neuerungen erlebt. Und dieser rasche Fortschritt hält an.

Stetiger Wandel überfordert

Die Werte- und Moralvorstellungen, die gesellschaftlichen Ideale und Vorbilder, aber auch die Selbstorientierung des Individuums, all das hinkt den rasanten Veränderungen hoffnungslos hinterher, wird von den Tatsachen immer wieder überrollt.

Für den einzelnen Menschen wird es immer schwieriger, Ziele zu finden, auf die er langfristig zusteuern kann. So entsteht für ihn der Eindruck, dass es sich nicht lohnt, in Gefühle zu investieren, auf die Gesundheit zu achten oder auf den guten Ton und Kollegialität am Arbeitsplatz. Schlimmer noch: Schleichend und unbemerkt ist vielen der Sinn ihres Daseins abhanden gekommen, oder sie konnten ihn noch gar nie erkennen. Sinnstiftende Größen wie Familie, Glaube oder etwa ein Beruf, den man mit Leib und Seele ausübt, sind weitgehend verloren gegangen. Die Folgen davon sind oft verheerend: Flucht in Depressionen, Alkoholismus, Esssucht oder eine gleichgültige Lebenseinstellung.

Gestalten Sie Ihr Leben

Dagegen gilt es anzugehen. Lebensqualität und Zufriedenheit zu erlangen setzt ein Erkennen der eigenen Möglichkeiten und Ziele voraus. Es hat keinen Sinn, so schlank wie ein Supermodel oder so muskulös wie ein Vorzeige-Bodybuilder werden zu wollen, wenn die eigene körperliche Konstitution das nicht zulässt. Diese Traumbilder, die uns von den Medien als die Garanten oder gar die Bedingungen für ein glückliches Leben präsentiert werden, sind Seifenblasen, die beim frustrierten Nacheiferer zu Resignation und Apathie führen.

Setzen Sie eine ungeschönte und ehrliche Einschätzung Ihrer selbst dagegen als Basis für Ihr persönliches Wohlbefinden und Ihre – vielleicht erst noch zu erlangende – Fitness . Dies ist ein lohnendes Ziel, und damit Sie den Weg leichter finden, haben wir das folgende Kapitel zusammengestellt, das Ihnen Hinweise für eine persönliche Strategie gibt.

1. Zunächst können Sie anhand der Tests im ersten Abschnitt eine Bestandsaufnahme machen, die Ihnen einiges darüber sagt, wie wohl Sie sich momentan fühlen – und wo die Punkte sind, an denen Sie ansetzen können.
2. In einem zweiten Abschnitt betrachten wir die Faktoren, die uns allen in unserer modernen Welt zu schaffen machen. Hier erfahren Sie, wie Sie mit diesen unausweichlichen Risikofaktoren umgehen. Sie können aber auch feststellen, ob Sie bereits unter Auswirkungen leiden.
3. Im dritten Teil zeigen wir Ihnen die natürlichen Hilfsmittel, mit denen wir unsere Gesundheit stabilisieren können, um uns in der Welt besser zu behaupten. Dabei liegt ein Augenmerk darauf, wie wir mit diesen Hilfsmitteln umgehen. Denn der Missbrauch kann hier große Probleme mit sich bringen.
   Die Hauptpfeiler der Gesundheit sind, wie wir seit dem Altertum wissen, Ernährung, Bewegung und Entspannung. Viele Krankheiten – insbesondere die des Herz-Kreislauf-Systems – sind nachweislich auf eine ungesunde Lebensweise zurückzuführen. So kann einseitige Kost Vitaminmangel zur Folge haben. Übergewicht begünstigt den Ausbruch der Altersdiabetes.

Ein Risiko bedingt das andere

Das sind alles Risiken, die man vermeiden könnte. Meistens ist es auch gar nicht nur ein einziges Risiko, dem wir uns aussetzen. Mehrere Risikofaktoren summieren und verstärken sich gegenseitig. Wer viel raucht, sich kaum bewegt, in seinem Beruf »gemobbt« wird und dazu noch dauernd Streit mit dem Ehepartner hat, wird wahrscheinlich irgendwann krank werden. Zuweilen beginnt ein regelrechter »Teufelskreislauf«: ein Risiko bedingt das andere. Auch psycho-soziale Faktoren und das eigene psychische Wohlbefinden spielen eine Rolle. Großer Stress kann die Lebensqualität entscheidend mindern. Wer sich in einer solchen Situation befindet, weiß wie schwer es ist, den »Antrieb« zu finden, sich ausgewogen zu ernähren und sich einmal richtig zu entspannen. Als Ausgleich werden dann oft Mittel gewählt, die den Organismus nur scheinbar entlasten und ihn langfristig weiter schwächen. Dazu zählen z.B. die Flucht in den Alkohol oder eine zusätzliche Reizbelastung, etwa in Form stundenlangen Fernsehens.
Kein Wunder, wenn dann nicht nur der Organismus, sondern auch die Psyche reagieren. Den seelisch-geistigen Probleme unserer Zeit haben wir ein eigenes Kapitel gewidmet.

Wie also ist Ihr persönlicher Ernährungsstatus, Ihr Bewegungsstatus und Ihr Stress- und Erholungsverhalten? Was könnten Sie tun, um Ihre Lebensqualität, Ihr seelisches und körperliches Wohlbefinden zu verbessern?
Erkenntnis ist die Vorstufe der Veränderung. Vielleicht können Ihnen die folgenden Seiten bei der »Gewissenserforschung« ein wenig helfen, konkrete Schwachstellen und Gesundheitsrisiken zu erkennen.

Viel zu selten sind die Momente, in denen man sich glücklich und unbeschwert fühlt. Immer wieder muss man sich in Frage stellen, um neue Ziele zu erreichen.

Testreihe Wohlbefinden und Lebensqualität

Die folgende Testreihe beginnt mit persönlichen Fragen, die das Ziel haben, Sie um eine Selbsteinschätzung zu bitten. Anschließend wird es konkreter – der Test, mit dem Sie eine eigene Einschätzung Ihrer Lebensqualität geben, hilft Ihnen herauszufinden, wo Sie Ihr Leben ganz gezielt verbessern oder erfolgreicher gestalten möchten. Dabei ist Lebensqualität eine sehr komplexe Sache, die das psychische und körperliche Befinden, die Lebens- und Wohnbedingungen, die sozialen Beziehungen, die persönliche Unabhängigkeit und nicht zuletzt die Frage nach dem Lebenssinn umfasst. Nach den bewussten Auseinandersetzungen folgt dann ein kurzer Einblick in die eher unbewussten Teile der Persönlichkeit. Ein weltweit anerkannter Farbtest gibt Ihnen erste Hinweise auf unausgelebtes Potential – aber auch auf unbewusste Ängste und Konflikte. Mit Tipps, wie es uns gelingt ein wenig glücklicher zu leben, schließt dieses erste Kapitel ab.

Test 74 *Selbsteinschätzung*

Mit dem folgenden Test können Sie erkunden, wo Ihre Lebensqualität eingeschränkt ist oder wo Sie sich selbst noch mehr Entfaltung wünschen. Es geht also darum herauszufinden, wie Sie zu Ihrem Leben und zu sich selbst stehen – ob Sie sich wohl fühlen.
Ein gutes Befinden hängt unter anderem davon ab, ob Sie sich in Ihrem eigenen Körper wohl fühlen, wie Sie sich selbst einschätzen und ob Sie einen guten Draht zu Ihren eigenen Gedanken und Gefühlen haben.
Wir haben hier keine Auswertung angeboten, da die Fragen sich im persönlichen Bereich bewegen.

❑ Können Sie negative Gefühle und Gedanken verarbeiten?

❑ Oder erleben Sie jedes »Tief« als Katastrophe und persönliches Versagen?

❑ Sind Sie in der Lage, positive Gefühle (Freude, Lust, Glück) wie negative Empfindungen (Trauer, Wut, Enttäuschung) zu fühlen und auch ohne schlechtes Gewissen anderen Menschen mitzuteilen?

- ❑ Verlieren Sie sich in Gedanken oft in Fantasievorstellungen, oder sind Ihre Gedanken meist in der Realität verwurzelt?

- ❑ Wie sieht es aus mit Ihrer Fähigkeit der Konfliktbewältigung?

- ❑ Beziehen Sie eine eigene Position, und setzen Sie sich in Gesprächen ehrlich mit anderen Menschen auseinander?

- ❑ Kritisieren Sie sich selbst, wenn Sie einmal einen Fehler machen?

- ❑ Mögen Sie sich? Wenn ja, können Sie sowohl negative wie positive Eigenschaften aufzählen? Sie können diese Liste Ihrer (etwa 30) Stärken und Schwächen auf einem separaten Blatt notieren. Übrigens hat man festgestellt, dass bei allen Angehörigen unseres Kulturkreises die Liste der Schwächen länger ist als die der Stärken ...

- ❑ Fühlen Sie sich wohl in Ihrer häuslichen und beruflichen Umgebung?

- ❑ Haben Sie ein gutes Körpergefühl, oder nehmen sie Ihren Körper manchmal am liebsten gar nicht wahr?

Lebensqualität **Test 75**

Lebensqualität ist ein Wort der 70er Jahre. Seit dieser Zeit geistert es in allen Köpfen herum. Sozialwissenschaftler und Psychologen erforschen die unterschiedlichen Vorstellungen von Lebensqualität in Ost- und Westdeutschland. Die Weltgesundheitsorganisation (WHO) hat einen Fragebogen zur subjektiven Lebensqualität erarbeitet, der grenzüberschreitende Gültigkeit haben und künftig weltweit eingesetzt werden soll.

Die Bezeichnung »subjektive Lebensqualität« deutet es schon an: Lebensqualität wird nicht als objektive Größe verstanden, sondern eher als eine subjektive Erfahrung. Entscheidend ist nicht, wie etwas wirklich ist, sondern wie es jeder einzelne empfindet und bewertet. Zum Beispiel kann eine 40-m^2-Wohnung für den einen zu klein sein und seine Zufriedenheit und folglich seine Lebensqualität negativ beeinflussen. Für einen anderen aber, mag es keine oder nur geringe Bedeutung haben. Was Ihnen wichtig ist, können Sie anhand unseres Tests herausfinden.
Geben Sie sich diesmal auf unserer Befindlichkeitsskala von eins bis sechs für jeden der folgenden Bereiche eine Wertung. Wenn Sie für jede einzelne Frage eine solche Wertung vornehmen und danach den Durchschnittswert ermitteln, wird das Ergebnis noch genauer werden.

1. Die psychische Befindlichkeit ist ein Hauptkriterium für die Lebensqualität jedes Menschen. Ob wir uns glücklich fühlen oder nicht, hängt von vielen Faktoren ab und ist nicht so einfach »abzufragen«. Horchen Sie einfach für die Beantwortung dieser Frage in sich hinein und haben Sie den Mut, einmal ganz ehrlich nur für sich zu versuchen, die Frage zu beantworten, ob Sie glücklich sind oder zufrieden.
   Wer sich mit diesem Thema intensiver beschäftigen möchte, kann den vorhergegangenen Test »Selbsteinschätzung« bewerten und außerdem nach den Gründen fahnden, die seine Lebensqualität einschränken. Beeinträchtigungen ergeben sich ja auch aus mangelnder Konzentrationsfähigkeit, einem schlechten Gedächtnis oder einer Neigung zu Depressionen.

Auch Jugend ist keine Garantie für Glück. Wer mit den Jahren nicht nur älter, sondern auch ein wenig weiser wird, kann einen sehr erfolgreichen Lebensweg finden.

Tests zu Themen wie Konzentration und Gedächtnis finden Sie im Kapitel »Nervensystem«, denn diese Fähigkeiten sind auch von der Leistungsfähigkeit Ihres Gehirns abhängig. Der Depressionstest (Seite 180) ermittelt Ihre Neigung zu Wehmut und Melancholie.

Wie also steht es um Ihren persönlichen »Glückswert«?

❑ 1 ❑ 2 ❑ 3 ❑ 4 ❑ 5 ❑ 6

2. Das körperliche Befinden ist ein ganz entscheidender Faktor für unser Lebensgefühl. Wenn Sie Ihr Befinden bewerten wollen, denken Sie bitte einmal anfolgende Fragen: Leiden Sie an einer (chronischen) Krankheit, die Ihr Befinden negativ beeinflusst? Belasten Sie häufig Schmerzen oder andere körperliche Gebrechen? Sind Sie tagsüber leicht müde und/oder erschöpft?

Wie beurteilen Sie abschließend Ihr körperliches Befinden?

❑ 1 ❑ 2 ❑ 3 ❑ 4 ❑ 5 ❑ 6

3. Lebens- und Wohnbedingungen sind für jeden unterschiedlich wichtig. Zur Beurteilung dieses Komplexes kann man sich fragen: Fühlen Sie sich wohl in der Stadt, in der Sie leben? Gefällt Ihnen Ihre Wohnsituation? Wie ist die medizinische Versorgung am Wohnort? Genügt Ihnen das kulturelle und das Bildungsangebot? Gibt es gute Freizeit- und Erholungsmöglichkeiten, die Sie nutzen? Finden Sie Zeit und Muße zu entspannen?

Wie wohl fühlen Sie sich in Ihrem Wohnumfeld?

❑ 1 ❑ 2 ❑ 3 ❑ 4 ❑ 5 ❑ 6

4. Soziale Beziehungen sind ein sehr wichtiger Teil des menschlichen Daseins. Nicht nur in der Familie leben wir in einer Gruppe – auch im privaten Freundeskreis oder am Arbeitsplatz sind wir mit anderen Menschen zusammen, können und müssen uns auseinander setzen. Betrachten Sie einmal Ihre Beziehungen und fragen Sie sich: Habe ich aufrichtige persönliche Beziehungen, in denen ich mich wohl und geborgen fühle? Gibt es einen Freund, dem ich »alles« erzählen kann und der mich versteht und zu mir hält? Habe ich Bekannte, mit denen ich meinen unterschiedlichen Interessen nachgehen kann? Bin ich mit meinem Sexualleben zufrieden? Und wie steht es mit der Liebe?

Wie also steht es um Ihre Zufriedenheit mit Freundschaften und Bekanntschaften?

❑ 1 ❑ 2 ❑ 3 ❑ 4 ❑ 5 ❑ 6

5. Persönliche Unabhängigkeit und Handlungsfreiheit sind Grundpfeiler für die Möglichkeit, die eigene Persönlichkeit zur vollen Entfaltung bringen zu können. Natürlich ist kein Mensch völlig frei. Wir alle stoßen an Grenzen, und nicht alle können wir mit Engagement und Leistungsbereitschaft überwinden. Wie ausgeprägt ist beispielsweise Ihre Arbeitsfähigkeit? Wie mobil sind Sie? Benötigen Sie im täglichen Leben einen Ausgleich in Form von Medikamenten oder Drogen? Bereitet es Ihnen Schwierigkeiten, alle für Sie notwendigen täglichen Erledigungen selbst auszuführen? Sind Sie auf jemanden angewiesen? Belasten Sie finanzielle Probleme?

Wie sieht Ihr persönliches Wohlbefinden im Punkt persönliche Freiheit aus?

❑ 1 ❑ 2 ❑ 3 ❑ 4 ❑ 5 ❑ 6

6. Sinn im eigenen Leben zu finden ist mitunter harte Arbeit. Es hängt durchaus auch von Lebenserfahrung und Alter ab, ob und wie man diese Frage beantworten kann. Wenn Sie diesen Punkt ein wenig betrachten möchten, können Sie sich fragen, ob Sie in Ihrem Leben einen höheren Sinn erkannt haben oder ob Sie z.B. benennbare religiöse und sonstige persönliche Überzeugungen besitzen, für die Sie jederzeit eintreten würden.

Wir alle wünschen uns, im Leben aufzublühen und Erfolg zu haben – genau das ist aber unsere eigentliche Aufgabe, und sie dauert ein Leben lang an.

Test 76 *Psychisches Befinden*

Nachdem Sie sich nun sehr bewusst mit den wesentlichen Bereichen Ihres persönlichen Lebensgefühls beschäftigt haben, bietet der folgende Test die Möglichkeit, auch das Unterbewusstsein zu fragen und sich einmal mit seinen Signalen auseinander zu setzen: Farben wirken unabhängig vom Bewusstsein direkt auf das vegetative Nervensystem (Seite 62).
Jede Farbe löst in uns Menschen bestimmte Empfindungen aus. Vegetative Körperreaktionen stellen sich ein. Bei manchen Farben, z. B. Rot, ist die Erregung besonders stark: der Blutdruck steigt an, Puls und Atmung beschleunigen sich. Andere Farben, z. B. Blau, wirken beruhigend. Atmung und Puls werden langsamer, auch der Blutdruck sinkt.
Der Psychologe Max Lüscher glaubte, dass Vorlieben, die Menschen für bestimmte Farben haben, Rückschlüsse auf ihre psychische Verfassung und ihre Persönlichkeit zulassen. Im Jahre 1947 erfand er einen komplexen Farbentest, der weltweite Anerkennung fand.
Wir können Ihnen an dieser Stelle nur einen ersten kurzen Einblick in die hochinteressante Welt der Farbpsychologie geben. Wenn Sie sich näher für Lüschers Theorien und Farbdiagnostik interessieren, sei Ihnen an dieser Stelle die Lektüre eines seiner zahlreichen – teilweise vergriffenen – Bücher empfohlen. (zum Beispiel. M. Lüscher, Psychologie der Farben; Der Lüscher Test. Persönlichkeitsbeurteilung durch Farbwahl. Nähere Angaben im Literaturverzeichnis, Seite 187.)

Welche der folgenden Farben sagt Ihnen (derzeit) besonders zu, und welche mögen Sie nicht bzw. weniger?

Über die Farbe BLAU: Eine eindeutige Vorliebe für Blau zeigen Menschen, die in ihrem Leben ein besonderes Bedürfnis nach Ruhe, Harmonie und Zufriedenheit haben und dieses auch ausleben. Wenn Sie dagegen Blau am wenigsten von all den hier gezeigten Farben mögen, kann das bedeuten, dass Ihr Glaube an Ruhe und Harmonie erschüttert bzw. enttäuscht wurde.

Über die Farbe ROT: Ist Rot Ihre erste Wahl, könnte das heißen, dass Sie nach Erfolg und intensiven Erfahrungen streben. Sie haben Lust auf ein ereignisreiches Leben. Aber Vorsicht: Stressgefahr! Langzeitstudien haben gezeigt, dass Menschen, die die Farben Rot und Grün bevorzugen, aufgrund eines inneren Stresses herzinfarktgefährdet sind. Und wer Rot gar nicht mag, könnte sich derzeit vor unnötigen Aufregungen und Ärger schützen wollen.

Über die Farbe GRÜN: Das dunkle Tannengrün spiegelt ein stabiles Selbstwertgefühl wider und kündet von innerer Beharrlichkeit und Konstanz. Es ist nicht zu verwechseln mit dem Gelbgrün, dass wir alle mit Hoffnung verbinden.

Über die Farbe GELB: Gelb steht dem hellen Licht am nächsten. Es wird meist von Menschen gewählt, die Veränderungen suchen und sich nach stressfreien und glücklicheren Verhältnissen sehnen. Wer Gelb ablehnt, könnte von seinen Mitmenschen enttäuscht worden sein.

Über die Farbe VIOLETT: Wählen Sie Violett als Ihre erste Farbe, sehnen Sie sich wahrscheinlich nach jemand anderem. Sie sind neugierig und sensibel, wollen andere begeistern und anziehen. Lehnen Sie Violett ab, kann das ähnlich wie bei der Ablehnung des Gelb eine Enttäuschung in zwischenmenschlichen Beziehungen ausdrücken.

Über die Farbe BRAUN: Braun ist eine dunkle Variante des Gelbrot. Die an sich vitale Kraft von Gelb und Rot ist nicht mehr aktiv. Mit Braun verbindet man die eher passive Behaglichkeit, fast eine Schwere des Körpers. Wer Braun bevorzugt, sehnt sich danach, sich fallen lassen zu können.

Über die Farbe GRAU: Menschen, die man als »graue Maus« bezeichnet, wollen nicht »Farbe bekennen«. So steht die Farbe Grau an sich für Konturlosigkeit und Neutralität.

Über die Farbe SCHWARZ: Schwarz drückt in erster Linie das Nichts aus, das Ende als Kontrast zur Freiheit des Weiß. Es signalisiert Abwehr, Verdrängung und Protest. Wer Schwarz an zweiter Stelle wählt, glaubt übrigens all das verdrängen zu können,wofür seine Lieblingsfarbe steht.

Test 77 *Gefühlslage*

Dieser einfache Test wird häufig von Psychologen benutzt, um die emotionale Einstellung eines Menschen zu seinem Leben zu ermitteln. Er kann Ihnen vielleicht einen Anstoß geben, Ihre Einstellung zum Leben zu hinterfragen und einmal zu überlegen, was konkret in Ihrem Leben verbessert werden könnte. Doch bedenken Sie bitte: Glücklich zu sein bedeutet nicht, in einem Zustand stumpfer Selbstzufriedenheit zu verharren.

Sehen Sie sich die fünf Gesichter an. Welcher Gesichtsausdruck gibt am treffendsten Ihre allgemeine Stimmungslage in Bezug auf das Leben wieder?

- ❑ Der unglückliche?
- ❑ Der leicht niedergeschlagen wirkende?
- ❑ Der mittlere, ausgeglichene?
- ❑ Der recht zufriedene?
- ❑ Der letzte, der sehr glückliche?

Testauflösung

Wählen Sie das glücklichste Gesicht, erfüllt das Leben (fast) alle Ihre Wünsche und Bedürfnisse. Sie sind – zumindest sehr häufig – rundum zufrieden und glücklich.

- Entscheiden Sie sich für eines der ersten zwei, traurigen Gesichter, gibt es Dinge in Ihrem Leben, die Sie wirklich unglücklich machen und Ihre Stimmung nachhaltig trüben.
- Entspricht das mittlere Gesicht, also das mit dem ausgeglichenen Gesichtsausdruck, oder sogar das vierte, das leicht glückliche Gesicht, Ihrer Stimmung, deutet das darauf hin, dass es in Ihrem Leben durchaus Bereiche gibt, die Sie belasten und zu verbessern wären. Etwa 50 Prozent aller Menschen wählen übrigens das vierte Gesicht.

Glücklichsein kann man lernen!

Der amerikanische Psychologe Abraham Maslow untersuchte das Verhalten und die Persönlichkeit von Menschen, die angaben, von Natur aus glücklich und zufrieden zu sein. Er stellte fest, dass diese Menschen ein großes Maß an Selbstakzeptanz besitzen und auch andere Menschen so akzeptieren, wie sie sind – ohne sie nach einem Idealbild verändern zu wollen. Weiter fiel auf, dass sie spontan, kreativ und humorvoll dem Leben entgegentreten und die Freuden des Lebens schätzen und geniessen können. Außerdem konzentrierten sie sich vor allem auf das ‚Hier und Jetzt', statt sich ständig mit der Vergangenheit oder Zukunft zu beschäftigen. Die entscheidendste Gemeinsamkeit aber war laut Maslow, dass sie es geschafft hatten, sich selbst zu verwirklichen und ihr individuelles Potential in intellektueller und emotionaler Hinsicht optimal genutzt zu haben.
Vielen, wenn nicht den meisten dieser Menschen ist eine solche positive Lebenseinstellung »in die Wiege gelegt worden«. Es ist nicht einfach, derartige Eigenschaften zu entwickeln, wenn man nicht das große Glück hatte, damit geboren oder entsprechend positiv erzogen worden zu sein. Doch es ist möglich.

- ❑ Machen Sie neue Erfahrungen, brechen Sie aus festgefahrenen Bahnen der täglichen Routine aus. Lesen Sie einmal eine andere als Ihre Lieblingszeitung, gucken Sie eine andere als die übliche Nachrichtensendung im Fernsehen. Wenn Sie schüchtern sind, gehen Sie einmal auf Leute zu, beginnen Sie selbst ein Gespräch. Handeln Sie anders, als Sie es gewohnt sind. Suchen Sie ungewohnte Situationen.

- ❑ Hören Sie auf Ihre innersten Gefühle, und nehmen Sie sie ernst. Glauben Sie nicht vorbehaltlos den Meinungen von Autoritäten oder der Meinung, die die Mehrheit vertritt. Überlegen Sie vielmehr, ob Sie persönlich derselben Meinung sind.

- ❑ Übernehmen Sie Verantwortung für alles, was sie sagen und tun.

- ❑ Bemühen Sie sich, anderen Menschen gegenüber eine positive Einstellung zu haben.

- ❑ Hören Sie genau zu, was andere sagen, egal, ob Sie derselben Meinung sind oder nicht. Seien Sie nicht belehrend oder „schulmeisterlich". Verteidigen Sie Ihren Standpunkt nicht um jeden Preis, denn jeder Standpunkt hat Stärken und Schwächen. Achten Sie auch auf Schwachstellen in Ihrer eigenen Argumentation.

Belastungsmomente

Ständig ist unser Leben in Bewegung. Da ist es nicht immer ganz leicht, die Balance zu halten!

Das innere Leben in der Balance zu halten ist nicht immer einfach, denn während jeder Mensch immer wieder aufs Neue aufgerufen ist, sich weiterzuentwickeln, geht das Leben schon wieder seinen Gang und stellt uns vor neue Aufgaben. Dazu kommen in unserer modernen Welt einige Faktoren, die eine andere Qualität haben.
Wir alle sind Belastungen ausgesetzt, und es fordert teilweise unsere ganze Aufmerksamkeit und Kraft, um mit ihnen »fertig zu werden«. Wir haben aus diesen Faktoren vier ausgewählt, die wir gemeinsam mit Ihnen näher betrachten wollen, weil sie Eigenschaften haben, die sie für eine Auseinandersetzung in diesem Rahmen geeignet machen: Wir können kaum auf Erfahrungen mit ihnen zurückgreifen, kennen uns nicht gut mit ihnen aus und haben folglich noch kaum Gegenstrategien entwickelt und getestet.
Im Zuge der Tests lernen Sie viele Anhaltspunkte kennen, die Sie im besseren Umgang mit Stress, Mobbing am Arbeitsplatz, Umweltgiften und Drogen unterstützen.

Stressgefahr

Stress, das werden Sie auch schon gehört haben, ist an sich etwas Gutes. Denn eine Stresssituation ist zunächst nichts anderes als eine erhöhte Anforderung oder erhöhte Beanspruchung, eine Belastung, die einfach über das gewohnte Normalmaß hinausgeht.

Eustress – positiver Stress

Viele können sehr gut mit Stress umgehen. Mensch und Tier reagieren auf eine Stresssituation ganz automatisch mit plötzlicher Anspannung und einer spontanen Mobilisierung der psychischen und körperlichen Leistungsreserven. Diese Reaktion ist eine besondere, aber ganz natürliche Fähigkeit des Organismus. Sie hilft uns, einen Sonderauftrag, den Sommerschlussverkauf, den Feierabendverkehr, einen Streit mit dem Partner, eine Operation heil zu überstehen.
Wenn es darauf ankommt, hilft sie uns auch blitzschnell und reflexartig zu reagieren. Und das ist das Gute: Stress trainiert unsere Reaktionsfähigkeit. Jeder Mensch braucht ab und zu eine bestimmte Dosis davon, nicht nur, um wach und konzentriert zu bleiben, sondern auch, um körperliche und geistige Höchstleistungen vollbringen zu können.
Diesen positiven Stress nennen die Mediziner heute positive Reizsetzung (Trainingsreiz).

Disstress – negativer Stress

Im allgemeinen Sprachgebrauch ist mit Stress jedoch etwas anderes gemeint: Die andere Seite der Medaille, der negative Stress, auch Disstress genannt. Um diese Art von Stress geht es uns im Folgenden.
Negativer Stress ist vor allem chronischer Stress. Der Körper ist in ständiger Alarmbereitschaft. Die natürliche physiologische Reaktion beim positiven Eustress besteht darin, dass eine Reihe von Hormonen freigesetzt werden. Diese Hormone animieren die Organe und Muskeln zu Hochleistungen, außerdem regen sie das Immunsystem an. Eine solche »Alarmreaktion« wird beim negativen Stress zum Normalzustand. Der Körper gerät dadurch dauerhaft aus dem Gleichgewicht. Hormone werden ständig überreichlich produziert. Die permanente Anspannung, in der sich der Organismus befindet, belastet und schwächt. Welches Körpersystem dabei erkrankt, hängt letztendlich nur von der persönlichen Disposition ab.

Disstress macht krank

Negativer Stress ist mitverantwortlich für eine ganze Reihe von Krankheiten und Beschwerden. Pulsfrequenz und Blutdruck werden erhöht. Es kommt zu Herz-Kreislauf-Störungen, Magen- und Darmbeschwerden, Verstopfung, Magenschleimhautentzündungen, Störungen des Hormon-und Immunsystems. Zudem entstehen auch zahlreiche Befindlichkeitsstörungen (Kopfschmerzen, Nervosität, Schlafstörungen etc.) und Organerkrankungen durch negativen Stress. Die Auswirkungen des negativen Stresses reichen bis hin zu Krebs, Herzinfarkt oder Schlaganfall.

Gründe für Disstress

Faktoren, die zu einem langdauernden negativen Stress führen können, gibt es zahlreiche: Arbeitslosigkeit, Berufs- oder Arbeitsplatzwechsel, permanenter Zeitdruck, Pensionierung, Trennung von einem Partner oder Tod eines geliebten Menschen, Gewalterfahrung, einschneidende Kindheits- oder Jugenderlebnisse, die das ganze Leben nachwirken; tiefsitzende, begründete und unbegründete (neurotische) Ängste und Frustrationen, ungelöste innere Konflikte; Unterforderung, die am Selbstwertgefühl kratzt; fehlende Anerkennung, Mobbing, familiäre Probleme, Zeitdruck, ständiges Alleinsein.

Eine berufliche Herausforderung kann enorm »stressig« sein, aber wenn man ihr gewachsen ist und Sinn und Befriedigung darin findet, kann sie glücklich machen und zu einem ausgefüllten Leben beitragen. Der Lerneffekt läßt sich so beschreiben: die positive Reizsetzung wird als Herausforderung angenommen und führt über Bewährung zur Befriedigung.

Der Biorhythmus

Besondere Erwähnung im Zusammenhang mit der Betrachtung von Stress verdienen die Faktoren, von denen es abhängt, ob wir eine Belastung als Eustress oder als schädigenden Disstress empfinden. Dabei kommt dem Biorhythmus eine wichtige Rolle zu. Unter dem sogenannten Biorhythmus verstehen wir den täglich bzw. jährlich wiederkehrenden Takt unserer körperlichen, geistigen und seelischen Leistungskurve, die abhängig ist von äußeren Gegebenheiten: dem Wechsel von Tag zu Nacht, vom hellen und warmen Sommer zum dunklen und kalten Winter. Unser Hormon- und Nervensystem orientiert und richtet sich danach.

So werden etwa bestimmte Hormone nur bei Helligkeit freigesetzt, andere nur bei Dunkelheit, einige sogar ausschließlich zu festgesetzten Stunden. So erklärt sich, dass man zu gewissen Zeiten (besonders in den frühen Morgen- und Abendstunden) am leistungsfähigsten ist. Wenn der Organismus zu sehr wider diesen Rhythmus gefordert wird (z. B. bei der Schicht- oder Nachtarbeit) oder der lebenswichtige Wechsel zwischen Anspannung und Entspannung nur unzureichend oder gar nicht mehr stattfindet – wie es beim chronischen Stress geschieht -, dann besteht ein erhöhtes Gesundheitsrisiko.

Unvermeidbarer Stress

Freundschaft und Liebe sind etwas Wunderbares. Auseinandersetzungen aber bedeuten Stress.

Nicht jeder negative Stress ist vermeidbar. Stress ist ein Bestandteil unserer modernen Gesellschaft. Die einen vertragen davon mehr, die anderen weniger. Jeder Mensch hat individuelle (körperliche und psychische) Belastbarkeitsgrenzen, die er im Laufe des Lebens auszuloten lernt. Eine ungewöhnliche Stressanfälligkeit kann im Übrigen auch Zeichen einer übergroßen Sensibilität sein. Ansonsten ist zu betonen, dass niemand völlig gefeit ist gegen Stress. Doch um die Gesundheit nicht dauerhaft zu gefährden, sollten Sie Stresssymptome frühzeitig erkennen und entsprechende Maßnahmen ergreifen. Das kann – bei unvermeidbarem Stress – durch einen Ausgleich oder einfache Verhaltensänderungen (ein Spaziergang, Sport, Entspannungstechniken wie Autogenes Training, eine Ernährungsumstellung) geschehen. Auch weitergehende Schritte (Arbeitsplatzwechsel, Aufgabe einer belastenden Beziehung oder Ähnliches) sind manchmal notwendig.

Testreihe Stress

Lange Zeit wurde der Risikofaktor Stress von der medizinischen Wissenschaft vernachlässigt. Erst die psychosomatische Medizin, die sich mit der Wechselwirkung von Psyche und Körper befasst, änderte diesen Missstand. Ihr verdanken wir die Erkenntnis, dass Psyche und Körper, Nerven-, Hormon- und Immunsystem, Muskeln und Organe untrennbar miteinander verbunden sind. Heute geht man davon aus, dass die Wartezimmer der Ärzte voll sind mit Patienten, deren Krankheiten und Beschwerden ursächlich auf Stress zurückzuführen sind. Leider ist diese Ursache für den Arzt oft schwer zu erkennen und manchmal nur zu erahnen.

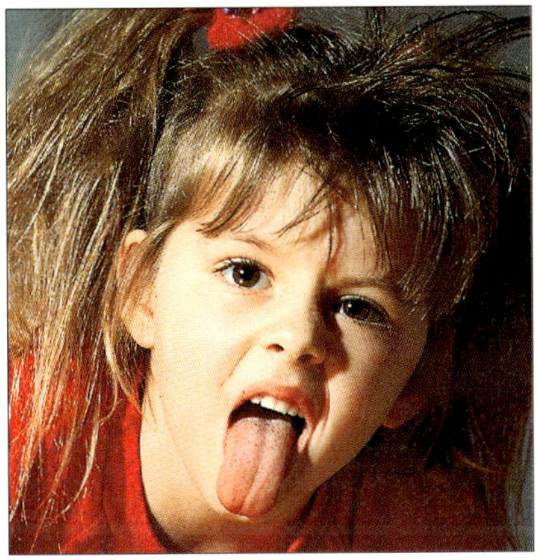

Nicht nur in der Trotzphase testen Kinder ihre Grenzen aus. Diese Kämpfe gehen Eltern oft sehr nahe – hoher Stressfaktor!

Stressbelastung **Test 78**

Die folgenden Fragen sollen Ihnen helfen zu erkennen, ob Ihr Leben Anzeichen von schädlichem Stress aufweist.
Überlegen Sie, ob die Gesamtaussage der Fragen auf Sie zutrifft oder eher nicht.

1) Sie hatten einen anstrengenden Arbeitstag. Am Abend sind Sie trotz geleisteter Arbeit nicht wirklich zufrieden. Sie sind geschafft und möchten den Tag so schnell wie möglich vergessen. Sind Sie häufig oder schon seit Monaten in dieser Situation?
❑ Ja ❑ Nein

2) Beklagen Sie sich bei Freunden und Bekannten oft über Ihre Arbeit oder Ihr Privatleben? Nörgeln oder kritisieren Sie viel an Ihrem Leben herum?
❑ Ja ❑ Nein

3) Geben Sie leicht klein bei? Lassen Sie es erst gar nicht zu (konstruktiven) Auseinandersetzungen kommen? Fressen Sie Ärger und Sorgen lieber in sich hinein, als sie offen anzusprechen? Wehren Sie sich fast nie, wenn Sie sich ungerecht behandelt fühlen?
❑ Ja ❑ Nein

4) Sind Sie oft schon morgens verzweifelt und innerlich abgekämpft?
❑ Ja ❑ Nein

5) Fühlen Sie sich innerlich gehetzt? Reagieren Sie selbst bei nichtigen Anlässen häufig gereizt? Kommen Sie auch in der Freizeit kaum zur Ruhe, und fällt es Ihnen schwer, sich zu erholen?
Kreuzen Sie Ja an, auch wenn Sie nur eine dieser Fragen positiv beantworten können.
❑ Ja ❑ Nein

6) Haben Sie Krankheiten oder (leichtere) Beschwerden (Kopfschmerzen, Appetitlosigkeit, Schlafstörungen, Schweißausbrüche), für die es keine organischen Ursachen gibt?
❑ Ja ❑ Nein

7) Fühlen Sie sich müde und erschöpft? Leiden Sie unter nervöser Unruhe? Ist diese innere Unruhe so groß, dass Sie Schwierigkeiten haben, anderen Menschen zuzuhören?
Kreuzen Sie Ja an, auch wenn Sie nur eine dieser Fragen positiv beantworten können.
❑ Ja ❑ Nein

Auswertung

Jede dieser Fragen beinhaltet ein typisches Stresssymptom. Wenn Sie einen oder mehrere Fragenblöcke mit Ja angekreuzt haben, dann sollten Sie Ihre derzeitige Lebenssituation auf mögliche Stressursachen hin überprüfen.
Überlegen Sie, was Sie ändern können, um wieder zu einem gesunden Gleichgewicht zurückzufinden. Wo lässt sich Stress abbauen? Vielleicht reicht ein Ausgleich, eventuell sollten Sie bestimmte Lebensgewohnheiten überdenken. Haben Sie einen festen Freundes- und Bekanntenkreis? Sind Sie in Ihrem Beruf glücklich? Stellen Sie sich solche und ähnliche Fragen, um den Grund Ihrer Stresssymptomatik zu finden.

Über den eigenen Schatten springen

Wenn Sie ständig Ärger, Wut und andere negativen Gefühle herunterschlucken, erzeugen Sie einen Dauerstress, der die Gesundheit von Körper und Seele gefährdet.
Die unterdrückten Gefühle und ungelösten Konflikte gären weiter in Ihrem Innern. Aus der Unterdrückung von inneren Regungen resultieren zudem keine ehrlichen, vertrauensvollen Beziehungen. Eine Vertrauensbeziehung ist eine wesentliche Grundlage für psychische und körperliche Gesundheit. Sich einem anderen Menschen zu »öffnen« gelingt aber nur, wenn man ihm Vertrauen entgegenbringt. Ebenso gut ist es, Vertrauen ins eigene Ich zu haben, statt sich ständig schlecht zu machen und sich mit anderen, scheinbar vollkommeneren Wesen zu vergleichen. Wer Vertrauen ins Normale hat, kann sich entspannen und erholen.

Krank machende Partnerschaft **Test 79**

Auch eine unglückliche Partnerschaft kann ein Stressfaktor sein und psychische und körperliche Funktionen beeinträchtigen. Prüfen Sie sich. Ist Ihre Partnerschaft glücklich? Sind Sie mit Ihrer Partnerschaft zufrieden? Fühlen Sie sich (auch in Ihren Fehlern und Schwächen) akzeptiert und verstanden? Gibt Ihnen Ihr Partner Rückhalt und Kraft? Sind Sie in sexueller Hinsicht mit Ihrem derzeitigen Partner zufrieden? Diskutieren Sie über Meinungsverschiedenheiten, oder ziehen Sie sich dann zurück und verstummen? Haben Sie zueinander Vertrauen, und können Sie ernsthaft über auftretende Sorgen und Nöte sprechen? Erleben Sie glückliche Stunden miteinander?
Psychologen und Wissenschaftler, die sowohl glückliche als auch gescheiterte Beziehungen untersuchten, haben auf dieser Grundlage eine ganze Reihe von Kriterien erarbeitet, die Aufschluss über den Zustand einer Beziehung geben können. Dabei haben sich folgende Merkmale herauskristallisiert, die auf eine instabile, gefährdete Beziehung hindeuten. Treffen mehrere dieser Merkmale zu, dann könnte eventuell sogar eine Trennung ratsam sein.

- ❑ Mangelnde Einsatzbereitschaft
  Der Partner macht immer wieder Versprechungen, an die er sich nicht hält. Auch empfindet er es nicht für notwendig, berufliche und private Veränderungen, die die Partnerschaft gefährden könnten, offen zu besprechen. Ebenso deutet das häufige Reden von einer möglichen Trennung auf fehlenden Einsatz hin.

- ❑ Fehlende Loyalität
  Wer in einer Beziehung nicht loyal ist, zerstört die wichtigste Basis einer Beziehung: das gegenseitige Vertrauen. Ein Kennzeichen für Illoyalität ist ständige Untreue.
  Doch auch wer bei anderen schlecht über den eigenen Partner redet, gibt zu erkennen, dass er nicht wirklich auf dessen Seite steht, er verhält sich illoyal.

So stärkend eine gute Partnerschaft ist – so verheerend ist es, mit dem falschen Partner zu leben.

- ❑ Gestörte Kommunikation
  Fühlen Sie sich unsicher und eingeengt, wenn Sie Ihrem Gefährten gegenüber eine eigene Meinung vertre-

ten, trauen Sie sich kaum noch Ihre Gefühle zu äußern, weil Ihr Partner wütend oder beleidigt reagiert und Sie Angst vor ihm haben, dann ist nicht nur die Kommunikation, sondern auch die Beziehung gestört.

Wer den Stress mit dem Partner auch in den Berufsalltag trägt, findet irgendwann nirgendwo mehr Ruhe.

- ❑ Demütigung
  In einer funktionierenden Partnerschaft begegnen sich beide Seiten mit Respekt. Vorhaltungen und dauernde Verhaltensratschläge bis hin zum offenen Zweifel an Intelligenz und Fähigkeiten zeugen nicht nur von Respektlosigkeit, sie demütigen den Partner.

- ❑ Fehlende Absprache
  Weitgehende Pläne und Überlegungen, beispielsweise ein Arbeitsplatzwechsel, der mit einer räumlichen Trennung vom Partner verbunden ist, oder eine größere Reise, die allein entwickelt und beschlossen werden, könnten darauf hindeuten, dass sich der Lebensgefährte bereits innerlich aus der Beziehung zu lösen beginnt.

- ❑ Keine gemeinsamen Interessen
  Instabil kann eine Beziehung auch dann werden, wenn es keine gemeinsamen Hobbys (z. B. Golf, Reisen, Kochen etc.) und Interessen mehr gibt. Es ist auch ein schlechtes Zeichen, wenn ein Partner alle Freunde und guten Bekannten des anderen ablehnt und den Kontakt zu ihnen meidet.

- ❑ Kein Humor
  Alarmierend ist ferner, wenn der Humor auf der Strecke bleibt und die Partner kaum noch zusammen lachen können. Verletzend ist es auch, über die Witze des anderen nicht zu lachen – sei es allein zu Hause oder in einer größeren Runde.

- ❑ Körperliche Distanz
  Wenn die Partner physisch zueinander auf Distanz gehen und Berührungen zunehmend vermeiden, ist das ein Hinweis auf eine Beziehungsstörung, wenn es keine vorübergehenden Gründe für diesen Rückzug aus der körperlichen Intimität gibt.

Mobbing

Das Thema Mobbing wird in Deutschland erst seit 1990 in der Öffentlichkeit diskutiert. In anderen Ländern gab es bereits in den 80er Jahren eine entsprechende Diskussion. Ein schwedischer Forscher namens Leymann befasste sich sehr intensiv mit diesem bis dahin gänzlich unerforschten Phänomen und führte umfangreiche Untersuchungen in der schwedischen Bevölkerung durch. Diese Studien gelten als wegweisend und werden in fast jeder Publikation zum Thema erwähnt. Wir kommen darauf zurück.

Wer von Mobbing betroffen ist, sollte sich möglichst rasch einer Selbsthilfegruppe anschließen.

Eine besondere Art von Stress

Das Wort Mobbing kommt aus dem Englischen: to mob heißt soviel wie über jemanden herfallen, jemanden anpöbeln. »Terror am Arbeitsplatz« – das wäre eine treffende umgangssprachliche Übersetzung dieses Fachbegriffs. Gemeint sind negative Handlungen von Vorgesetzten oder Kollegen, die einem Menschen das Leben im wahrsten Sinne des Wortes zur Hölle machen können. Er wird zum Opfer; die Attacken finden systematisch und über einen längeren Zeitraum hinweg statt. Sie haben nicht selten eine zermürbende Wirkung auf Körper und Seele des Opfers und reichen von Rufschädigung bis hin zur völligen »Kaltstellung«.

Fragebogen Mobbing

Da die Angriffe – gerade am Anfang – eher unterschwellig geführt werden und meist nicht leicht erkennbar sind, werden sie vom Betroffenen in ihrer Tragweite häufig gar nicht richtig erfasst. Doch die frühzeitige Wahrnehmung solcher systematischer Feindseligkeiten kann von großem Nutzen sein. Sie kann dabei helfen, sich erfolgreich zu wehren und Schlimmeres zu verhindern.

Im Folgenden werden verschiedene Angriffsstrategien, derer sich Mobber bedienen, aufgeführt. Sie können daran überprüfen, ob Sie selbst von Mobbing betroffen sind oder in ein Mobbing gegen jemand anderen hineingeraten sind.

Diese Strategien kennen wir aufgrund der oben erwähnten Studie Leymanns. Ihr liegen Befragungen der arbeitenden Bevölkerung Schwedens zugrunde. Es werden fünf große Gruppen beschrieben, die wir nacheinander betrachten. Gehen Sie bitte die Fragen der Reihe nach durch, und kreuzen Sie die Aussagen an, die für Ihre Situation zutreffen.

- Einschränkung der Kommunikationsmöglichkeiten
- Entzug der sozialen Unterstützung
- Beschädigung des Ansehens in der Gemeinschaft
- Schmälerung der Arbeits- und Lebenszufriedenheit
- Beeinträchtigung von Gesundheit und Wohlbefinden

1. Einschränkung der Kommunikationsmöglichkeiten

Wen die Kollegen oder Vorgesetzten mobben, der wird in seinen Kommunikationsmöglichkeiten durch aggressives Verhalten unterschiedlicher Art massiv eingeschränkt. Konkret bedeutet das:

- ❑ Ständige Unterbrechungen.
- ❑ Kollegen verhindern, dass man sich ausgiebig zu einem Thema äußert.
- ❑ Man wird laut angeschrien oder beschimpft.
- ❑ Man unterliegt ständiger Kritik an der Arbeit.
- ❑ Mitarbeiter erlauben sich Kritik am Privatleben.
- ❑ Es wird Telefonterror ausgeübt.
- ❑ Mündliche und/oder schriftliche Drohungen werden ausgesprochen.
- ❑ Abwertende bzw. abweisende und verletzende Gesten oder Blicke häufen sich.
- ❑ Bestimmte Dinge werden nur angedeutet, nicht ausgesprochen, oft auch ohne den Betroffenen direkt anzusprechen.

2. Entzug der sozialen Unterstützung

- ❑ Man spricht nicht mehr mit dem/der Betroffenen.
- ❑ Man läßt sich nicht mehr ansprechen.
- ❑ Versetzung in einen Raum weitab von den Kollegen.
- ❑ Kollegen werden daran gehindert, mit dem Opfer zu sprechen.
- ❑ Der/die Betroffene wird »wie Luft behandelt«.

3. Beschädigung des Ansehens in der Gemeinschaft

- ❑ Hinter dem Rücken des Betroffenen wird schlecht über ihn oder sie gesprochen.
- ❑ Gerüchte werden verbreitet.
- ❑ Das Opfer wird lächerlich gemacht.
- ❑ Es wird die Vermutung geäußert, das Opfer sei psychisch krank.
- ❑ Es wird versucht, eine psychiatrische Untersuchung zu erzwingen.
- ❑ Man macht sich über eine Behinderung des Opfers lustig.

Wer nicht einmal mehr im Krankenbett Ruhe vor Chefs und Kollegen hat, ist sicher das Opfer in einem gefährlichen Spiel.

- ❑ Gang, Stimme oder typische Gesten werden zur allgemeinen Erheiterung imitiert.
- ❑ Politische oder religiöse Einstellungen werden angegriffen.
- ❑ Man macht sich über die Nationalität lustig.
- ❑ Dem Opfer werden Arbeiten übertragen, die das Selbstbewusstsein verletzen.
- ❑ Die Arbeitsqualität bzw. der Arbeitseinsatz des Opfers wird in falscher oder kränkender Weise beurteilt.
- ❑ Entscheidungen des Opfers werden in Frage gestellt.
- ❑ Anstößige Schimpfwörter oder sonstige Beleidigungen werden ihm nachgerufen.
- ❑ Das Opfer muss verbale sexuelle Angebote oder sexuelle Annäherungen erdulden.

Wer sich am Arbeitsplatz nicht mehr richtig konzentrieren kann, hat das Spiel eigentlich schon verloren. Genau darauf zielen die Aktivitäten der Mobber ab.

4. Schmälerung der Arbeits- und Lebenszufriedenheit

- ❑ Dem Opfer werden keine neuen Arbeitsaufgaben mehr zugewiesen.
- ❑ Dem Opfer wird jede Arbeitsaufgabe genommen, auch die, sich selbstständig Aufgaben auszudenken.
- ❑ Sinnlose Aufgaben werden delegiert.
- ❑ Es werden stark unterfordernde Aufgaben zugewiesen.
- ❑ Man gibt dem Opfer ständig neue Aufgaben.
- ❑ »Kränkende« Aufgaben werden übertragen.
- ❑ Fachlich überfordernde Aufgaben werden zugewiesen.

5. Beeinträchtigung von Gesundheit und Wohlbefinden

- ❑ Gesundheitsschädliche Arbeiten sollen ausgeführt werden.
- ❑ Körperliche Gewalt wird angedroht.
- ❑ Es wird leichte Gewalt ausgeübt, um dem Opfer einen »Denkzettel« zu verpassen.
- ❑ Es kommt zu körperlichen Misshandlungen.
- ❑ Kosten werden verursacht, die das Opfer zu tragen hat.
- ❑ Am Haus oder am Arbeitsplatz des Opfers wird physischer Schaden angerichtet.
- ❑ Es kommt zu sexuellen Handgreiflichkeiten.

Eine klare Beurteilung ist nötig

Wie ist es Ihnen mit dem Test ergangen?

- Hatten Sie bei dem einen oder anderen Punkt den Eindruck, das alles zu kennen?
- Sind Sie selbst ein Mobbing-Opfer?
- Gibt es in Ihrer Abteilung jemanden, der gemobbt wird?

Bedenken Sie, dass einige der oben genannten Verhaltensweisen nicht in jedem Fall als Mobbing anzusehen sind. So kann es in manchen Betrieben vorkommen, dass unterfordernde Aufgaben einfach wegen allgemeinem Auftragsmangel delegiert werden müssen. Auch ist nicht jede Kritik eines Vorgesetzten gleich Mobbing.

Und doch ist es wichtig, dass Sie Ihre Empfindungen, Ihren subjektiven Eindruck wahrnehmen und bemerken. Ein sicheres Signal für Mobbing ist die regelmäßige Wiederholung einer oder mehrerer der oben genannten Schikanen. Wenn das zudem noch über einen längeren Zeitraum, also mindestens ein halbes Jahr lang geschieht, dann ist die Diagnose Mobbing nicht mehr von der Hand zu weisen.

Wie es zum Mobbing kommt

Mobbing kann jeden treffen. Die häufigsten Motive sind Neid und Missgunst. Es reicht schon das vermeintlich bessere Aussehen, ein größeres Fachwissen oder die weitere Urlaubsreise. Die tieferen Gründe des Mobbings sind betriebsinterner Natur: Führungsdefizite, falsche Arbeitsorganisation, Über- oder Unterlastung der Mitarbeiter etc.

Fast die Hälfte aller Mobber sind Vorgesetzte, die andere Hälfte die »lieben Kollegen«. Gerade in Zeiten hoher Arbeitslosigkeit und gestiegener Existenzangst stehen die anderen Kollegen meist geschlossen hinter dem Mobber. Niemand will auf der Seite des »Sündenbocks« sein.

Auswirkungen des Mobbings

Mobbing ist Stress pur und ein allmählich wirkendes Gift. Nach einer Infas-Umfrage von 1992 leiden 55 Prozent aller deutschen Erwerbstätigen, die in einem schlechten Betriebsklima arbeiten, an den körperlichen Folgen dieses psychosozialen Stresses. Experten schätzen die Anzahl der Mobbing-Opfer in Deutschland auf weit über eine Million.

Schlafstörungen, Kopfschmerzen, Appetitlosigkeit, Schweißausbrüche, Konzentrationsstörungen – das sind nur einige der ersten Reaktionen des drangsalierten Körpers. Die langfristigen Folgen (Erkrankungen einzelner Organe und Körpersysteme, psychische Schäden wie schwere Depressionen und Angststörungen) sind fatal.

Zeigen sich bereits erste körperliche oder psychische Folgeschäden, ist ein Arzt- bzw. Therapeutenbesuch unerlässlich. Es gibt in größeren Städten bereits Beratungsstellen für Mobbing-Opfer. Erkundigen Sie sich unbedingt, wenn Sie betroffen sind. Adressen finden Sie auf Seite 192.

Die Drogengefahr

Wenn man von Drogen spricht, meint man gemeinhin illegale Drogen wie Haschisch, Kokain oder Heroin, die sich in den letzten Jahren zu einer immer öffentlicher werdenden Gefahr entwickelt haben. Der Missbrauch dieser Drogen ist zwar durch große Prozesse auch zum Medienthema geworden. Wirkliche Lösungen aber müssen an anderer Stelle gesucht werden.

Doch auch Alkohol und Nikotin sind Drogen. Auch sie können süchtig machen und eine körperliche und psychische Abhängigkeit mit starken Entzugserscheinungen zur Folge haben. Von der gesellschaftlich akzeptierten, legalen Suchtgefahr Alkohol sind allein in Deutschland mehr als 1,5 Millionen Menschen betroffen. Das ist das Gros der Drogenabhängigen.

Wer aber viel trinkt, zeigt, dass er Probleme hat. Und er wird sie auf diese Weise sicher nicht lösen.

Alkoholmissbrauch

So definiert die Weltgesundheitsorganisation (WHO) den Gesundheitszustand des Alkoholikers:

Die Abhängigkeit vom Alkohol hat einen solchen Grad erreicht, dass deutliche geistige Störungen oder Schädigungen der körperlichen und geistigen Gesundheit, der mitmenschlichen Beziehungen, der sozialen und wirtschaftlichen Funktionen bestehen oder zumindest Vorläufer einer solchen Entwicklung erkennbar sind. Die im Folgenden deutlich werdenden psychischen und körperlichen Beschwerden und sonstigen Auffälligkeiten sind typische Anzeichen einer Alkoholabhängigkeit.

Test zur Alkoholabhängigkeit **Test 80**

Wenn Sie mehr als zwei der Fragen des folgenden Tests bejahen (ankreuzen!), ist die Wahrscheinlichkeit groß, dass Sie selbst alkoholabhängig sind oder zumindest zu dem Kreis der alkoholgefährdeten Personen gehören. Lassen Sie sich in diesem Fall unbedingt von einem Arzt Ihres Vertrauens beraten!

❑ Fühlen Sie sich nur wohl und entspannt, wenn Sie eine bestimmte Menge Alkohol zu sich genommen haben?

❑ Werden Sie zunehmend unruhig und nervös, wenn Sie einen oder mehrere Tage keinen Alkohol getrunken haben?

- ❑ Sehnen Sie sich nach Alkohol, wenn Ihnen gerade einmal keiner zur Verfügung steht?

- ❑ Trinken Sie häufig gerade dann, wenn Sie sich unwohl fühlen, beispielsweise in einer für Sie unangenehmen Gesellschaft oder wenn Sie allein sind, berufliche oder private Sorgen haben?
  Trinken Sie, um zu vergessen oder/und um sich besser zu fühlen?

- ❑ Betrügen Sie sich selbst? Verdrängen Sie das wirkliche Ausmaß Ihres Alkoholkonsums vor sich selbst und vor anderen? Trinken Sie heimlich?

- ❑ Leiden Sie bereits unter körperlichen und psychischen Symptomen, die mit Ihrem Trinken in Verbindung stehen könnten? Libido- oder Schlafstörungen etwa, Konzentrations- und Gedächtnisstörungen, morgendlichem Händezittern?

Test Medikamentenmissbrauch

Zur Droge mit starkem Suchtpotential werden auch bestimmte verschreibungspflichtige Medikamente, wenn sie ständig konsumiert werden. Zu diesen Medikamenten zählen u. a. Schlaf- und Beruhigungstabletten, Tranquilizer (Beruhigung), Amphetamine (Aufputschmittel), starke koffein- oder kodeinhaltige Husten- und Schmerzmittel, Abführmittel und Appetitzügler.

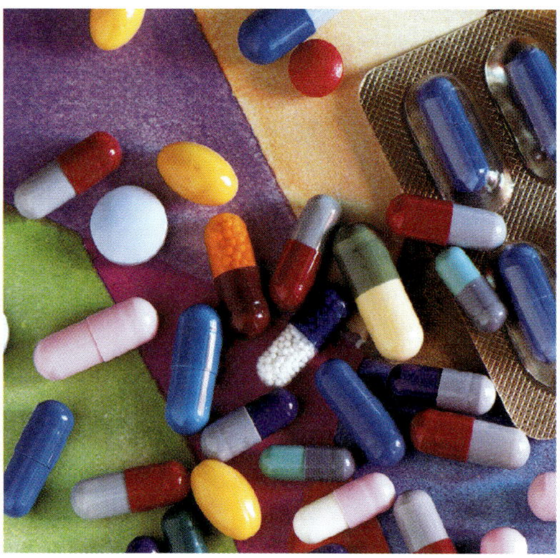

Kein Wunder, dass in Deutschland 500 000 Menschen allein von Beruhigungsmitteln abhängig sind. In der Statistik folgt die Arzneimittelabhängigkeit – in Deutschland sind insgesamt etwa 2 Millionen Menschen betroffen – gleich nach dem Alkohol.

Problematisch bei all diesen Medikamenten ist, dass sie schwer wieder abzusetzen sind. Gerade dann, wenn man sie absetzt, können die alten Symptome, gegen die man sie eingesetzt hat, plötzlich verstärkt wieder auftauchen. Doch nur wenige wissen, dass es sich bei diesem scheinbaren Rückfall bereits um Entzugserscheinungen handelt. Es folgt der Gang zum Arzt und die Bitte um ein weiteres Rezept. Und so beginnt die Sucht.

Fast alle Schlaf- und Beruhigungsmittel (Tranquilizer) enthalten abhängig machende Benzodiazepine, die schon nach drei oder vier Wochen täglicher Einnahme Entzugserscheinungen hervorrufen können. Je länger man ein solches Medikament einnimmt, umso intensiver sind die Entzugserscheinungen.

Medikamentenabhängigkeit **Test 81**

Es gibt einige untrügliche Anzeichen, die den Verdacht auf eine Medikamenten-Abhängigkeit nahe legen. Hauptmerkmal ist, dass die eingenommenen Mittel unentbehrlich werden. Wenn Ihnen die folgenden Fragen zu denken geben und Sie das Gefühl haben, das trifft auf Sie zu (betreffenden Punkt ankreuzen), dann gehören wahrscheinlich auch Sie zu den über zwei Millionen Arzneimittelabhängigen in Deutschland. Lassen Sie sich von Ihrem Arzt beraten!

❑ Lagern Sie Vorräte dieses Medikamentes in Ihrer Wohnung? Gehen Sie nie aus dem Haus, ohne sich daran zu erinnern, Ihre Arznei mitzunehmen? Geraten Sie in Panik und Unruhe, wenn Sie einmal nicht daran gedacht haben?

❑ Leiden Sie, wenn das Medikament nicht verfügbar ist? Zeigen Sie seelische und/oder körperliche Symptome?

❑ Fühlen Sie sich nur dann sicher und wohl, wenn Sie das Mittel in Reichweite haben?

❑ Zeigen sich körperliche und/oder seelische Symptome (Angst, Unruhe, Schlaf- und Konzentrationsstörungen etc.), wenn Sie die Medikamente eine Zeit lang nicht einnehmen?

❑ Machen Sie sich und anderen etwas vor? Nehmen Sie eine größere Menge der Arznei, als Sie sich eingestehen wollen? Verheimlichen Sie Ihrem Arzt, Ihrem Partner oder Bekannten die tatsächliche Menge?

❑ Beziehen Sie das Medikament von verschiedenen Ärzten und Apotheken? Schicken Sie Ihren Partner oder Bekannte los, um die Arznei zu beschaffen?

Immer eine Nebenwirkung

Abgesehen von dem Suchtaspekt ist die chronische Einnahme der hier erwähnten Medikamente nie ohne Nebenwirkungen. Besonders die psychischen und neurologischen Folgen der Einnahme der Medikamente können gravierend sein. Bei längerem Gebrauch von Schlaf- und Beruhigungsmitteln, kodeinhaltigen Hustenmitteln, Tranquilizern oder Appetitzüglern kommt es mitunter zu Wahrnehmungs- und Gefühlsveränderungen, Verwirrtheit, Schlafstörungen und Bewusstseinstrübungen.

Das Übel Rauchen

Das neben dem Alkohol am häufigsten konsumierte Suchtmittel, die Zigarette, senkt die Lebenserwartung rapide. Unter Menschen, die mehr als 20 Zigaretten am Tag rauchen, ist die Sterberate bis zum 65. Lebensjahr doppelt so hoch wie die von Nichtrauchern. Jeder regelmäßige Nikotinkonsum erhöht das Risiko von Krebs- und Herzerkrankungen.
Eine unschöne Nebenwirkung ist das sich mit der Zeit einstellende fahle Aussehen der Raucher. Grund ist die schlechtere Durchblutung der Kapillaren durch Nikotin, das die Blutgefäße verengt. Dadurch werden insbesondere das Gehirn, die Herzgefäße und die Gliedmaßen nur noch unzureichend durchblutet.
Aber Nikotin ist nicht der einzige Giftstoff, den der Tabakrauch enthält. Es gibt noch etwa 1000 weitere schädliche Substanzen, u. a. auch Formaldehyd, Stickoxide, Arsen, Blausäure und Ammoniak.
Die neben dem Nikotin bekanntesten und gleichzeitig gefährlichsten Substanzen sind Teerstoffe und Kohlenmonoxid. Teer ist eine Mischung verschiedener Stoffe, die sich in der Lunge zu einer klebrigen Konsistenz eindicken. Diese zähe Masse lagert sich auf den Schleimhäuten ab und zerstört die so wichtigen Flimmerhärchen der Bronchien. Wer täglich 20 Zigaretten raucht, belastet seine Lungen pro Jahr etwa mit einem 0,2-Liter-Glas Teer. Kohlenmonoxid ist hauptverantwortlich für die bei körperlicher Anstrengung auftretende Atemnot und die allgemeine Müdigkeit und Abgeschlagenheit des starken Rauchers. Denn Kohlenmonoxid wird durch die Lungenbläschen in den Blutkreislauf transportiert, wo es den Sauerstoffgehalt des Blutes senkt.

Passivrauchen

Seit einigen Jahren ist auch dieses Thema in das Bewusstsein der allgemeinen Öffentlichkeit vorgedrungen. Nichtraucherzonen oder Rauchverbote in Zügen, Restaurants, Büros und Fabriken sind zur Normalität geworden. Fluggesellschaften verbieten Rauchen während des Fluges. Die Gefahren des Passivrauchens sind in der Tat größer als bisher angenommen wurde. Neueste Untersuchungen belegen, dass ein ständiges »Mitrauchen« das Risiko von Krebs-, Herz- und Lungenerkrankungen um 30 Prozent erhöht. Der verbrennende Tabak, den man als »Nichtraucher« einatmet, soll sogar schädlicher sein als der inhalierte.

Ein fröhliches Baby ist immer wieder eine Riesenfreude. Helfen Sie ihm, gesund zu bleiben, und verzichten Sie auf Alkohol und Zigaretten.

Rauchen in der Schwangerschaft

Auch das Ungeborene »raucht« mit. Die Gifte des Tabakrauchs, den die Schwangere inhaliert, gelangen über die Plazenta ins Blut des Kindes und können zu einer Sauerstoffunterversorgung führen. Babys von Raucherinnen und von Müttern, die in einem rauchhaltigen Haushalt leben, entwickeln sich nicht selten körperlich und geistig langsamer als die von Nichtraucherinnen. Auch das Risiko von Atemwegserkrankungen ist größer.

Gefährdung des Babys
Weitere bekannte Risiken für Mutter und Kind:

- Erhöhte Schwangerschaftskomplikation
- Niedrigeres Gewicht und kleinere Körpergröße des Kindes bei der Geburt.
- Erhöhte Gefahr von Fehlgeburten, vorzeitigen Wehen, Gesundheitsgefährdung in den ersten Tagen und Wochen nach der Geburt.

Raucherschäden

Erste Warnsignale **Test 82**

Ihr Körper zeigt bereits eindeutige Warnsignale einer Gefährdung aufgrund Ihres Zigarettenkonsums, wenn die nachstehenden Symptome auftreten:

Kommen Sie bei körperlichen Anstrengungen leicht aus der Puste und/oder leiden Sie an Atemnot?

❑ Ja ❑ Nein

Haben Sie beim Gehen Schmerzen in den Beinen?

❑ Ja ❑ Nein

Verspüren Sie Herzstiche oder Herzschmerzen?

❑ Ja ❑ Nein

Entwickeln Sie einen Reiz- bzw. Dauerhusten?

❑ Ja ❑ Nein

Selbst wenn Sie nur einen der oben genannten Punkte angekreuzt haben, sollten Sie sich ernsthaft überlegen, mit dem Rauchen aufzuhören. Ihr Körper zeigt bereits, dass er geschädigt ist. Wenn Ihnen das Aufhören Probleme trotz aller Warnungen und trotz aller guten Vorsätze macht: Greifen Sie zu unterstützenden Medikamenten wie Raucherkaugummi oder Nikotinpflaster. Gibt's in jeder Apotheke!

Fragebogen Umweltgifte

Umweltgifte werden jene unsichtbaren Gifte genannt, die sich im Boden, im Wasser und in der Luft befinden.
Die bekanntesten sind Autoabgase, Smog und Ozon. Im weiteren Sinne zählen dazu auch die Wohngifte – das sind die auf Dauer gesundheitsschädigenden Stoffe, die sich zum Beispiel in bestimmten Bodenbelägen, Tapeten, Farben und Möbeln verbergen.

Test 83 *Die unsichtbaren Wohngifte*

Leiden Sie an Krankheitssymptomen, für die Sie keine Ursache finden, etwa an Kopfschmerzen, Übelkeit, Atemnot, Reizhusten, geröteten Augen und Schleimhautreizungen? Verschwinden oder bessern sich diese Symptome immer dann, wenn Sie Ihre häusliche oder berufliche Umgebung verlassen? Da in Ihrem Fall eine Vergiftung durch Wohngifte der Grund Ihrer Beschwerden sein könnte, sollten Sie den folgenden Test machen.

Bitte kreuzen Sie Aussagen, die auf Sie zutreffen, an. Auch wenn Sie unter einem Punkt zwei oder mehrere Fragen mit »Ja« beantworten müssen, reicht ein Kreuz.

- ❑ Ich schlafe ausreichend lang und bin trotzdem tagsüber müde und abgeschlagen. Ich kann nicht richtig ein- oder durchschlafen, obwohl ich »todmüde« bin.

So verführerisch die bunten Lacke und Farben in Ihren Töpfen auch leuchten und glänzen – achten Sie beim Kauf kritisch auf Giftstoffe.

- ❑ Ich bin in den letzten Monaten bzw. Jahren häufig niedergeschlagen und bedrückt, obwohl ich eigentlich eher ein optimistisches, lebensfrohes Naturell habe. Mir fällt auf, dass ich antriebsschwach und energielos, ja fast depressiv bin. Ich werde bei meiner Arbeit in der letzten Zeit schnell müde, auch meine Arbeitsleistung hat deutlich nachgelassen.
- ❑ Ich verhalte mich im Umgang mit anderen Menschen zunehmend mürrisch und aggressiv.
- ❑ Ich habe Konzentrations- und Gedächtnisstörungen.

- ❑ Ich bin oft innerlich unruhig und zerstreut, ohne einen offensichtlichen Grund dafür zu haben.

- ❑ Ich habe Magen-Darm-Beschwerden (Blähbauch, Verstopfung, Durchfall, Krämpfe). Ich leide unter Herzbeklemmungen, Herzjagen oder -stolpern. Ich schwitze mehr als früher – besonders nachts.

- ❑ Oft spüre ich ein Brennen oder Kribbeln in den Gliedmaßen. Meine Hände und Füße sind kalt und klamm. Sie »schlafen immer öfter ein« oder sie wirken wie taub.

- ❑ Ich habe oft Muskel- oder Gelenkschmerzen, auch Krämpfe, Zuckungen und Schwächegefühle.

- ❑ Seit einiger Zeit bin ich anfälliger für Infektionen im Nasen-Rachen-Raum und der Bronchien. Ständig habe ich das Gefühl, ich hätte einen Kloß im Hals. Außerdem leide ich unter anhaltendem Husten, Hustenreiz oder Atemnot bzw. Atembeklemmung.

- ❑ Meine Hautausschläge und Hautunreinheiten, z. B. Akne, haben zugenommen.

- ❑ Oft sind meine Augen gerötet. Augen und Augenlider jucken, brennen, und/oder sind geschwollen.

- ❑ Oft bekomme ich Kopfschmerzen. Zuweilen sehe ich sogar verschwommen und habe Flecken vor den Augen.

- ❑ Ganz alltägliche Bewegungen (z. B. beim Rasieren, beim Blumengießen, beim Treppensteigen oder beim Autofahren) fallen seit geraumer Zeit unsicher und ungeschickt aus. Mir wird leicht schwindelig. Beim Halten der Kaffeetasse zittern meine Hände.

- ❑ Verschwinden oder bessern sich Ihre Beschwerden, wenn Sie einige Wochen in Urlaub fahren, und tauchen sie erneut auf, wenn Sie sich wieder in der gewohnten Umgebung befinden?

- ❑ Es kommt vor, dass mein ganzer Körper oder bestimmte Körperpartien zeitweise zittrig und ungewöhnlich steif werden.

- ❑ Hals- und Nackenmuskulatur sind schmerzhaft verspannt. Dieser Zustand bessert sich auch trotz ärztlicher Behandlung (Massage etc.) nicht.

Die Wirkung von Wohngiften

Schadstoff	Vorkommen	Symptome/Wirkungen
Formaldehyd	Spanplatten, Kunstharzschäume, Lacke, Leime, Klebstoffe, Farben, Lösungsmittel, Dichtungen, Tapeten	Kopfschmerzen, Atemwegsreizung, Bindehautentzündung, Reizungen der Schleimhäute, Nervosität, Krebserkrankungen.
Benzopyren	Tabakrauch, Abgase, Rauch	Haut- und Lungenkrebs
Lösungsmittel wie Isopropanol, Benzol, Toluol, Dichloräthan	Farben, Lacke, Reinigungsmittel, Kunstharze, Polituren	Schleimhautreizungen, Kopfschmerzen, Übelkeit, Erbrechen, Leber- und Nierenschäden, Muskel- und Gelenkschmerzen, Nervenschädigungen, Depression, Antriebsschwäche, Benzol und Dichloräthan, möglicherweise krebsauslösend
Chlorkohlenwasserstoffe (CKW)	Schädlingsbekämpfungs- und Holzschutzmittel, PVC, Lösungsmittel	Ablagerung in Gehirn, Leber und Nieren. Schleimhautreizung, Benommenheit, Nervosität, Nervenschädigungen
Methanol	Farben, Lacke, Reinigungsmittel	Kopfschmerzen, Schwindel, Sehschwäche, Nervosität, Übelkeit
Fluorchlorkohlenwasserstoffe (FCKW)	Treibgase in Spraydosen, Styropor, Kältemittel für Kühl- und Gefriergeräte	Zerstörung der Ozonschicht

Auswertung des Fragebogens

Dieser Fragenkatalog, der auf der »Umweltfibel« von K. Lohmann und J.-M. Träder basiert, sollte Ihnen helfen, Ihre allgemeine Befindlichkeit etwas genauer unter die Lupe zu nehmen und eventuelle Störungen zu konkretisieren.
Bedenken Sie aber bitte, dass auch dann, wenn Sie mehr als drei dieser Fragen bejahen, noch lange nicht erwiesen ist, dass Ihre gesundheitliche Beeinträchtigung auf Wohngifte zurückzuführen ist. Um Klarheit zu erlangen, sollten Sie die von Ihnen erkannten Symptome auf jeden Fall mit Ihrem Hausarzt besprechen. Lassen Sie sich zur Sicherheit als Erstes einmal gründlich durchchecken!
Erst wenn auch die Untersuchungen des Hausarztes keine plausible Ursache Ihrer Symptome ans Tageslicht fördern können, liegt der Verdacht nahe, dass es sich um eine umweltbedingte Erkrankung handelt. Dann wäre eine umweltmedizinische Untersuchung angebracht. Es gibt inzwischen eine ganze Reihe von umweltmedizinisch ausgebildeten und spezialisierten Ärzten in Deutschland, die Ihnen weiterhelfen können.
Adressen erhalten Sie bei der Kassenärztlichen Vereinigung Ihres Bundeslandes oder der Bundes-Ärztekammer (Adressen Seite 192).

Formaldehyd

Ein in Innenräumen besonders häufig vorkommender Schadstoff ist Formaldehyd, die meistproduzierte Chemikalie der Welt. Formaldehyd gilt als extrem gesundheitsschädlich. Es wird verantwortlich gemacht für eine Vielzahl von Krankheiten, u. a. Asthma, Hautallergien, Herzbeschwerden und Krebs. Hohe Formaldehydkonzentrationen entstehen vor allem durch Spanplatten, die in Möbeln, Fußböden und Wandverkleidungen eingebaut wurden. Ursache sind die als Bindemittel genutzten Kunstharze, die das gefährliche Formaldehyd enthalten.
Weitere ernst zu nehmende Wohngifte sind u. a. Asbest, das nach wie vor in alten Fußbodenbelägen und Baumaterialien vorkommt, bestimmte Holzschutzmittel und lösungsmittelreiche Lacke und Anstrichfarben.

Im Zweifelsfall messen

Die Schadstoffkonzentration, auch die Formaldehydbelastung, Ihrer Wohnung ist messbar. Erkundigen Sie sich beim örtlichen Verbraucherverband oder beim **Umweltbundesamt, Bismarckplatz 1, 14193 Berlin.** Manche deutsche Gesundheitsämter führen Formaldehydmessungen übrigens auch gratis durch. Mit dem Testgerät »Bio-Check F«, das für ca. 50 DM in Apotheken erhältlich ist, können Sie die Formaldehydbelastung u. a. von Möbeln oder Baumaterialien messen.

Asbest

Asbest galt in Industrie und Haushalt lange Zeit als Wundermittel: Es eignete sich u. a. zur Wärmedämmung und zur Schalldämpfung. Das vielseitige Material wurde nicht nur für Haushaltsgeräte und Heizungen verwendet, gerade beim Bau sowohl einfacher Wohnungen als auch von großen Gebäuden wie Schulen, Fabrikhallen und Schwimmbädern stieß der faserige Stoff auf große Begeisterung. Mittlerweile gilt als erwiesen, dass schon ein winziges Teilchen des Asbeststaubes Lungenkrebs auslösen kann. Obwohl die Herstellung und Verwendung stark eingeschränkt wurde – z. B. bei Hochbauprojekten –, ließ sich ein generelles Herstellungsverbot bislang noch nicht durchsetzen auf Asbest. Es ist auf jeden Fall empfehlenswert, asbesthaltige Haushaltsgegenstände zu entsorgen (Sondermüll!). Das sind vor allem Blumenkästen und Haartrockner aus den 60er und 70er Jahren. Größere asbesthaltige Fußboden- und Deckenflächen in Ihrer Wohnung sollten Sie entfernen lassen.

Infos über spezielle Asbest-Sanierungsfirmen erhalten Sie beim Fachverband Asbest-Sanierung, Hansaring 102, 50670 Köln.

Eine Informationsbroschüre über asbestfreie Bodenbeläge können Sie über das Umweltbundesamt (Bismarckplatz 1, 14193 Berlin) bestellen.

Der richtige Umgang mit Holz war früher eine Selbstverständlichkeit. Heute wird die Kunst, Holz »artgerecht« zu schlagen und zu verarbeiten, wiederentdeckt.

Holzschutzmittel

Vielleicht erinnern Sie sich noch: 1990 begann einer der größten Umweltskandale in Deutschland. Ursache waren die Holzschutzmittel Xylamon und Xyladecor. Beide enthielten damals den Giftstoff Pentachlorphenol (PCP), ein Pilz- und Insekten-Vernichtungsmittel, das ungeahnte Wirkungen entfaltete. Das damit behandelte Holz gab langfristig giftige Dämpfe an den Innenraum ab und machte Hunderte von Häusern unbewohnbar. Menschen erkrankten an Leber- und Nierenschäden, waren ständig müde und litten unter Kopfschmerzen, Übelkeit und Atemnot.

PCP ist seit 1990 in Deutschland verboten. Doch das Problem ist damit kaum gelöst. Denn wie die Zeitung für Umweltmedizin berichtete, wurden vor dem Jahr 1990 in etwa 90 Prozent aller deutschen Haushalte PCP-haltige Holzschutzmittel verwendet. Und es ist erwiesen, dass PCP noch Jahre später über die Nahrung und die Luft in unseren Organismus gelangt. Wir müssen wohl damit leben.

Und auch viele heutige Holzschutzmittel sind nicht ganz unbedenklich. Vermeiden Sie Holzschutzmittel mit Lindan, Silicofluorid-Salzen, Endosulfan und Tributylzinnoxid (TBTO). Besonders in trockenen Innenräumen sind pilzvernichtende Holzschutzmittel sowieso nicht notwendig, weil sich die Pilze nur an feuchten Gründen ansiedeln.

Lacke und Anstrichfarben

Die Hauptgefahr, die von Lacken und Anstrichfarben ausgeht, sind die enthaltenen Lösungsmittel, noch die tage- oder sogar wochenlang an der Luft verdunsten. Gesundheitsgefährdende Lösungsmittel sind z. B. Isopropanol, Benzol, Toluol, Xylol und Chlorkohlenwasserstoffe (CKW). Langfristig können die Dämpfe u. a. zu Hautveränderungen, Leber- und Nierenschäden und Nervenschädigungen führen. Auch scheinbar psychisch bedingte Leiden wie Depressionen, Konzentrationsstörungen, Antriebsschwäche, sozialer Rückzug und Schlafstörungen können typische Anzeichen von Lösungsmittelschäden sein.
Verwenden Sie Ihrer Gesundheit zuliebe besser Lacke und Anstrichfarben, die lösungsmittelarm oder -frei sind. Auch wasserlösliche Lacke sind empfehlenswert. Wenn Sie dennoch einmal lösungsmittelhaltige Lacke verwenden wollen, lüften Sie den Innenraum bitte während und nach dem Anstrich gut durch.

Das sogenannte Sick-Building-Syndrom (SBS)

Man hat festgestellt, dass fast ein Drittel aller Beschäftigten in neuen oder renovierten Bürogebäuden an einem ganzen Komplex von Symptomen leiden, die wahrscheinlich ausschließlich auf Büroschadstoffe zurückzuführen sind. Sehr häufig sind das Kopfschmerzen, Atemnot, Allergien oder Hauterkrankungen, aber vor allem auch psychische Unzulänglichkeiten wie herabgesetzte Leistungskraft, Konzentrationsschwäche, Depressionen oder einfach nur ein unerklärliches Unbehagen. Sick-Building-Syndrom wird diese durch Bürogifte hervorgerufene Krankheit genannt.
Auslöser sind neben den giftigen Ausdünstungen durch Wandfarben, Bodenbeläge und Büromöbel im Besonderen die Gifte, die angeschlossene Bürogeräte an die Raumluft abgeben. Das sind Klimaanlagen, wahre Bakterienschleudern, die zu trockenen Schleimhäuten, Kopfschmerz, Heiserkeit und Infektionen von Hals-Nasen-Rachenraum führen, Laserdrucker und Kopierer, die Ozon und Tonerstaub produzieren. Ozon ist ein Reizgas, das in hohen Konzentrationen Atemwege, Schleimhäute und Augen angreift und zu Dauerbeschwerden führen kann. Tonerstaub enthält krebserregende Stoffe, die nicht nur die Lunge belasten und schädigen können. Gesundheitliche Belastungen können hier manchmal kaum vermieden werden, doch eine gute Belüftung der Innenräume kann die Schadstoffkonzentration etwas reduzieren. Eine Gefahr liegt auch auf Ihrem Schreibtisch: Viele Faserschreiber, Filzstifte und manche Klebstoffe enthalten schädliche Lösungsmittel (siehe oben!). Greifen Sie also lieber zu lösungsmittelfreien Stiften und Klebern!

Den Organismus bewusst stärken

Wer sich auf die Kraft eines gesunden, kraftvollen Körpers verlassen kann, sieht im Leben doch so manches gelassener.

Um die von außen auf uns einstürmenden belastenden Faktoren abzupuffern, hilft in erster Linie eine bewusste Strategie zur Stärkung der Gesundheit. So wichtig es ist, ein inneres Gleichgewicht zu erreichen und zu bewahren, so wichtig ist es, den Organismus gezielt zu stärken. Zu den uns immer zur Verfügung stehenden natürlichen Hilfsmitteln gehören Ernährung, Schlaf und Erholung sowie Sport und Bewegung. Mit den folgenden Tests erfahren Sie, ob Sie bereits alle Möglichkeiten ausgeschöpft haben, die Ihnen mit diesen Gesundheitsmitteln zu Verfügung stehen, oder ob und wo es eine Verbesserung geben kann, die Sie mit wenig Aufwand nützen können, um gegen die Anfechtungen der Umwelt besser gewappnet zu sein.

Gesunde Ernährung

Die Ernährung ist einer der Hauptpfeiler der Gesundheit. Eine mangelhafte oder falsche Ernährungsweise ist Auslöser zahlreicher Krankheiten und ein großes Gesundheitsrisiko. Andererseits kann eine gesunde Ernährungsweise vor vielen Krankheiten schützen.

Ausgewogenheit in Menge und Zusammensetzung

Unser Organismus benötigt eine Vielzahl verschiedenster Nährstoffe, um funktions- und leistungsfähig zu bleiben. Neben Eiweiß, Kohlenhydraten und Fetten sind das vor allem Vitamine, Mineralstoffe und Spurenelemente. Viele dieser Substanzen, sogenannte essentielle Nährstoffe, kann der Körper nicht selbst oder nur in geringen Mengen herstellen. Er ist also angewiesen auf die Zuführung von außen.
Eine einseitige, abwechslungsarme Ernährung deckt den Nährstoffbedarf nicht vollständig. Es entstehen Mangelzustände, die die normale Leistungsfähigkeit des Körpers herabsetzen und die Gesundheit massiv gefährden können. Genauso gesundheitsschädlich ist natürlich eine zu reichhaltige Ernährung; sie bewirkt einen belastenden Fettüberschuss.

Großer Fragebogen Ernährung

Ernähren Sie sich gesund? **Test 84**

Wir bitten Sie, diesen Test möglichst genau zu beantworten und die anschließende Auswertung sorgfältig durchzuarbeiten. Da der Bereich der Ernährung höchst komplex ist, geben wir Ihnen in der Auswertung weiterführende Informationen, anhand derer Sie bestimmte Punkte wie Essverhalten oder Auswahl der Nahrungsmittel gezielt verbessern können oder Ihre Einstellung zu Diäten abklären können.

1) Hat sich Ihr Gewicht in den letzten 10 bis 15 Monaten deutlich verändert?

❑ Nein Wenn Ihr Gewicht sich nicht verändert hat, fahren Sie bitte fort mit Frage 3.

❑ Ja Wenn Sie zu- oder abgenommen haben, füllen Sie bitte die folgende kleine Tabelle aus

Mein Gewicht vor 10 bis 15 Monaten: ______ kg
Mein Gewicht heute: ______ kg

Berechnen Sie bei beiden Werten den BMI (siehe Seite 14), und vergleichen Sie noch einmal.

Bitte kreuzen Sie jetzt den Grund Ihrer Gewichtszunahme bzw. -abnahme an, wenn Sie mehr als drei Kilo ab- oder zugenommen haben.

❑ (A) Ich habe eine sehr erfolgreiche Diät gemacht.

❑ (B) Ich esse mehr als früher.

❑ (C) Im Gegensatz zu früher treibe ich heute mehr/weniger Sport.

❑ (D) Ich habe keine Ahnung, woran es liegt. Mein Lebensstil hat sich kaum oder gar nicht verändert.

2) An welchen Körperstellen nehmen Sie zu?

❑ (A) Vorwiegend am Bauch

❑ (B) Vor allem an Hüften und Oberschenkeln

❑ (C) Überall gleichmäßig

3) Nehmen Sie die Pille?
   ❑ Ja ❑ Nein

4) Nehmen Sie regelmäßig Schmerz- oder Rheumamedikamente zu sich? Nehmen Sie häufig Abführmittel?
   ❑ Ja ❑ Nein

5) Neigen Sie zu Krampfadern?
   ❑ Ja ❑ Nein

6) Sind in Ihrer Familie (Geschwister, Eltern, Großeltern) Krebs- oder Herz-Kreislauf-Erkrankungen (Herzinfarkt, Schlaganfall, Diabetes mellitus) aufgetreten?
   ❑ Ja ❑ Nein

7) Ist bei Ihnen eine der folgenden Krankheiten festgestellt worden?
   ❑ Lebererkrankung

   ❑ Nierenerkrankung

   ❑ Diabetes mellitus (Zuckerkrankheit)

   ❑ Neurodermitis oder eine andere Hautkrankheit

8) Auch die Ernährungsweise kann dem Organismus zuträglich oder abträglich sein.

Nehmen Sie regelmäßig Nahrung zu sich?
   ❑ Ja ❑ Nein

Wie oft am Tag? ❑ mal

Kauen Sie sie gut durch?
   ❑ Ja ❑ Nein

Essen Sie langsam und bewusst, genussvoll?
   ❑ Ja ❑ Nein

9) Was essen Sie? Ernähren Sie sich hauptsächlich von Fertigprodukten (Konserven, Aufwärmmenüs, Pizza usw.)?
   ❑ Ja ❑ Nein

10) Essen Sie häufig Süßigkeiten?
❑ Ja ❑ Nein

11) Meiden Sie Obst, Salate und Gemüse?
❑ Ja ❑ Nein

12) Essen Sie zu viel und zu fett? Ernähren Sie sich oft von Schweinefleisch und Wurst, Sahne, Mayonnaise?
❑ Ja ❑ Nein

13) Nehmen Sie täglich Milch oder Milchprodukte (Joghurt, Dickmilch, Käse) zu sich?
❑ Ja ❑ Nein

14) Wie viel Liter Flüssigkeit trinken Sie täglich? Bitte tragen Sie den Wert ein.
❑ Liter etwa

15) Was trinken Sie?
❑ Mineralwasser

❑ Süßen oder sauren Sprudel

❑ Kaffee und/oder Tee

16) Trinken Sie drei bis viermal wöchentlich oder gar täglich mehr als zwei Glas Bier, Wein oder Schnaps?

Wenn es ums Kaloriensparen geht, ist vor allem auch die Auswahl der richtigen Lebensmittel entscheidend. Gerade in Saucen oder in Wurst sind viele überflüssige Kalorien verborgen.

Auswertung

Zu Punkt 1

Bei Gewichtsveränderungen ist immer auch zu bedenken, dass alte Menschen weniger leicht abnehmen als junge. Mit zunehmendem Alter verlangsamt sich die Geschwindigkeit des Stoffwechsels. Das heißt konkret, je älter der Mensch wird, desto weniger Kalorien (bzw. Joule) verbraucht er, um seinen »Grundumsatz« aufrechtzuerhalten. Dieser Altersprozess beginnt bereits mit dem 40. Lebensjahr. Wenn Sie Ihren Grundumsatz erhöhen wollen, müssen Sie intensiv Sport treiben. Je mehr Muskeln Sie haben, desto mehr Energie muß Ihr Körper aufwenden und verbrauchen.

Fragwürdige Diäten

Die Anzahl an Schlankheitskuren wird jedes Frühjahr um eine neue, erfolgversprechendere bereichert. Doch nur wenige der angepriesenen Diäten halten das, was sie versprechen. Manche sind sogar eine regelrechte Gesundheitsgefahr. Nur eine vollwertige Diät wird wahrscheinlich eine dauerhafte Gewichtsreduzierung zur Folge haben.

Das Märchen aus Hollywood

Auch wenn die Diät »Hollywood-Star-Diät« heißt, so sollte niemand erwarten, dass sie oder er nach einigen Wochen zum Hollywood-Star avanciert. Auch ist es ein Märchen, dass alle Hollywood-Stars sich nach dieser Diät ernähren. Wer gerne exotische Früchte isst und den nötigen Geldbeutel hat, der schadet sich mit diesem Teil der Diät nicht. Doch sollte er oder sie gleichzeitig eine Mischkost zu sich nehmen, da in exotischen Früchten wenig Kalzium, Jod oder Selen, wenig B-Vitamine und wenig komplette Kohlenhydrate enthalten sind.

Kein Nobelpreis inklusive

Hochwissenschaftlich kommt die »Max-Planck-Diät« daher und man könnte meinen, dass man nach einigen Wochen dieser Diät, bei der es viel Fleisch und viele Eier zu essen gibt, gute Aussichten auf einen Nobelpreis hat. Aber: Diese Diätform hat weder eine besondere wissenschaftliche Basis noch ist sie am Max-Planck-Institut entwickelt worden. Die Versprechen der Gewichtsreduktion sind völlig unrealistisch, und für eine Reihe essentieller Nährstoffe ist die Bedarfsdeckung bei dieser Diät nicht gesichert. Bei langfristiger Anwendung kann ein Mangel nicht ausgeschlossen werden.

Keine ausgewogene Ernährung

Ein anderes Extrem stellt die »Atkins-Diät« dar, bei der eine fett- und eiweißreiche Kost empfohlen wird, während Kohlenhydrate eingeschränkt werden. Dies widerspricht den ernährungsphysiologischen Erkenntnissen über eine ausgewogene Ernährung. Wenigstens ist durch die Einnahme von Vitamin- und Mineralstoffpräparaten in dieser Hinsicht eine Bedarfsdeckung möglich.

Die Trennung fällt nicht leicht

Auch zur »Hayschen Trennkost« seien einige Bemerkungen erlaubt: Die Philosophie ist, dass zu $^4/_5$ basenbildende Lebensmittel und zu $^1/_5$ säurebildende Lebensmittel verzehrt werden sollen. Obst und Gemüse sind auf der basischen Seite, Fleisch, Milchprodukte sind auf der sauren Seite zu finden. So weit kann diese Kostform sinnvoll sein, da sie zu einer Kalorien- und Fettreduktion führt und den Obst- und Gemüseanteil steigert. Die Empfehlung, Kohlenhydrate und Eiweiße getrennt zu verzehren, ist allerdings ebenso unnatürlich wie schwer durchzuführen, so dass diese Kostform letztlich fragwürdig bleibt.

Zu Punkt 1A
Eine Diät empfindet der Körper als »Notstand«. Er reagiert mit einer Verlangsamung des Stoffwechsels. Deshalb kann es passieren, dass anfangs keine Gewichtsabnahme stattfindet. Der Körper kommt mit wenigen Kalorien aus, ohne abzunehmen. Dann erst zehrt der Organismus von seinen Reserven, die in den Fettdepots angelegt wurden, und man verliert an Gewicht. Es kann bei Durchführung der Diät auch zu vorübergehenden Nebenwirkungen in Form von Konzentrations-, Schlafstörungen und Verstimmungen kommen, denn in den Fettpolstern des Körpers ist die Schadstoffkonzentration besonders hoch. Beim Abbau des Fettes werden diese Stoffe freigesetzt und gelangen ins Blut. Stillende Frauen sollten aus diesem Grund keine Diät halten, denn das Kind könnte so über die Milch unnötig belastet werden.

Zu 1D
Eine Gewichtsabnahme ohne erkennbare Gründe, sei es starker Stress, eine Diät oder viel Sport und Bewegung, ist immer ein ernstes Zeichen. Gehen Sie bitte zum Arzt, und lassen Sie die Ursache abklären. Es könnte eine ernsthafte Erkrankung dahinter stecken.

Zu Punkt 2
Eine Gewichtszunahme, die sich hauptsächlich am Bauch bemerkbar macht, birgt ein hohes Gesundheitsrisiko. Die Wahrscheinlichkeit, irgendwann im Leben eine Herz-Kreislauf-Erkrankung zu bekommen, ist sehr groß. Eine Gewichtsreduzierung ist deshalb anzuraten. Dagegen ist die Zunahme an Hüften und Oberschenkeln vor allem ein ästhetisches Problem.

Zu Punkt 3
Die Anti-Baby-Pille gehört zu den gefährlichsten Vitaminräubern. Wenn Sie also die Pille nehmen, sollten Sie ganz besonders sorgfältig auf eine ausgewogene Ernährung mit viel Obst und Gemüse achten, um ein Vitamindefizit zu vermeiden.

Zu Punkt 4
Auch bei der regelmäßigen Einnahme von Medikamenten, insbesondere der hier genannten, kann ein empfindliches Vitamindefizit im Körper entstehen.
Schmerz- und Rheuma-Arzneien können die lebensnotwendigen Vitamine C und B zerstören. Abführmittel rauben die Vitamine A, B, D und E.

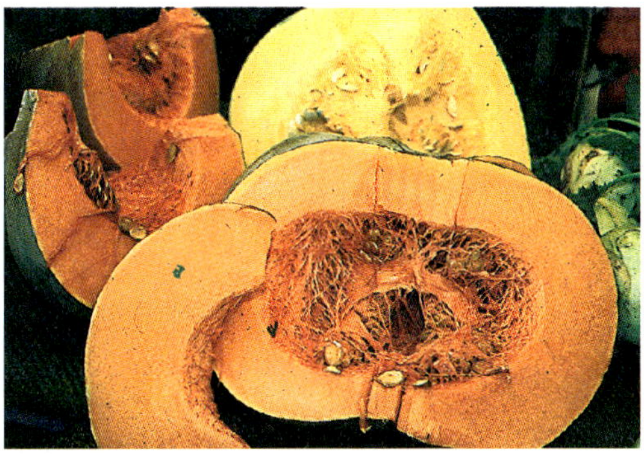

Aus frischem Obst und Gemüse lassen sich schmackhafte Speisen zubereiten.

Zu Punkt 5

Eine Neigung zu Krampfadern ist fast immer erblich bedingt und die Folge einer in der Familie typischen Bindegewebsschwäche. Die Gene lassen sich nicht beeinflussen, wohl aber die Ernährung, die einen entscheidenden Anteil an der Krampfaderbildung hat. Eine ganze Reihe von Vitaminen trägt zur Kräftigung von Bindegewebe und Venen bei: Vitamin C vor allem, aber auch Vitamin B6, B2 sowie die Mineralstoffe Zink und Kupfer. Auch auf ausreichend Eiweiß in der Ernährung ist zu achten, besonders bei Menschen über 40. Am besten trinkt man ein Glas Wasser mit zwei Teelöffeln Apfelessig oder ein Schnapsglas mit frischem Zitronensaft am Tag. Auch ein Glas Wein täglich ist nützlich, denn es enthält Bioflavonoide, bestimmte Vitamine, die die Kapillarwände kräftigen.

Zu Punkt 6

Gerade wenn bei Ihnen eine erbliche Veranlagung bezüglich der genannten Krankheiten besteht, sollten Sie auf ausgewogene und gesunde Ernährung achten, denn sonst potenzieren Sie das Gesundheitsrisiko.
Lesen Sie auch die Erläuterungen zu den Fragen 8 bis 14!

Zu Punkt 7

Richten Sie sich bei einer Lebererkrankung unbedingt nach den Vorgaben Ihres Arztes! Dabei wird die Ernährung eine wichtige Rolle spielen.

- ❑ Bei einer ernsten Nierenerkrankung sollten Sie auf fett- und salzreiche Kost und auf übermäßigen Alkoholgenuss verzichten.

- ❑ Ein vom Arzt speziell für Sie ausgearbeiteter Diät- und Ernährungsplan ist bei Diabetes mellitus unumgänglich. Vermeiden Sie vor allem zuckerhaltige Nahrungsmittel und Getränke!

- ❑ Eine schuppende Hauterkrankung verringert den Eiweißgehalt des Körpers, denn mit den Hautschuppen verliert der Körper wichtiges Eiweiß, das einer der Hauptbestandteile der Haut ist. Es ist deshalb auch nicht verwunderlich, dass Hautkranke oft einen regelrechten Heißhunger nach Fleisch haben. Wenn Sie zu den Betroffenen zählen, geben Sie Ihrem Hungergefühl nach, denn Fleisch enthält das Eiweiß in optimaler Konzentration. Ein zusätzliches Gläschen mit frisch gepresstem Zitronensaft nach dem Essen fördert die Verdauung.

Zu Punkt 8

Die moderne Ernährungsforschung empfiehlt, über den Tag verteilt lieber fünf bis sechs kleinere als drei große Mahlzeiten einzunehmen. So wird die Energie gleichmäßiger verteilt und der Körper nicht mit zu großen Energiemengen auf einmal belastet. Essen Sie nie

Schlank durchs Leben zu gehen, ist für viele ein ferner Wunsch. Doch schon die bewusstere Auswahl der Lebensmittel kann eine »Erleichterung« bringen!

kurz vor dem Schlafengehen – der Körper benötigt in dieser Zeit keine Nährstoffe mehr.

Essen Sie unmäßig und hastig, überlegen Sie einmal, ob es dafür einen Grund gibt. Viele Menschen essen aus Frust, Einsamkeit, Stress, Liebeskummer, wegen psychischer Probleme oder um einen Druck von außen auszugleichen. Wer sich genügend Zeit nimmt zum Essen, jeden Bissen gut durchkaut, wer langsam und genussvoll isst, wird eher satt und auf Dauer weniger Probleme mit Übergewicht haben. Einen aufschlussreichen Test zum Essverhalten finden Sie übrigens auf Seite 170.

Die wichtigsten Mineralstoffe

Kalzium Vorkommen:	Wichtig für Bildung von Knochen- und Zahnsubstanz, Blutgerinnung, Muskeln und Nerven Milch, Käse, Gemüse, besonders Grünkohl
Kalium Vorkommen:	Wichtig für Flüssigkeitshaushalt, Muskel- und Nervenzellen Walnüsse, Vollkornbrot, Obst.
Phosphor Vorkommen:	Wichtig für Knochen, Energiegewinnung Tierische und pflanzliche Nahrungsmittel
Magnesium Vorkommen:	Wichtig für Immunsystem, Knochen, Muskel- und Nerventätigkeit Rohkost, Blattsalate, Spinat
Natrium Vorkommen:	Wichtig für Flüssigkeitshaushalt, Muskel- und Nerventätigkeit Kochsalz, Mineralwasser

Die wichtigsten Vitamine

Vitamin A	Wichtig für Aufbau und Wachstum von Haut und Schleimhaut, Sehvorgang
Vorkommen:	Karotten, Spinat, Milchprodukte, Butter, Margarine, Leber
Mangelsignale:	Sehr trockene Haut, Wachstumsstörungen bei Kindern, Nachtblindheit
Vitamine der B-Gruppe (B1, B2, B3, B5, B6)	Wichtig für Kohlehydratstoffwechsel (B1), Abbau von Fett und Eiweiß (B2), Stoffwechsel der Aminosäuren (B6)
Vorkommen:	Schweinefleisch, Vollkornprodukte, Linsen, Kartoffeln, Milch
Mangelsignale:	Kopfschmerzen, verminderte Leistungsfähigkeit, Verstopfung (B1); rissige Lippen und Mundwinkel, Lichtscheu, Augenbrennen (B2); Hautprobleme, Übelkeit, Nervosität (B6)
Vitamin B12	Wichtig für Aufbau der roten Blutkörperchen
Vorkommen:	Tierische Nahrungsmittel, Milchprodukte, Sauerkraut
Mangelsignale:	Brennende Zunge, Blutarmut, Müdigkeit, Schwindel
Vitamin C	Wichtig für Immunsystem, Bildung von Bindegewebe.
Vorkommen:	Alle Obst- und Gemüsesorten
Mangelsignale:	Infektanfälligkeit, Schwäche, Zahnfleischblutungen
Vitamin D	Wichtig für Kalzium- und Phosphorhaushalt, Bildung von Knochen und Knorpel
Vorkommen:	Besonders in Fisch, Butter und Eiern.
Mangelsignale:	Knochenerweichung, Rachitis
Vitamin E	Wichtig für Schutz der Zellen vor schädlichen Substanzen
Vorkommen:	Pflanzenöle, Nüsse, grünes Gemüse
Mangelsignale:	Muskelschwäche, Netzhautveränderungen, neurologische Störungen

Zu Punkt 9

Die Regale der Supermärkte sind voll mit Aufwärmmenüs, Konserven, Tiefkühlkost. Fastfood gibt es an jeder Straßenecke. Wer sich oft mit solcher Nahrung versorgt, isst nicht nur zu fett und zu eiweißreich. Er ernährt sich auch zu einseitig und zu nährstoffarm.
Eine ausgewogene Ernährung ist deshalb so entscheidend wichtig, weil der Körper nur so mit allen notwendigen Nährstoffen versorgt wird, die er für den Stoffwechsel und das reibungslose Funktionieren der einzelnen Organe braucht.
Bei einseitiger Ernährung entsteht ein Vitamin- und Mineralstoffmangel, der sich in vielfältigen gesundheitlichen Beschwerden (Unruhe, Nervosität, Kopfschmerzen, Abgespanntheit usw.) und einer erhöhten Krankheitsanfälligkeit bemerkbar macht. Die Einnahme von Vitamin- und Mineralstoffpräparaten wird erforderlich! Derartige Mangelerscheinungen können natürlich auch in der Schwangerschaft, in den Wechseljahren, bei übermäßigem Alkohol- und Nikotinkonsum oder bei Stress auftreten.

Zu Punkt 10

Süßwaren und Süßigkeiten jeder Art (Kuchen, Konfitüre, Honig, zuckerhaltige Getränke und vieles mehr) enthalten zwar energieliefernde Inhaltsstoffe, doch nur in geringem Umfang sogenannte essentielle Nährstoffe. Essentielle Nährstoffe sind solche Nährstoffe, die der Körper nicht oder nur in geringen Dosen selbst herstellen kann und die ihm deshalb von außen zugeführt werden müssen. Wollen Sie sich gesund ernähren, sollten süße Nahrungsmittel nur ein sehr kleiner Bestandteil Ihrer täglichen Ernährung sein.

Zu Punkt 11, 12, 13

- ❑ Obst, Gemüse und Salate sind der Inbegriff gesunder Ernährung – zu Recht, denn sie enthalten eine Vielzahl von essentiellen Vitamin-, Mineral- und Ballaststoffen. Diese hochwertigen Lebensmittel sollten auf Ihrem täglichen Speiseplan auf keinen Fall fehlen.

- ❑ Wer keine Milchallergie hat, sollte nicht auf Milch und Milchprodukte verzichten. Denn sie versorgen uns wie kein anderes Nahrungsmittel mit Kalzium und hochwertigem Eiweiß. Kalzium ist ein notwendiger Mineralstoff für Knochen und Zähne; er stärkt Muskeln und Nerven. Außerdem enthalten Milchprodukte Fette, Kohlenhydrate, Mineralstoffe und Vitamine.

- ❑ Auch Fleisch und Fisch leisten einen wesentlichen Beitrag zur Nährstoffversorgung unseres Körpers. Wer aber zu viel fettes Fleisch isst, belastet seinen Körper durch einen Fettüberschuss. Das Gleiche gilt für fetthaltige Saucen, Mayonnaise und Sahne. Vorsicht vor »versteckten« Fetten, besonders in Wurst und Wurstkonserven! Übrigens haben auch Nüsse und Chips einen äußerst hohen Fettgehalt.

Fettes Essen und Cholesterin

Zu reichliches und zu fettes Essen erhöht den Cholesterinspiegel des Blutes. Cholesterin ist ein fettähnlicher Stoff, der vom Körper selbst ausreichend produziert wird. Hohe Cholesterinwerte fördern das Risiko von Arteriosklerose und Herzinfarkt. Übergewichtige setzen sich darüber hinaus einem größeren Gesundheitsrisiko aus als Normalgewichtige, so erkranken sie nachweislich häufiger an Herz-, Darm- und Leberkrankheiten, besonders an Diabetes mellitus.

Cholesteringehalt in Nahrungsmitteln

Cholesterin ist nur in Nahrungsmitteln enthalten, die vom Tier stammen. Ein Nahrungsmittel mit besonders hohem Cholesterinanteil ist das Frühstücksei, dass Sie auf keinen Fall täglich essen sollten. Wenn bei Ihnen bereits erhöhte Cholesterinwerte festgestellt wurden, sollten Sie maximal 300 mg Cholesterin pro Tag zu sich nehmen.

Nahrungsmittel	Gehalt pro 100 g
Ei	1400 mg
Innereien (Leber, Niere)	350 mg
Butter	280 mg
Mayonnaise	150 mg
Wurst	100 mg
Käse	20 – 50 mg

Zu Punkt 14, 15

Durst ist ein gesundes und natürliches Signal unseres Körpers, der auf eine regelmäßige und ausreichende Flüssigkeitszufuhr angewiesen ist, denn mit Urin, Stuhl, Atemluft und Schweiß scheiden wir täglich bis zu zwei Liter Flüssigkeit aus, die ersetzt werden muss. Als Erwachsener, auch als älterer Mensch, benötigt man etwa 1,5 bis zwei Liter Flüssigkeit pro Tag. Kinder haben im Allgemeinen einen etwas höheren Flüssigkeitsbedarf.

- ❑ Leitungs- und Mineralwasser ist besonders zu empfehlen. (Kalkhaltiges) Trinkwasser ist eine wichtige Kalzium- und Magnesiumquelle und ebenso wie Mineralwasser kalorienfrei. Mineralwasser enthält viele wichtige Mineralstoffe. Wer zu hohem Blutdruck neigt, sollte einem natriumarmen Mineralwasser den Vorzug geben, denn ein Zuviel an Natrium kann den Blutdruck ansteigen lassen.

- ❑ Gesüßte Getränke (Limonade, Cola, Fruchtsäfte) sind sehr kalorienreich und zuckerhaltig. Hier gilt das Gleiche wie für Süßigkeiten (Frage 10).

- Kaffee und Tee haben in geringer Dosis (ein bis zwei Tassen) eine wohltuend stimulierende Wirkung auf das Nervensystem. Nach dem Genuss von mehr als drei oder vier Tassen reagieren manche Menschen mit Zittern, Ruhe- und Schlaflosigkeit, Herzstolpern und Durchfall. Zehn Tassen starker Kaffee und mehr (= ein Gramm Koffein) führen zu starken Erregungszuständen, eventuell sogar zu Muskelzucken Krämpfen. Wer regelmäßig Kaffee oder auch Tee zu sich nimmt, kann davon psychisch und körperlich abhängig werden.
  Magen- und Gallenkranke sollten Kaffee meiden, denn er hat eine leicht magenreizende Wirkung. Auch Schwangere sollten vorsichtig sein, denn das Ungeborene reagiert sehr empfindlich auf Koffein.

- Ein sehr starker Durst entsteht durch Krankheiten, bei denen Sie große Mengen Urin ausscheiden, z. B. bei der Zuckerkrankheit (Diabetes mellitus).
  Auch Erbrechen, extremes Schwitzen, Durchfall und Nierenschwäche fördern das Verlangen nach flüssiger Nahrung.
  Wenn der Wasserverlust die Wasserabgabe übersteigt, bezeichnet man das als eine Dehydration, eine Entwässerung des Körpers. Der Betroffene fühlt sich ausgetrocknet. Der Urin wird dunkel, riecht streng, die Haut wird schlaff und trocken. Die Symptome reichen bis zu eingesunkenen Augen und Verwirrtheit. Es droht manchmal sogar ein Kollaps.

Getränkeverbrauch pro Kopf der Bevölkerung in Deutschland

(Bis einschließlich 1990 bezieht sich der Pro-Kopf-Verbrauch auf die Bundesrepublik Deutschland und Berlin (West))

Getränke in Litern	**1960**	**1980**	**1990**	**1992**	**1994**
Bier	95,3	145,9	142,7	144,2	139,6
Wein	10,8	21,4	22,0	19,5	17,5
Sekt	4,4	5,1	5,0	5,0	5,0
Spirituosen	4,9	8,0	6,2	7,3	6,7
Insgesamt	111,0	179,7	176,0	175,5	168,8
Reiner Alkohol	7,3	12,5	11,9	12,0	11,4

(Werte aus »Jahrbuch Sucht 96« 1996)

Zu Punkt 16

Auf die Gefahren des Alkohols wird überall hingewiesen, doch niemand schert sich darum. Alkohol ist Teil unserer Kultur geworden. Er ist automatischer Bestandteil geselliger Ereignisse. Dass regelmäßiger und hoher Alkoholkonsum Suchtrisiken in sich birgt, ist jedem bekannt. Wir wollen an dieser Stelle insbesondere auf die gesundheitlichen Folgen eines dauerhaften Alkoholkonsums eingehen.

Zuviel Alkohol führt nicht nur zu einem gefährlichen Mangel an Vitaminen und Mineralstoffen, er ist auch eine gewaltige Kalorienbombe und macht dick. Ständiges Trinken ist ein enorm hohes Gesundheitsrisiko. Herz und Kreislauf, Verdauung und Stoffwechsel, Gehirn und Nervensystem, Genitalorgane und Haut werden geschwächt und erkranken. Am Ende stehen Fettleber, Leberzirrhose, Impotenz, Krebs, Hirn- und Herzmuskelschäden. Im sozialen Bereich drohen Obdachlosigkeit und ihre Folgen.

Wie viel Alkohol dürfen Sie denn nun trinken, ohne dass ein gesundheitlicher Schaden für Körper und Geist entsteht? Als grenzwertig gelten für Männer 40 Gramm, für Frauen 20 Gramm Alkohol täglich. 20 Gramm entsprechen einem Glas Bier (0,5 Liter) oder einem Glas Wein (0,2 Liter).

Test 85 *Essverhalten*

Spaß macht Essen in einer frohen Runde. Essen, das als Ersatzbefriedigung heruntergeschlungen wird, kann aber mangelnde Wärme nicht ausgleichen.

Wer Übergewicht hat, vielleicht sogar an Adipositas leidet (siehe Grundsätzliches zu den Tests, Das richtige Gewicht, Seite 14), tut gut daran, sein Essverhalten stärker zu kontrollieren, sei es durch »Kalorienzählen«, bevorzugtes Essen von kalorienarmer Kost und weniger Essen. Auf die Gesundheitsrisiken bei ungesunder und fettreicher Ernährung sowie Übergewicht wurde an früherer Stelle schon mehrfach hingewiesen.

So positiv es sein kann, sich beim Essen zu kontrollieren, liegt hier auch eine ernste Gefahr verborgen. Denn Kontrolle, die nicht einer medizinisch sinnvollen (und am besten immer wieder vom Arzt gegengecheckten) Beschränkung dient, birgt unübersehbare Risiken. Ein dauerhaft gezügeltes, kontrolliertes Essverhalten kann nämlich bei Menschen, die nicht an Krankheiten leiden, die eine Kontrolle brauchen, auch irgendwann eine Essstörung (Magersucht, Bulimie, zwanghaftes Essen) zur Folge haben.

Die folgenden Fragen können nicht aufschlüsseln, ob Sie unter einer Essstörung leiden, aber sie können Ihnen einen persönlichen Eindruck Ihres Essverhaltens geben.
Kreuzen Sie bitte wieder die Aussagen an, die auf Sie zutreffen.

- ❑ Ich esse bewusst kleine Portionen, um nicht an Gewicht zuzunehmen.
- ❑ Ich achte prinzipiell auf das, was ich zu mir nehme.
- ❑ Nahrungsmittel, die dick machen, meide ich.
- ❑ Ich berechne bei jedem Essen zumindest überschlagsmäßig die Kalorien.
- ❑ Ich kenne den Kaloriengehalt der meisten Nahrungsmittel.
- ❑ Ich kann aufhören zu essen, auch wenn ich noch Hunger oder Appetit haben. Ich verzichte auch häufig aufs Essen, obwohl ich eigentlich gerne etwas essen würde.
- ❑ Meine Figur ist mir wichtig, und ich achte auf sie. Ich betrachte meine Figur immer wieder im Spiegel.
- ❑ Ich steige täglich auf die Waage.
- ❑ Wenn ich ein oder zwei Kilo zugenommen habe, versuche ich sofort abzunehmen.
- ❑ Ich habe sicher öfter als achtmal eine Diät gemacht.

Achtung Gesundheitsrisiko

Wenn Sie mehr als drei oder vier Fragen bejahen müssen, neigen Sie aller Voraussicht nach eher zu einem kontrollierten Essverhalten.
Magersucht und Bulimie sind heute keine versteckten Krankheiten mehr wie noch vor etwa zehn Jahren. Wer heute zu den Betroffen gehört, kann auf die Erfahrungen zurückgreifen, die Mediziner in der Zwischenzeit mit therapeutischen Verfahren gesammelt haben. Unumstößliche Voraussetzung für einen Genesung aber ist, dass die Erkrankten begreifen, wie es um sie steht, und auch von sich aus Hilfe suchen.
Wenn Sie mindestens fünf oder (fast) alle Fragen mit Nein beantworten, ist eher das Gegenteil der Fall. Dann beschäftigen Sie sich wenig oder gar nicht mit einer gewichtsbedingten Essensbeschränkung. Aber ob Ihre Antworten nun als günstig oder als ungünstig zu bewerten sind, lässt sich letztendlich ohne eine Berücksichtigung Ihrer individuellen Lebenssituation nicht feststellen.

Test 86 *Sind Sie ein Frustesser?*

Wenn es Stress gibt, fangen einige Menschen an zu essen. Ob auch Sie zu denen gehören, die Stress und (emotionale) Krisen mit Essen kompensieren, können Sie in diesem Test erfahren, der auf Auszügen des Buches »Inventar zum Essverhalten und Gewichtsproblemen« von Joerg M. Diehl und Thomas Staufenbeil basiert (Literaturverzeichnis Seite 187).

Essen Sie mehr, wenn Sie sich ärgern und unzufrieden sind, wenn Sie sich unwohl fühlen oder wenn Sie deprimiert sind?

❑ Ja ❑ Nein

Trösten Sie sich häufig mit Essen, wenn Sie enttäuscht wurden oder Sorgen haben?

❑ Ja ❑ Nein

Essen Sie in oder nach Stresssituationen?

❑ Ja ❑ Nein

Müssen Sie vor schwierigen Situationen etwas essen? Essen Sie aus Nervosität oder Angst?

❑ Ja ❑ Nein

Hilft Ihnen das Essen, Stress und Enttäuschung zu verarbeiten?

❑ Ja ❑ Nein

Essen Sie viel, wenn Sie einsam und allein sind?

❑ Ja ❑ Nein

Heißes, fettiges Essen füllt zwar den Bauch und schafft für einen Moment Entspannung und Stärkung – aber gesund ist es nicht. Und auf Dauer keine Lösung …

Auswertung

Und – sind Sie ein Frustesser? Treffen diese Fragen weitgehend auf Sie zu, neigen Sie wahrscheinlich dazu, emotionale Belastungen mit einer verstärkten Nahrungszufuhr zu bewältigen.

Dabei ist natürlich eminent wichtig, ob Sie Normalgewicht haben oder an Adipositas leiden. Ein adipöser Mensch, der auf Stress und andere Belastungen mit Mehressen reagiert, wäre gut beraten, ärztliche oder therapeutische Hilfe in Anspruch zu nehmen. Bei einem Normalgewichtigen ist eine Verhaltensänderung zwar nicht zwingend erforderlich, doch es wäre zu überlegen, ob nervliche Belastungen nicht auch auf eine andere Art bewältigt werden können.

Schlaf und Erholung

Das Schlafbedürfnis ist von Mensch zu Mensch unterschiedlich ausgeprägt. Dem einen reichen fünf Stunden, der andere ist selbst nach acht oder neun Stunden Schlaf noch todmüde. »Langschläfer« und »Morgenmuffel« werden solche Leute genannt. Die Schlafforscher – solche Wissenschaftler gibt es tatsächlich – haben herausgefunden, dass unter Langschläfern auffallend viele sensible und künstlerisch begabte Menschen sind. Wie dem auch sei, festzuhalten ist, es gibt zwei verschiedene Schlaftypen: den Kurz- und den Langschläfer. Beides ist gleich gesund und normal.

Wer gerade dann schlecht schläft, wenn er Erholung besonders nötig hätte, kann lernen, sich vor dem Einschlafen zu entspannen.

Energie tanken

Weisheiten wie »Morgenstund hat Gold im Mund« oder »Jeder erwachsene Mensch braucht acht Stunden Schlaf« können Sie also getrost vergessen. Wichtig ist einzig und allein, ob Schlaf für Sie das ist, was er sein sollte: Erholung. Während des Schlafs sinken Körpertemperatur und Blutdruck, Atmung und Puls werden langsamer, die sinnliche Wahrnehmung ist stark reduziert, kurz, der Körper läuft auf »Sparflamme« und erholt sich, schöpft Kraft für den nächsten Tag.

Schlafstörungen

Schlafstörungen machen sich am folgenden Tag bemerkbar. Man fühlt sich gerädert und ausgelaugt, leidet unter Konzentrationsschwäche und nimmt vieles nur halb wahr. Hält dieser Zustand mehrere Tage, Wochen oder sogar Monate an, dann greifen viele zu Schlaftabletten. Schlafstörungen können das Befinden also extrem beeinflussen und ein gesundes Gleichgewicht von Körper und Seele behindern.

Ursachen für unruhigen Schlaf

Schlafstörungen hat fast jeder Mensch im Laufe seines Lebens schon einmal erlebt. Meist waren berufliche oder private Sorgen der Grund. Vorübergehende Schlafprobleme dieser Art brauchen Sie nicht zu beunruhigen. Bedenklich sind vor allem chronische Schlafbeschwerden! In einem solchen Fall ist eine Ursachenforschung dringend anzuraten.
Die Ursachen sind zahlreich und oft schwer zu bestimmen. So können z. B. unsichtbare Wohn- und Umweltgifte die Schlafqualität spürbar herabsetzen. Andere Ursachen sind psychische Probleme, Depressionen, Sorgen, Ängste, Stress, Arzneimittel, Alkohol, Lärm, Wetterfühligkeit, schlechtes Raumklima, Störung des Biorhythmus (beispielsweise durch Nachtarbeit). Aber auch Zahn- oder Kopfschmerzen, Erkältungen, Asthma oder Herz-Kreislauf-Erkrankungen können einem den Schlaf rauben.

Test »Haben Sie Schlafstörungen?«

Test 87 *Schlaftest*

Die folgenden Fragen verschaffen Ihnen nicht nur Gewissheit, ob Sie unter Schlafstörungen leiden, sie helfen Ihnen auch, die Ursachen eventueller Schlafprobleme aufzuspüren.

1) Sind Sie – obwohl Sie scheinbar genug schlafen – morgens nicht wirklich ausgeruht?
❑ Ja ❑ Nein

2) Leben Sie in einer unruhigen Wohngegend oder an einer stark befahrenen Straße?
❑ Ja ❑ Nein

3) Schlafen Sie auf einer Matratze, die älter als fünf Jahre und bereits etwas durchgelegen ist? Oder ist die Matratze sehr weich?
❑ Ja ❑ Nein

4) Lüften Sie vor dem Schlafengehen? Schlafen Sie bei gekipptem oder offenem Fenster?
❑ Ja ❑ Nein

5) Arbeiten Sie häufig nachts (Nachtschicht)?
❑ Ja ❑ Nein

6) Haben Sie regelmäßig Probleme einzuschlafen?
Liegen Sie lange wach, und quälen Sie sich vor dem Einschlafen?
Wälzen Sie irgendwelche Probleme, die Ihnen unlösbar oder sinnlos erscheinen?
Stehen Sie zwischendurch öfter auf, und schlafen Sie letztendlich erst in den frühen Morgenstunden ein?
Bitte kreuzen Sie auch dann »Ja« an, wenn nur eine dieser Fragen auf Sie zutrifft.
❑ Ja ❑ Nein

7) Leiden Sie unter Durchschlafstörungen? Das heißt, Sie haben keine Schwierigkeiten mit dem Einschlafen, aber Sie wachen nachts ohne erkennbaren Grund auf und liegen dann lange wach?
❑ Ja ❑ Nein

8) Werden Sie häufig wach, bevor Ihr Wecker klingelt? Um drei, vier oder fünf Uhr oder später, aber auf jeden Fall »viel zu früh«?
❑ Ja ❑ Nein

Auswertung

Wenn Sie sich tagsüber munter und konzentriert fühlen und am Morgen ausgeruht sind, obwohl Sie das ein oder andere Mal nachts aufgewacht sind, dann ist das kein Zeichen für eine schlechte Schlafqualität. Solange Sie die Unterbrechung nicht stört und Sie nach dem Aufwachen problemlos und rasch wieder einschlafen können, haben Sie keine Schlafstörung im eigentlichen Sinn.

Zu Punkt 1

Das eindeutigste Signal für Schlafstörungen ist das ständige Gefühl unausgeschlafen zu sein und den Tag nicht mit voller Energie leben zu können. Lesen Sie bitte auch die Anmerkungen zu den weiteren Fragen.

Zu Punkt 2

An Lärm kann man sich gewöhnen, doch das Nervensystem leidet auch, wenn wir es nicht bewusst wahrnehmen. Die Schlafqualität verschlechtert sich, wenn der Lärmpegel 50 Dezibel überschreitet. Der Lärm einer häufig befahrenen Straße beträgt 70 bis 80 Dezibel! Kein Wunder, dass die Hälfte aller Großstadtbewohner mit ihrem Schlaf unzufrieden ist.

Zu Punkt 3

Zu weiche oder durchgelegene Matratzen können die Durchblutung beeinträchtigen und so schlafhindernd wirken.

Zu Punkt 5

Der Biorhythmus wird bei nächtlichen Arbeiten gestört. Da der Schlaf tagsüber sehr viel oberflächlicher ist als nach Anbruch der Dunkelheit, ist das Schlafdefizit kaum aufzuholen.

Zu Punkt 6

Ein Anzeichen für psychische Probleme! Kommen solche Schlafstörungen nur sehr selten vor, braucht Sie das nicht weiter zu beunruhigen. Denn dann ist das ein Zeichen dafür, dass Sie an einem Problem arbeiten und vielleicht kurz vor der Problemlösung stehen. Passiert das häufiger, sollten Sie das Thema einmal bei Ihrem Hausarzt ansprechen.

Schlafmittel sind oft nicht ungefährliche Helfer

Starke, nichtpflanzliche Schlafmittel können die Schlafqualität negativ verändern und, langfristig angewandt, abhängig machen. Informieren Sie sich bei Ihrem Arzt deshalb genau über die Gesundheitsrisiken, auch über mögliche Nebenwirkungen. Generell sind Schlafmittel keine Lösung.

Zu Punkt 7 und 8
Mögliche Ursachen von Durchschlafstörungen und frühem Erwachen sind Stoffwechselstörung, Asthma, Depression oder Alkohol. Ein gestörter Stoffwechsel kann die Nachtruhe erheblich beeinträchtigen, die moderne Schlafforschung hält ihn sogar für die Hauptursache. Verantwortlich scheint vor allem die Leber, das Organ, das entscheidend am Stoffwechsel und der Entgiftung des Körpers beteiligt ist. Auch Alkohol gilt – in großen Mengen genossen – als häufiger Schlafstörer. Er belastet nicht nur das Nervensystem, sondern den ganzen Organismus.

Bewegung und Sport

Eine der größten Hilfen, die dem Menschen zur Verfügung stehen, um Stress abzubauen und sich zu regenerieren, ist die körperliche Bewegung. Das hängt auch damit zusammen, dass Stress ja in erster Linie eine körperliche Reaktion ist, die zusätzliche Kraft und Energie zur Verfügung stellt. Da man diesen Stressimpuls im Normalfall mitten im größten Stress nicht ausleben kann, muss man die unterdrückten Energien anders abbauen. Und da gibt es kein besseres Mittel als Bewegung – am besten an der frischen Luft und in freier Natur.
Dazu kommt, dass das Sprichwort »Wer rastet, der rostet« stimmt. Denn wenn der Bewegungsapparat nicht genügend beansprucht wird, sinkt die natürliche Belastbarkeit von Knochen, Muskeln und Gelenken. Verschleißerscheinungen und frühzeitige Alterungsprozesse sind die Folge. Um die Leistungsfähigkeit des Bewegungsapparates zu erhalten, ist ein regelmäßiges Training des Körpers geboten.

Bewegung tut Not

Etwa 20 Prozent der gesamten Gesundheitskosten werden zur Behandlung von Gesundheitsschäden verwendet, die letztlich allein auf Bewegungsmangel zurückzuführen sind. Nicht nur verspannte oder wenig ausgeprägte Muskeln, Haltungsfehler und Knochenschäden, auch Stoffwechsel- sowie Herz-Kreislauf-Erkrankungen und eine Schwächung des Immunsystems sind die unmittelbaren Folgen.
Die Zunahme an sitzenden, passiven Tätigkeiten wie die tägliche, stundenlange Arbeit am Computer und das allabendliche Fernsehen schadet dem Körper erheblich und verlangt nach einem Ausgleich – besonders dann, wenn weitere Risikofaktoren wie Übergewicht, Rauchen und Alkohol hinzukommen. Wer Sport nicht mag, dem stehen z. B. die asiatischen Bewegungsübungen offen – oder Tanz

Für jeden gibt es mindestens eine Sportart, die ihm gut tut und richtig Spaß macht. Lassen Sie sich nicht von Moden beeinflussen, sondern suchen Sie konsequent nach dem Ausgleich, der Ihnen gut tut.

Test Sport und Bewegung

Sportliche Aktivitäten **Test 88**

1) Wie häufig treiben Sie Sport (z. B. Joggen, Schwimmen, anstrengendes Radfahren)?
   - ❑ Zwei bis dreimal die Woche 30 Minuten oder länger
   - ❑ Einmal die Woche mindestens 30 Minuten
   - ❑ Überhaupt nicht

2) Oder bewegen Sie sich zwar körperlich, aber nur mäßig (z. B. durch flottes Spazierengehen oder leichtes Radfahren)?
   - ❑ Höchstens einmal pro Woche, manchmal gar nicht
   - ❑ Zwei bis dreimal pro Woche mindestens 30 Minuten
   - ❑ Öfter als dreimal pro Woche

3) Üben Sie eine körperlich anstrengende Tätigkeit aus?
   ❑ Ja ❑ Nein

Auswertung

❑ Wer zwei bis dreimal pro Woche mindestens 30 Minuten Sport treibt (Joggen, Schwimmen oder ähnliches), hält seinen Körper ausreichend fit. Muskulatur kann aufgebaut werden, die Spannkraft von Muskeln und Gewebe nimmt zu. Gleichzeitig wird der so genannte Grundumsatz erhöht, der Kalorienverbrauch des Körpers.

❑ Wer einmal pro Woche Sport treibt, der hält seinen Körper in Form. Doch für einen deutlichen Muskelzuwachs oder eine sichtbar werdende Gewichtsverringerung reicht das nicht aus.

❑ Wer sich mindestens zwei bis dreimal wöchentlich körperlich mäßig bewegt, beispielsweise durch einen 30-minütigen flotten Spaziergang, der trainiert in hervorragender Weise sein Herz-Kreislauf-System.
Wichtig ist, die 30 Minuten durchzuhalten, denn der Körper braucht seine Zeit, um sich auf die Fettverbrennung umzustellen. In den ersten 15 Minuten werden ausschließlich die Zuckerspeicher der Leber verbraucht. Erst danach werden die Fettpölsterchen in Angriff genommen.

Es ist nie zu spät

Unser Organismus braucht ausreichend Bewegung, um in Schwung zu bleiben. Besonders ab dem 40. Lebensjahr ist eine sportliche Betätigung sehr zu empfehlen, denn ab diesem Lebensalter beginnt der Körper, Muskulatur abzubauen und in Fett umzuwandeln. Diesen natürlichen Altersvorgang kann man durch ausreichende Bewegung stoppen oder zumindest verlangsamen. Sonst wird man 20 bis 30 Jahre später feststellen müssen, dass ein Großteil der Muskelmasse in Fett umgewandelt wurde.

Test 89 *Welcher Stresstyp sind Sie?*

Es gibt heute so viele Sportarten, die man erlernen und ausüben kann, dass es manchmal gar nicht so leicht ist, die beste für sich selbst herauszufinden. Unter dem Aspekt, dass Sport und Bewegung auch dazu dienen sollen, Stress abzubauen, ist es nützlich zu wissen, was für ein Stresstyp man selbst ist. Je nachdem kommt Ihnen dann eine ruhigere oder eine aktivere Sportart am meisten entgegen.

Wenn der Chef oder Kollegen Sie ungerechtfertigt angreifen, würden Sie am liebsten

❑ A zurückschreien und allen gehörig die Meinung sagen.

❑ B einfach aus dem Zimmer gehen und kündigen.

Sie haben etwas falsch gemacht. Sie würden am liebsten

❑ A jemand anderen verantwortlich machen.

❑ B in aller Stille den Fehler ausbügeln oder ungeschehen machen.

Wenn Sie sich vorstellen, dass Sie im Wald von einem wilden Tier angegriffen werden

❑ A würden Sie lieber kämpfen

❑ B würden Sie Ihr Heil lieber in der Flucht suchen.

Auswertung

Je öfter Sie mit »Ja« geantwortet haben, desto wahrscheinlicher ist es, dass Kampf Ihre natürliche Reaktion auf Stresssituationen wäre. Da man natürlich im normalen Berufs- oder Beziehungsalltag nicht einfach zuschlagen kann, müssen Sie das in Stresssituationen automatisch freiwerdende Adrenalin durch eine aktive Sportart abarbeiten.
Wer unter Stress am liebsten fliehen würde, sollte sich eine sanfte oder kreative Sportart suchen, um sich in der Freizeit wieder entspannen und regenerieren zu können.

Wenn die Seele reagiert

Düster wie ein Herbst- oder Winterabend ist die Stimmung einer Seele, die leidet. Hilfen gibt es viele, und nach der Krise sieht man das Leben neu.

Es ist kein Wunder, wenn in den teilweise extremen Situationen, in denen wir leben müssen, die Reserven manchmal völlig erschöpft sind und nicht nur der Körper Warnsignale sendet, sondern wenn auch die innere Kraft aufgebraucht ist. In solchen Momenten zeigt die Seele, dass wir leiden. Diese Signale muss man unbedingt ernst nehmen und sich sofort nach Hilfe umsehen. Scheuen Sie sich nie, einen Arzt oder Therapeuten aufzusuchen. Professionelle Hilfe in Anspruch zu nehmen ist ein Zeichen für selbstbewusstes Handeln – nicht für Schwäche.
Wir stellen Ihnen zum Schluss des Buches die drei großen Signalfelder vor, mit denen die Seele auf eine Erschöpfung aufmerksam macht. Anhand der Tests werden Sie nicht nur feststellen, ob Sie innerlich zu viel Arbeit leisten müssen, sondern auch, wo und wie Sie etwas für sich selbst unternehmen können.

Depressionen

Schlechte Laune, Selbstzweifel, Sorgen, Traurigkeit – jeder Mensch leidet darunter; der eine mehr, der andere weniger. »Tiefs« gehören zum Leben. Solche Verstimmungen, die in ausgeprägter Form auch depressive Verstimmungen genannt werden, sind meist die Reaktion auf ein einschneidendes Erlebnis oder ein Ereignis, das über uns hereingebrochen ist. Das kann der Tod eines geliebten Menschen sein, die Scheidung oder Trennung vom Partner, ein unerwarteter Misserfolg oder eine »Pechsträhne«. Oder der Beginn eines neuen Lebensabschnittes, eine »Midlife-Crisis«. Es ist ganz normal, auf solche Ereignisse gedrückt oder niedergeschlagen zu reagieren.

Erkennen Sie die Signale

Eine depressive Verstimmung ist noch keine Krankheit, aber sie kann sich zu einer echten Depression fortentwickeln. Ein deutliches Signal ist, wenn die depressive Phase länger anhält oder keine auslösenden Ursachen erkennbar sind. Dann ist Vorsicht geboten. Auslöser einer echten Depression kann auch eine organische Ursache sein, z. B. Rheuma, Krebs, eine Leber-, Darm- oder Schilddrüsenerkrankung. Sogar Umweltgifte können Depressionen hervorrufen.

Test »Neigen Sie zu Depressionen?«

Test 90 *Depressionen*

Die folgenden Fragen sollen Ihnen Klarheit geben, ob Sie zu Depressionen neigen und zum Kreis besonders depressionsgefährdeter Menschen gehören. Dieser Test basiert übrigens auf dem lesenswerten Buch »Angst & Depressionen – Ein praktischer Ratgeber« von Prof. Robert Priest.

Traurigkeit
Sind Sie häufig bedrückt und leicht zu verstimmen? Sind Sie traurig und weinen Sie beim geringsten Anlass?

❑ Ja ❑ Nein

Fehlender Optimismus
Erscheint Ihnen das Leben grau und trostlos? Machen Sie sich selbst über geringfügige Ereignisse Sorgen? Nehmen deprimierende Gedanken zu?

❑ Ja ❑ Nein

Fehlender Antrieb
Fühlen Sie sich unmotiviert und antriebslos? Können Sie sich kaum noch zu den einfachsten Dingen, z. B. zum Waschen oder Einkaufen aufraffen? Erscheinen Ihnen Ihr Sprechen und Ihre Bewegungen verlangsamt?

❑ Ja ❑ Nein

Interesselosigkeit
Haben Sie das Interesse an Ihren Freunden verloren? Suchen Sie seit einigen Wochen zunehmend Einsamkeit und Alleinsein? Kapseln Sie sich ab? Verlieren Sie das Interesse an Ihren Hobbys, am Beruf und/oder an alltäglichen Dingen?

❑ Ja ❑ Nein

Schuldgefühle
Haben Sie vermehrt Schuldgefühle? Gerade deprimierte Menschen halten vieles, was Sie tun, für verwerflich, ja für geradezu kriminell, obwohl es nicht so ist.

❑ Ja ❑ Nein

Konzentrationsschwäche
Leiden Sie unter Konzentrationsstörungen? Werden Sie beim Arbeiten schnell müde, und fühlen Sie sich kraftlos? Sind Sie zwischendurch immer mal wieder geistig abwesend, z. B.

beim Lesen oder beim Gespräch mit Freunden? Erinnern Sie sich nach einem solchen Moment nur schwer oder kaum an das Gesagte?

❑ Ja ❑ Nein

Verlust des Selbstwertgefühls

Werten Sie Ihre beruflichen Leistungen selbst ab, und machen Sie sich ständig Vorwürfe? Leiden Sie unter Selbstzweifeln? Kreisen Ihre Gedanken immer um ein und dasselbe? Macht Ihnen das zu schaffen?

❑ Ja ❑ Nein

Physische Symptome

Haben Sie Schlafstörungen? Probleme beim Einschlafen oder Durchschlafen? Wachen Sie morgens sehr früh auf?

❑ Ja ❑ Nein

Leiden Sie unter Appetitlosigkeit? Essen Sie zuwenig und haben Sie bereits Untergewicht? Oder essen Sie sogar auffallend viel?

❑ Ja ❑ Nein

Leiden Sie an Kopf- und Gesichtsschmerzen, Rückenschmerzen, Magen- und Darmbeschwerden (z. B. Verstopfung), Zittern, übermäßigem Schwitzen?

❑ Ja ❑ Nein

Auswertung

Wenn drei oder mehr der genannten Symptome aus einer Gruppe, also entweder aus der Gruppe der psychischen oder der physischen Symptome, auf Sie zutreffen, dann leiden Sie vermutlich unter einer Depression. In diesem Fall sollten Sie der Sache auf den Grund gehen und vielleicht sogar ärztliche Hilfe in Anspruch nehmen. Manche Menschen zeigen im Übrigen sowohl psychische als auch physische Symptome, auch können bei dem einen wenige, bei dem anderen eine ganze Reihe von Symptomen auftreten.

Ärztliche Hilfe ist in jedem Fall erforderlich, wenn

- ❑ Ihr ganzes Leben beeinträchtigt wird und Beruf und Privatleben in Mitleidenschaft gezogen werden.
- ❑ Sie Ihre Situation als ausweglos empfinden, das ganze Leben unerträglich erscheint und/oder Ihnen die Probleme über den Kopf zu wachsen scheinen.
- ❑ die physischen Symptome wie Kopfschmerzen, Herzklopfen, Zittern etc. so zunehmen, dass Sie sich ernstlich Sorgen um Ihre Gesundheit machen.
- ❑ Sie keinerlei Willen und Selbstvertrauen mehr verspüren.

Angstzustände

Alle Menschen haben Ängste, auch die, die es nicht zugeben wollen. Angst gehört einfach zum Leben dazu. Alltägliche Belastungen und Risiken, unerwartete und unangenehme Situationen (eine Prüfung in der Schule, ein neuer Arbeitsplatz, eine Krankheit) können uns Angst machen. Man befürchtet das Schlimmste, wird unsicher und besorgt. Nicht selten hat die Angst auch physische Auswirkungen: die Nackenmuskulatur verkrampft sich, Schweißtropfen bilden sich auf der Stirn, man hört das Herz lauter und schneller klopfen, die Hände zittern. Diese und ähnliche Symptome hat jeder von uns schon erlebt.

Angst macht Sinn

Wissenschaftler behaupten, dass diese auf die Angst folgenden physischen Reaktionen ein lebensnotwendiger Reflex aus früher Urzeit sind. Ein Reflex, den wir sozusagen von unseren Vorfahren geerbt haben. Ein schneller schlagendes Herz pumpt mehr Blut in den Körper, die Muskelpartien werden besser versorgt, angespannte Muskeln können sofort reagieren. Ein überlebenswichtiger Kampf- oder Fluchtinstinkt, sagen die Forscher. Denn unsere Vorfahren lebten in einer ständigen Bedrohung, von wilden Tieren oder feindlichen Stämmen angegriffen zu werden

Die heutigen Gefahren und Probleme sind damit natürlich nicht vergleichbar. Die Angst, den Bus zu verpassen und unpünktlich zur Arbeit zu erscheinen, oder die Angst des Schulkindes vor schlechten Noten wirkt dagegen irreal. Heute sind die Gefahren wesentlich abstrakter, doch die Angstreaktion verläuft ähnlich wie damals.

Schon früh lernen wir, was Angst ist. Häufig bringt sie zusätzlichen Stress und macht uns krank.

Übermäßige Angst macht krank

Angst hat viele Ursachen, von denen uns viele manchmal gar nicht bewusst sind, sie ist oft eine direkte Reaktion auf modernen Stress. Aber sie kann auch zu einer besonderen Form von Stress ausarten. Wenn nämlich Ängste unverhältnismäßig groß und zu einem Dauerzustand werden, kann das zu einer schweren Beeinträchtigung des Lebens führen und wirklich krank machen. Die Angst, den Bus zu verpassen, kann panisch werden, die Angst vor Prüfungen kann einen regelrecht lähmen und schwere Befindlichkeitsstörungen zur Folge haben.

Sehr unangenehm sind darüber hinaus solche Ängste, die ohne erkennbaren oder aus einem nichtigen Grund auftreten. Eine negative Erziehung oder eine deprimierende Kindheit mögen zuweilen verantwortlich sein für eine insgesamt ängstliche Lebenseinstellung des Erwachsenen. Jemand, der dauerhaft oder jahrelang unter den physischen und psychischen Folgen einer unglücklich machenden Angst leidet, gefährdet seine Gesundheit.

Test Symptome der Angst

Viele Menschen sind sich nicht im Klaren darüber, dass ihre körperlichen Beschwerden Symptom eines Angstzustandes sind.
Die Beschwerden sind vieldeutig und reichen von einer verkrampften Haltung, einer verspannten Gesichts- und Halsmuskulatur, Nervosität bis hin zu Kurzatmigkeit, Bauchschmerzen und Impotenz. Ferner treten auf: Konzentrations- und Schlafstörungen, Schweißhände, Zittern, Schluckbeschwerden, Durchfall, Alpträume, Appetitmangel, Erschöpfungszustände. Auch der Hang zum Alkohol oder zu Drogen kann die Folge übergroßer Angst sein.

Angst **Test 91**

Wenn Sie unter Angst leiden, sollten Sie der Ursache auf den Grund gehen. Versuchen Sie, folgende Testfragen zu beantworten.

- ❑ Was ist die mögliche Ursache Ihrer Angstzustände?
- ❑ Wann ist sie das erste Mal aufgetreten, und wie lange schon hält sie an? In welchen Situationen macht sie sich besonders bemerkbar?
- ❑ Welche konkreten körperlichen und psychischen Auswirkungen sind vermutlich auf die Angst zurückzuführen?

Auswertung

Ist die Ursache ein bestimmter Stress, sollten Sie versuchen ihn loszuwerden. Hält die Angst länger an und beeinträchtigt sie das Berufs- und Privatleben, bedarf sie einer Klärung und Behandlung durch einen psychotherapeutisch geschulten Arzt oder einen Psychiater. Es besteht sonst die Gefahr, dass sich der Angstzustand zu einer Depression oder einer psychosomatischen Krankheit entwickelt. In diesem Zusammenhang sind auch Phobien zu sehen, also die übertriebene Angst zum Beispiel vor geschlossenen Räumen, oder auch Zwangshandlungen.

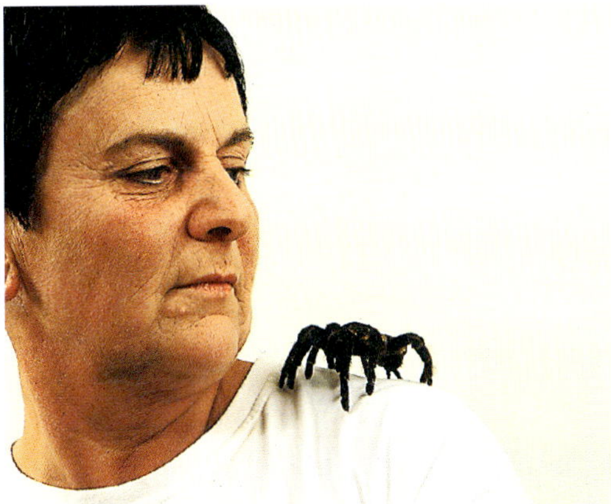

Eine Vogelspinne als Haustier ist für viele Frauen eher ein Alptraum – auch wenn sich die Angst vor Spinnen tiefenpsychologisch als Angst vor weiblicher Sexualität erklären lässt.

Entspannen mit natürlichen Mitteln und Methoden

Yoga ist nur ein Weg, zu sich selbst zu finden. Für jeden gibt es mindestens eine Möglichkeit, abzuschalten und die Seele baumeln zu lassen. In der selbstversunkenen Entspannung werden die Selbstheilungskräfte aktiv.

Fast gleichzeitig mit der Verstärkung der Stressfaktoren in der modernen Welt hat vor etwa 20 Jahren eine Gegenbewegung begonnen. Ins Bewusstsein der Bevölkerung ist sie vermutlich zum erstenmal mit der Flower Power der Hippies gelangt, die sich ganz bewusst östlicher Philosophie geöffnet haben. Sie gehörten zu einem großen geistigen Austausch zwischen Ost und West, in dessen Zuge auch östliche Entspannungsmethoden nach Deutschland kamen.

Heute gehören Begriffe wie Yoga, Meditation, Shiatsu und Akupressur zum gebräuchlichen Wissen. Nach einer ersten Phase, in denen diese Methoden auch von dubiosen Organisationen verwendet wurden, hat sich der therapeutische Nutzen in der Zwischenzeit so einwandfrei erwiesen, dass man mit Sicherheit sagen kann, dass die hier ausgewählten Körperübungssysteme bestens geeignet sind, um Stress abzubauen, Muskelverkrampfungen zu lösen und die Atmung zu vertiefen.

Wer weiß, wie er selbst auf diese Weise zu mehr Ruhe findet, kann auch wieder zu den Quellen seiner eigenen Kraft zurückkehren und den Aufregungen und Anforderungen des Alltags gelassener entgegensehen.

Meditation

Die Meditation ist eine in unserem Glauben tief verwurzelte Methode der Selbsteinkehr. Kontemplation wurde nicht nur im Mittelalter in den Klöstern Europas regelrecht gelernt. Das Wissen um die heilende Kraft der Versenkung in die Ruhe und Größe der Natur existierte bereits in der Antike. Damals allerdings war Kontemplation immer auch mit dem Wunsch verbunden, die Präsenz Gottes zu erfahren.

Wir empfehlen Ihnen, die meditativen Momente der Selbsteinkehr und Stille bewusst zu suchen. Das kann man sehr gut beim Wandern erfahren, wenn man sich der der freien Natur öffnet, aber auch beim intensiven Hören von guter Musik. Gelegenheiten, die Stille zu suchen und in sich aufzunehmen, gibt es viele.

Übrigens gehört auch die Fähigkeit, sich über kleine hübsche Dinge zu freuen, dazu ...

Yoga

Der Yoga ist ein uraltes, in der Zwischenzeit für unsere Bedürfnisse überarbeitetes und aktualisiertes System von Übungen für Körper, Geist und Seele. Die Übungen sind so angelegt, dass sie den Bewegungsapparat trainieren und über die Jahre zu teilweise unglaublicher Gelenkigkeit führen können. Darüber hinaus beeinflussen einzelne Übungen auch die Funktion der inneren Organe. Deshalb ist es wichtig, sich eine Yogalehrerin oder einen Yogalehrer zu suchen, die um die Auswirkung der Übungen auf die Organsysteme gut Bescheid wissen. Über die seelisch-geistige Komponente des Yoga ist viel geschrieben worden. Letzten Endes muss jeder für sich selbst herausfinden, ob er beim bewussten Üben einen Zugang zu den »Geschichten« und spirituellen Erfahrungen findet, die hinter jeder Übung stehen. An dieser Stelle überschreitet Yoga sozusagen die Grenze zum Tanz, bei dem ja auch jede Bewegung eine tiefere Bedeutung hat.

Reflexzonenmassage

Die Methode, Schmerzen mit einem kleinen Druck zu lindern, ist ebenfalls alt und beruht auf einem natürlichen Reflex. Unbekannt war bis vor einigen Jahren das System, das hinter der chinesischen Methode steht. Man erklärt sich das Funktionieren der Reflexzonenmassage durch spezielle Reizleitungsbahnen, die den Körper durchziehen, die sogenannten Meridiane. Sie transportieren heilende Reize von einer Sammelstelle, die sich an den Fußsohlen befindet, zu den einzelnen Körperregionen.
Eine regelmäßige Fußreflexzonenmassage dient nicht nur der tiefen Entspannung, sie hat auch eine ausgleichende Funktion für die Körperfunktionen.

Tai Ji, Qi Gong, Feldenkrais

Umfassende Körperarbeit bieten diese drei Bewegungstherapien, die in der Zwischenzeit zu den Klassikern gehören, mit denen auch die Krankengymnasten Verspannungen und Haltungsschäden entgegenwirken.
Ganz gleich für welche Methode Sie sich entscheiden, sie alle stärken den Körper, vermitteln ein besseres Körperbewusstsein und eine aufrechtere Haltung. Sie werden selbst erleben, wie Sie durch das Training überhaupt wieder mehr Kraft und Lust haben, sich körperlich zu betätigen.
Und Bewegung ist einfach der beste Ausgleich zum Stress, dem man den ganzen Tag oder die ganze Woche über ausgesetzt ist. Außerdem bringt die Konzentration auf die Ausführung der Übungen mit sich, dass man Probleme und Sorgen für eine Zeit lang völlig vergisst und wie »neugeboren« aus den Übungsstunden kommt.
Auch wenn Sie sich mit keinem unserer Entspannungsvorschläge anfreunden konnten – suchen Sie nach einer Methode, die Ihnen Spass macht und bei der Sie bleiben. Das können auch Saunabesuche oder ein normaler Sport sein. Wichtig ist nur, dass Sie Ihrem Körper Gelegenheit geben, die Selbstheilungskräfte zu stärken – bevor Sie krank werden.

Über den Autor

Professor Dr. Dr. Karlheinz Schmidt ist Chemiker und Humanmediziner. Er hat den Lehrstuhl für Experimentelle Medizin an der Universität Tübingen inne und arbeitet derzeit vor allem auf dem Gebiet der Präventivmedizin.

Dr. Thomas Rosky, Redakteur und Autor populärwissenschaftlicher Beiträge in Zeitschriften, hat dieses Buch in enger Zusammenarbeit mit Professor Schmidt redaktionell zusammengestellt.

Impressum

Weltbild Buchverlag, Augsburg

Redaktion: Martin Stiefenhofer, Verena Zemme
Bildredaktion: Michael Brandstätter
Umschlag: Christine Paxmann
Layout, Grafik/DTP: Fischer's DTP-Studio, München
Reproduktion: GAV PrePress, Gerstetten
Druck und Bindung: Appl, Wemding
Gedruckt auf chlorfrei gebleichtem Papier
Printed in Germany

ISBN 3-89604-737-X

Haftungsausschluss

Literatur

Diehl, Joerg M. und Staufenbiel, Thomas: Inventar zum Eßverhalten und Gewichtsproblemen (IEG). Verlag Dietmar Klotz GmbH. Eschborn bei Frankfurt am Main 1994

Frohn, Birgit: Nahrung als Medizin. Alles über die heilende Wirkung von unseren Lebensmitteln. Midena Verlag. Augsburg 1998

Lohmann, Maria: Lexikon der Normalwerte. Was bedeuten meine Laborwerte, und was ist normal? Weltbild Buchverlag. Augsburg. 2. Auflage 1998

Maslow, Abraham: Psychologie des Seins. Fischer Taschenbuch. Frankfurt am Main 1979

Savant, Marylin vos und Fleischer, Leonore: Brain Building. Das Supertraining für Gedächtnis, Logik, Kreativität. Rowohlt Taschenbuch Verlag. Reinbek bei Hamburg 1994

Thielke, Wolfgang: Das praktische Kursbuch Hausmittel. Krankheiten vorbeugen, erkennen und selbst behandeln. Die besten Hausmittel gegen alle Krankheiten und Beschwerden. Weltbild Buchverlag. Augsburg 1998

Pudel, Prof. Dr. Volker und Westenhöfer, Dipl. Psych. Joachim: Fragebogen zum Eßverhalten (FEV). Hogrefe Verlag für Psychologie. Göttingen 1989

Quellennachweis

Die Tests auf den nachfolgend genannten Seiten entstammen den angegebenen Quellen.

77 *Weidenhammer, Wolfgang und Fischer, Bernd: c.I. Skala*: Selbstbeurteilungsverfahren zur Objektivierung leichter cerebraler Insuffizienzen. © VLESS-Verlag. Ebersberg 1987

134 aus: Mindpower, Selbsteinschätzung – Selbsterfahrung. © Time-Live Books B.V. Amsterdam 1994. Wir danken dem VLESS-Verlag und dem Time-Life Verlag für die freundliche Erteilung der Abdruckgenehmigung.

Bildnachweis

Bilderberg Archiv der Fotografen: 42 (Dorothea Schmid), 77 (Nomi Baumgartl), 124 und 125 (Frieder Blickle), 138 (Nomi Baumgartl), 141 (Wolfgang Kunz), 156 (Renate v. Forster), 158 (Nomi Baumgartl); Mauritius Die Bildagentur GmbH, Mittenwald: 7 (AGE), 8 (Bob), 9 (Mitterer), 52 (Kupka), 128 (PowerStock); MEV Verlag GmbH, Augsburg: 5, 89, 110, 116, 161, 176, 179; Bildarchiv Okapia KG, Berlin: 39 (Büttner), 44 (Cather. Ursillo), 46 (Neufried), 152 (Photri Inc.), 183 (Christine Steimer); PhotoDisc, Hamburg/Seattle: 2, 6, 11, 13, 40, 122, 126, 147, 172; PhotoPress Bildagentur GmbH, München/Stockdorf: 5 (Stein), 130 und 144 (Gerhard), 148 (Stein); Studio für Fotografie und Illustration Sascha Wuillemet, München: 12, 16, 23, 24, 25, 26, 27, 28, 29, 30, 31, 50, 70, 75, 79, 81, 87, 88, 90, 92, 95, 99, 102, 105, 106, 107, 110, 112 sowie alle Illustrationen; ZEFA Zentrale Farbbild Agentur GmbH, Frankfurt: 3 (Wartenberg), 5 (Pacific Stock), 60 und 82 (Wartenberg), 114 (G. Baden), 136 (The missing Picture), 139 (G. Baden), 143 (Voigt), 145 (Wartenberg), 150 (Pacific Stock), 165 (Norman), 170 (Keller), 173 (K. & H. Benser), 182 (Index Stock), 184 (Sharpshooters); Zemme Productions, München: 2, 4 (Eder), 34, 101 (Hillebrand), 131 (Hillebrand), 142 (Eder), 163 (Brandt).

Register

Adressen

Bundesverband deutscher Ärzte
für Naturheilverfahren
Sophienstr. 2
80333 München

Deutsche Arbeitsgemeinschaft
Selbsthilfegruppen e. V.
Friedrichstr. 28
35392 Gießen

Deutsche Arthrosehilfe
Postfach 110551
60040 Frankfurt am Main
Tel. 06831/6324

Bundes Ärztekammer
Herbert-Lewin-Str 1
50931 Köln
Tel. 0221/40040

Mobbing-Telefon,
München
Tel. 089/60600070

Umweltbundesamt
Bismarckplatz 1
14193 Berlin